Hamburger Rechtsstudien

herausgegeben von Mitgliedern der Rechtswissenschaftlichen
Fakultät der Universität Hamburg

Heft 57

Die Macht des Aktionärs in der Generalversammlung der französischen Aktiengesellschaft

von

DR. JOHANN TILING

Hamburg
Cram, de Gruyter & Co.
1965

Diese Arbeit hat der Rechtswissenschaftlichen Fakultät der Universität Hamburg im Jahre 1965 als Dissertation vorgelegen.

Gesamtherstellung: Graph. Betrieb Gebr. Rasch & Co., Bramsche/Osnabrück.
Printed in Germany.

INHALTSVERZEICHNIS

Abkürzungen, Festschriften, Nachschlagewerke, Zeitschriften

a.A.	anderer Ansicht
aaO	am angeführten Ort
Abs.	Absatz
Anm.	Anmerkung
Ann. dr. com.	Annales de droit commercial français, étranger et international
A.N.S.A.	Association Nationale des Sociétés Anonymes
Art.	Artikel
Aud. sol.	Audience solennelle; Entscheidungen eines Appellationsgerichts nach zweimaliger Kassierung
Av. gén.	Avocat général; Vertreter des öffentlichen Interesses
Bull. cass.	Bulletin des arrêts de la Cour de cassation
Bull. civ.	Bulletin des arrêts de la Cour de cassation, Chambres civiles
Bull. Soc. études législ.	Bulletin de la Société d'études législatives
c.	contra
Cass. civ.	Arrêt de la Cour de cassation, chambre civile, section civile; Entscheidung des Kassationsgerichts, Zivilkammer, Zivilabteilung
Cass. com.	Arrêt de la Cour de cassation, chambre civile, section commerciale; Entscheidung des Kassationsgerichts, Zivilkammer, Abteilung für Handelssachen
Cass. crim.	Arrêt de la Cour de cassation, chambre criminelle; Entscheidung des Kassationsgerichts, Strafkammer
Cass. req.	Arrêt de la Cour de cassation, chambre des requètes; Entscheidung des Kassationsgerichts, Zulassungskammer
c. civ.	Code civil
c. com.	Code de commerce
C.G.I.	Code général des impôts; Allgemeines Steuergesetz
Chr.	Chronique; Aufsatzsammlung
Chron.	Chronique; Aufsatzsammlung
Clunet	Journal du droit international privé
Concl.	Conclusions; Anträge, Plädoyer
Collection Jupiter	Recueil pratique du droit des affaires dans les pays du Marché commun, Tome 1er, Régime des Sociétes, Paris, Loseblattsammlung
D.	Dalloz, Recueil périodique et critique de jurisprudence, de législation et de doctrine, mensuel
D.A.	Dalloz, Recueil analytique de de jurisprudence et de législation (1941–1944)
Dalloz	Code civil, annoté d'après la doctrine et la jurisprudence, 62e éd., Paris 1963
Dalloz	Code de commerce, suivi des lois commerciales et industrielles, avec annotation d'après la doctrine et la jurisprudence, 57e éd., Paris 1961

Dalloz	Nouveau Répertoire de droit, 2e éd., Paris 1962
Dalloz	Répertoire de droit civil, Paris, Tome I 1951, Tome IV 1954
Dalloz	Répertoire de droit commercial et des sociétés, Tome III, Sociétés, Paris 1958
D.C.	Dalloz, Recueil critique de jurisprudence et de législation, mensuel, (1941–1944)
D.H.	Dalloz, Recueil hebdomadaire de jurisprudence (bis 1940)
Doctr.	Doctrine; Aufsatzsammlung
D.P.	Dalloz, Recueil périodique et critique, mensuel (bis 1940)
Economie et Politique	Revue marxiste d'économie
éd.	édition; Auflage, Ausgabe
f	und folgende Seite
fasc.	fascicule; Heft
ff	und folgende Seiten
Encyclopédie Dalloz	Dalloz, Répertoire de droit commercial
Gaz. Pal.	La Gazette du Palais
Gaz. soc.	Gazette des sociétés et du droit financier
Ges.	Gesetz
J.	Jurisprudence; Rechtsprechungssammlung
J.-Cl. Civ.	Juris-Classeur Civil, Paris, (Loseblattsammlung)
J.-Cl. Soc.	Jurisclasseur de Sociétés, Traité théorique et pratique, Paris (Loseblattsammlung)
J.C.P.	Jurisclasseur Périodique, La semaine juridique
J.C.P. éd. C.I.	Jurisclasseur Périodique, édition Commerce et Industrie
Joly	Dictionnaire du droit des sociétés anonymes et en commandite par actions, Tome 1er, Paris (Loseblattsammlung)
J. Not.	Journal des Notaires et des Avocats, Dictionnaire du Notariat – complement périodique
Journ. agréés	Revue de jurisprudence commerciale, Journal des agréés
Jour. dr. int. priv.	Clunet, Journal du droit international privé
Journ. spéc. des soc.	Journal spécial des sociétés, Le quotidien juridique
J. soc.	Journal des sociétés civiles et commerciales, Revue pratique de jurisprudence, de doctrine et de législation
Lois nouvelles	Les Lois nouvelles, Revue de législation et de jurisprudence et revue des travaux législatifs
Mélanges Ripert	Le Droit privé français au milieu du XXe siècle, Etudes offertes à Georges Ripert, Paris 1950
Le Monde	Le Monde (Tageszeitung)
m. w. N.	mit weiteren Nachweisen
no.	numéro; Nummer
Nr.	Nummer
p.	pagina, paginae
Questions Prudhomales	Questions prudhomales, fiscales et commerciales
Le quotidien juridique	Journal spécial des sociétés, Le quotidien juridique
Rapports	Rapports répparatoires à la Semaine Internationale de droit, Paris, 1937
Rec. jur. soc.	Recueil juridique des sociétés
Rép. prat. Not.	Répertoire général pratique du Natariat et de l'enrégistrement, 1re partie: Jurisprudence et pratique notariale
Req.	Arrêt de la Cour de cassation, chambre des requètes; Entscheidung des Kassationsgerichts, Zulassungskammer
Rev. crit.	Revue critique de législation et de jurisprudence

Rev. gén. dr. com.	Revue générale de droit commercial
Rev. gén. dr. des faillites	Revue générale du droit des faillites et liquidations judiciaires
Rev. int. dr. comp.	Revue internationale de droit comparé
Rev. soc.	Revue des Sociétés, Bulletin de doctrine, législation et jurisprudence
Rev. trim. dr. com.	Revue trimestrielle de droit commercial
S.	Sirey, Pandectes françaises périodiques, Journal du Palais
S.A.	société anonyme; AG
S. à. r. l.	société à responsabilité limitée; GmbH
Sem. jur.	Jurisclasseur périodique, La semaine juridique
Service-Direction	La revue mensuelle conçue pour les dirigeants
Som.	Sommaire; zusammenfassende Darstellung
T.	Tome; Band
Trib. civ.	Jugement d'un tribunal, chambre civile; Entscheidung eines ordentlichen Gerichts erster Instanz, Zivilkammer
Trib. com.	Jugement d'un tribunal de commerce; Entscheidung eines Handelsgerichts
unstr.	unstreitig
vgl.	vergleiche
V°	verbo; Stichwort
Ziff.	Ziffer

Zwei durch Komma getrennte Zahlen bezeichnen Jahrgang und Seite.

Drei durch Kommata getrennte Zahlen bezeichnen Jahrgang, Teil und Seite.

Einleitung

Der Aktionär verfügt über einen Teil der Macht, die im Beschluß der Aktionärsversammlung zum Ausdruck kommt. Nach der Konzeption der Kapitalgesellschaft wird sein Machtanteil umso größer, je mehr Kapitalanteile er besitzt. Das gilt aber nicht uneingeschränkt. Vielmehr ist die Relation zwischen der Beteiligung und dem Anteil an der Entscheidungsgewalt veränderlich. Die folgende Arbeit zeigt für das französische Recht, wie der Aktionär sein Vermögen einzusetzen hat, um den größten für ihn möglichen Einfluß in der Generalversammlung zu erreichen. Die Untersuchung erfolgt dabei in drei Abschnitten.

Am einfachsten gelangt der Aktionär dadurch zu wesentlichem Einfluß, daß er eine bedeutende Beteiligung an der Gesellschaft erwirbt. Der erste Teil der Arbeit zeigt, welche Grenzen dem Aktienerwerb gesetzt sind. Hier ist die Verflechtung von Gesellschaften und die Regelung der wechselseitigen Beteiligung besonders berücksichtigt.

Im zweiten Teil wird davon ausgegangen, daß der Aktionär eine bestimmte Kapitalbeteiligung erworben hat und damit seinen Einfluß in der Generalversammlung geltend machen will. Dabei ist er Beschränkungen unterworfen, die für den Zugang zur Aktionärsversammlung bestehen. Innerhalb der Generalversammlung hängen dann die Machtverhältnisse davon ab, wer an der Abstimmung teilnehmen kann, und wie viele Stimmen jedem zustehen.

Schließlich kann sich der Aktionär die Machtanteile anderer Aktionäre dadurch zunutze machen, daß er sie veranlaßt, ihre Stimme im einen bestimmten Sinne auszuüben. Die Möglichkeit hierzu geben die Stimmrechtsbindungsverträge und die Vertretung von Aktionären, wobei der Blankovollmacht besondere Bedeutung zukommt. Das wird im letzten Teil der Arbeit dargestellt.

Der Verfasser möchte sich an dieser Stelle beim Deutschen Akademischen Austauschdienst und bei der französischen Regierung für zwei Stipendien bedanken, die es ihm ermöglicht haben, seine Untersuchungen an der juristischen Fakultät der Pariser Universität durchzuführen.

A. DER ERWERB DER MITGLIEDSCHAFT

I. Gesetzliche Grenzen für den Erwerb von Aktien

1) Nichtigkeit der Einmanngesellschaft

Das teuerste aber zugleich sicherste Mittel, um in der Aktiengesellschaft zu beherrschendem Einfluß zu gelangen, ist der Erwerb einer bedeutenden Beteiligung. Dem sind im Recht der französischen Aktiengesellschaft (société anonyme) einige, wenn auch nicht sehr bedeutsame Grenzen gesetzt.

Ein Aktionär kann nicht alle Aktien der Gesellschaft erwerben, ohne die Gesellschaft zugleich damit zu vernichten. Art. 18 des Code de commerce vom 20. September 1807 (c.com.) bestimmt, daß die Handelsgesellschaften und damit auch die Aktiengesellschaft (Art. 29 c.com.) den Vorschriften des Zivilrechts, den Vorschriften des Handelsrechts und den Vereinbarungen der Parteien unterstehen. Nach Art. 1832 des Code civil vom 21. März 1804 (c.civ.) ist die Gesellschaft des Zivilrechts (société civile) ein Vertrag. Diese Vorschrift bildet infolge des Verweisungssystems die Grundlage aller Gesellschaftsformen, seien es Personen- oder auch Kapitalgesellschaften.

Für die Aktiengesellschaft folgt daraus, daß sie nicht existiert, wenn nicht wenigstens zwei Aktionäre vorhanden sind[1]). Die Vereinigung aller Aktien in einer Hand hat die Auflösung der Gesellschaft zur Folge. Sie erfolgt automatisch, das heißt, ohne daß ein Urteil zu ergehen oder eine Liquidation stattzufinden braucht[2]). Die Einmanngesellschaft (société d'un seul homme) ist nicht nur nichtig[3]), sondern inexistent[4]). Das Kassationsgericht entschied[5]), daß es sich um eine Nichtigkeit des ordre public handelt. Die Regel ist also zwingendes Recht. Daraus folgt, daß sie von Amts wegen zu beachten ist, und daß jeder, der ein rechtliches Interesse nachweist, sich darauf berufen kann, also auch der Alleingesellschafter und erst recht die Gläubiger.

Die Strenge der Regel wird dadurch gemildert, daß die Zeichnung aller Aktien durch einen einzigen Gesellschafter, der sich einiger Strohmänner

---

[1]) Ripert, Traité élémentaire de droit commercial, Nr. 1038.
[2]) Houpin et Bosvieux, Traité général théorique et pratique des sociétés civiles et commerciales et des associations, Nr. 1389.
[3]) Le Havre 18. März 1930, J. soc. 1931,579.
[4]) Veaux, La responsabilité personnelle des dirigeants dans les sociétés commerdiales, p. 317.
[5]) Cass. civ. 11. April 1927, D.P. 1929, 25.

(prête-nom) bedient, für sich allein keinen Nichtigkeitsgrund darstellt, weil die Herkunft der Mittel, die die Kapitaleinlage bilden, keinen Einfluß auf das Entstehen der Gesellschaft haben kann[6]). Anders ist nur dann zu entscheiden, wenn damit eine Umgehung der Rechte Dritter (fraude) beabsichtigt ist. Hier gilt der alte Satz, »fraus omnia corrumpit«. So wurde im Falle des Cass.civ.vom 11. April 1927[7]) eine mit Strohmännern gegründete Aktiengesellschaft auf Klage der Erben eines Gründers für nichtig erklärt, weil dieser unter anderen seiner Konkubine und Mitgründerin ihre Einlage bezahlt hatte.

Von der Lehre wird die dargestellte reine Vertragstheorie heute mehr und mehr zugunsten der institutionellen Theorie bekämpft[8]). Aber auch für sie ist die Einmanngesellschaft nichtig. Das folgt aus der Definition der juristischen Person (personnalité juridique) und des Vermögens (patrimoine). Da die herrschende Lehre die sogenannte Theorie der realen Verbandspersönlichkeit (théorie de la personnalité réelle) vertritt, ist für sie das Bestehen der juristischen Person an die »Existenz der Gruppe«[9]) geknüpft. Mit der Vereinigung aller Aktien in einer Hand verschwindet die Gruppe und damit die juristische Person ipso jure[10]). Aber auch das Vermögen stellt eine Einheit dar. Keine Person hat grundsätzlich mehr als ein einziges Vermögen[11]). Ebenso wie die Person unteilbar ist, ist auch das Vermögen nicht aufspaltbar[12]). Wenn das Gesetz in einigen Fällen die Begründung von Sondervermögen oder Zweckvermögen (patrimoine d'affectation) gestattet, wie z.B. bei der Stiftung, der Mitgift, dem seerechtlichen Abandon, handelt es sich um Ausnahmeregelungen, die eine Verallgemeinerung nicht gestatten[13]). Die Einmanngesellschaft ist also mit der französischen Auffassung von der Einheit des Vermögens (unité du patrimoine) nicht vereinbar[14]), weil mit ihr dem Alleingesellschafter zwei selbständige Vermögensbereiche zugeordnet würden: das Privatvermögen und das Gesellschaftsvermögen.

Mit dem Fortfall der juristischen Person geht das Gesellschaftsvermögen mit allen Rechten und Pflichten auf den alleinigen Aktionär über[15]). Ist über das Gesellschaftsvermögen das Konkursverfahren eröffnet worden, so ergreift es gleichfalls das Privatvermögen des Alleingesellschafters[16]). Umgekehrt verhält es sich nicht anders.

Der Alleingesellschafter kann auch durch die Veräußerung einiger Aktien die juristische Form der Gesellschaft nicht wiederherstellen[17]), aber er kann

---

[6]) Cass. com. 30. April 1961, J.C.P. 1962, 2, 12527.
[7]) D.P. 1929,25.
[8]) vgl. Ripert et Boulanger, Traité de droit civil, Nr. 106; Escarra et Rault, Traité théorique et pratique de droit commercial, Nr. 1196.
[9]) Ripert, Traité, Nr. 660.
[10]) Paris 14. November 1932, D.P. 1934,2,118; Besançon 26. April 1951, D. 1951, J. 636.
[11]) vgl. Hamel et Lagarde, Traité, Nr. 424.
[12]) vgl. Planiol et Ripert, Traité pratique de droit civil français, T. III, Nr. 15f.
[13]) Planiol et Ripert aaO Nr. 16 und 20.
[14]) Hamel et Lagarde, Traité, Nr. 383; Ripert, Traité, Nr. 649 und 660.
[15]) Besançon 26. April 1951 aaO.
[16]) Paris 14. November 1932 aaO.
[17]) Ripert, Traité, Nr. 1554.

natürlich eine Neugründung mit allen erforderlichen Formalitäten durchführen. Bastian[18]) weist in diesem Zusammenhang allerdings zu Recht darauf hin, daß der Beweis, daß alle Aktien sich einmal in einer Hand befunden haben, kaum zu erbringen ist.

Von der Regel der Nichtigkeit der Einmanngesellschaft gibt es eine einzige Ausnahme: Die nationalisierten Gesellschaften, bei denen der Staat alle Anteile besitzt, unterstehen zum Teil noch dem Aktienrecht[19]).

2) Unterschreitung der Mindestaktionärszahl

Nach Art. 23 in Verbindung mit Art. 41 des Gesetzes vom 24. Juli 1867 (Aktiengesetz) kann eine Aktiengesellschaft nur entstehen, wenn bei der Gründung mindestens sieben Aktionäre vorhanden sind. Gemäß Art. 38 Ges.v. 1867 kann jedermann, der ein rechtliches Interesse daran hat, die gerichtliche Auflösung der Gesellschaft beantragen, wenn die Zahl der Gesellschafter unter sieben gesunken ist und seitdem mindestens ein Jahr vergangen ist. Es kann nur kaum bewiesen werden, daß beide Voraussetzungen erfüllt sind, wenn die Gesellschaft Inhaberaktien (actions au porteur, Art 35 c.com.) ausgegeben hat. Die Vorschrift hat aber auch deshalb keine Bedeutung, weil jederzeit wieder einige Aktien an Nichtaktionäre veräußert werden können[20]). Für die Aktienzeichnung durch Strohmänner gilt das zur Einmanngesellschaft Gesagte (oben A I 1).

3) Garantieaktien der Verwaltungsratsmitglieder

Eine wenn auch unbedeutende Schranke wird dem Erwerb von Aktien durch Art. 26 Ges.v. 1867 gesetzt: Die Mitglieder des Verwaltungsrates (conseil d'administration) müssen Eigentümer einer gewissen Zahl von Aktien sein. Diese Zahl wird durch die Satzung bestimmt. Sie dienen als Pfand[21]) für Schadensersatzansprüche der Gesellschaft gegen die Verwaltungsratsmitglieder. Es muß sich um Namensaktien (actions nominatives, Art. 36 c.com.) handeln. Durch einen Stempelaufdruck sind sie als unveräußerlich (inaliénable) zu kennzeichnen und in der Gesellschaftskasse zu hinterlegen. Die meisten Satzungen bestimmen nur eine sehr geringe Zahl von Garantieaktien (actions de garantie). Diese Aktien sind zwar unveräußerlich, sie können jedoch verkauft[22]) werden. Der Eigentumsübergang erfolgt entgegen Art. 1583 c.civ. in diesem Fall aber erst mit der Beendigung des Amtes des Verwaltungsratsmitgliedes und dem Entlastungsbeschluß[23]).

---

[18]) La réunion de toutes les actions d'une société entre les mains d'un seul actionnaire in J. soc. 1933, 65 (95).
[19]) Art. 2 Décret vom 28. Mai 1946.
[20]) vgl. Ripert, Traité, Nr. 1554.
[21]) Ripert, Traité, Nr. 1224 und 1256.
[22]) Art. 1582 ff. c. civ.
[23]) Paris 18. März 1953, D. 1953,486, Anm. Ripert.

Das Kassationsgericht[24]) erklärte eine Aktiengesellschaft für nichtig, deren Verwaltungsratsmitglieder zwar zunächst die statutarisch erforderlichen Garantieaktien besaßen, diese Aktien jedoch dann als Sacheinlage in eine von ihnen gegründete andere Gesellschaft einbrachten. Die Nichtigkeit der Aktiengesellschaft folgt nach Ansicht des Gerichts (unter anderem) daraus, daß die Verwaltungsratsmitglieder die Garantieaktien nicht mehr »à titre personnel« besessen, aber dennoch ihr Amt beibehalten hätten. Wahl bemerkt in einer Anmerkung zu dieser Entscheidung (aaO), es sei absurd zu meinen, daß eine Gesellschaft nichtig würde, wenn der Verwaltungsrat die Garantieaktien nicht mehr besäße. Die Nichtigkeit der Gesellschaft kann nicht aus Art. 26 Ges.v. 1867 gefolgert werden, weil diese Vorschrift allein die Sicherung der Schadensersatzansprüche der Gesellschaft gegen die Verwaltungsratsmitglieder zum Zweck hat.

4) Apportaktien

Aktien, die gegen Leistung einer Sacheinlage ausgegeben werden (actions d'apport), sind nach Art. 3 Ges. v. 1867 erst zwei Jahre nach Beendigung der Gründungsformalitäten handelbar (négotiable). Das allein bedeutet nicht, daß sie unveräußerlich (inaliénable) wie die Garantieaktien wären, sondern nur, daß sie nicht nach den Formen des Handelsrechts übertragen werden können. Inhaberaktien können also nicht durch traditio gemäß Art. 35 c.com. und Namensaktien nicht durch Umschreibung im Aktienbuch (transcription sur les régistres) gemäß Art. 36 c.com. übertragen werden; Inhaberaktien sind aber nach den Vorschriften des Zivilrechts über die Abtretung[25]) übertragbar (cessible)[26]), wobei aber alle Einreden gegen den Zessionar bestehen bleiben. Das Vorhandensein von Apportaktien, die auf den Inhaber lauten, stellt also während der Zweijahresfrist keine echte Schranke für den Erwerb einer Kapitalmehrheit dar.

Für Namensaktien gilt aber das Décret vom 26. Oktober 1934, nach dem die Übertragung nur noch durch Umschreibung im Aktienbuch erfolgen kann. Apportaktien, die auf den Namen lauten, können also während der Zweijahresfrist überhaupt nicht veräußert und daher nicht erworben werden.

---

[24]) Cass.req. 30. April 1913, J. soc. 1914,396.
[25]) Art. 1689ff. c.civ.
[26]) Cass. civ. 4. Juli 1911, D.P. 1911,1,449.

II. Gesellschaften als Aktionäre, Gesellschaftsgruppen

1) Zulässigkeit des Erwerbs von Beteiligungen und Begriff der Gesellschaftsgruppe

Grundsätzlich können alle Gesellschaften Beteiligungen an einer Aktiengesellschaft erwerben oder bei deren Gründung mitwirken[1]), sofern sie eine eigene Rechtspersönlichkeit haben. Rechtspersönlichkeit besitzen nicht nur alle Gesellschaften des Handelsrechts mit Ausnahme der stillen Gesellschaft (association en participation, Art. 44 Abs. 4 c.com.), sondern auch die Zivilgesellschaft[2]). Unmöglich ist es jedoch, daß alle Aktionäre einer Gesellschaft juristische Personen sind, weil Art. 26 Ges.v. 1867 den Verwaltungsratsmitgliedern einschließlich des Präsidenten (président-directeur général) zur Pflicht macht, Garantieaktien zu besitzen. Zwar können die Mitglieder des Verwaltungsrates juristische Personen sein[3]), der Präsident muß jedoch nach Art. 12 des Gesetzes vom 4. März 1943 natürliche Person (personne physique) sein[4]). Für ausländische Gesellschaften bestehen keine Beschränkungen. Der Beteiligungserwerb ist auch grundsätzlich für Gesellschaften weder summenmäßig noch prozentual nach oben begrenzt[5]). Besitzen Aktiengesellschaften Beteiligungen, so üben sie ihre Rechte durch ihren Verwaltungsrat aus[6]).

Das Hauptinteresse, welches Gesellschaften an der Intervention in der Generalversammlung einer Aktiengesellschaft haben, liegt darin, die Besetzung des Verwaltungsrates zu bestimmen[7]). Die Aktionärsgesellschaft kann sich selbst oder ihr genehme Personen in den Verwaltungsrat wählen lassen. Große Gesellschaften ziehen es aus Gründen der Diskretion vor, nicht selbst im Aufsichtsrat zu erscheinen[8]).

Die direkte Einflußnahme auf die Gesellschaft in der Generalversammlung und die indirekte Einflußnahme über den Verwaltungsrat bezeichnet man als »contrôle« (Kontrolle)[9]). Bei einer weniger starken Einflußmöglichkeit spricht man von »participation« (Beteiligung)[10]). Wenn eine echte Abhängigkeit der einen Gesellschaft von der anderen besteht, handelt es sich um eine »subordination«[11]) oder »domination«[12]). Die herrschende Gesellschaft wird dann als »société mère« (Obergesellschaft), die abhängige

---

[1]) Cheminais, Les sociétés »holding«, p. 11 und 13; Verdier, Filiales et participations in J.-Cl. Soc. 165bis Nr. 104ff.
[2]) Cass. civ. 22. November 1911, D.P. 1913,1,83.
[3]) Cheminais aaO, p. 15.
[4]) vgl. Ripert, Traité, Nr. 1010.
[5]) Verdier, aaO, Nr. 32.
[6]) Demontès, Les sociétés de sociétés, Rev. crit. 1928,37 (56).
[7]) Gegout, Filiales et groupements de sociétés, p. 216.
[8]) Rebotier, Les participations bancaires à l'industrie, p. 232.
[9]) Ripert, Traité, Nr. 668.
[10]) A.N.S.A., Filiales et participations, p. 13.
[11]) A.N.S.A., aaO, p. 13.
[12]) Gegout, aaO, p. 217.

als »filiale« (Tochtergesellschaft) bezeichnet[13]). Die Obergesellschaft mit allen ihren Töchtern wird als »groupe de sociétés« (Gesellschaftsgruppe) bezeichnet[14]). Nicht in diesen Rahmen gehört die »succursale« (Zweigniederlassung, Filiale) und die »agence« (Agentur, Niederlassung, Zweigstelle, Büro)[15]).

Die Verflechtung von Gesellschaften hat in Frankreich eigentlich richtig erst nach 1945 begonnen[16]).

Es gibt in Frankreich keinen Konzernbegriff. Nicht ganz zutreffend wird dafür in wirtschaftlichen Abhandlungen meist das Wort »trust« verwandt[17]).

2) Das Recht der Gesellschaftsgruppen

Das ganze Gebiet der Beziehungen der Obergesellschaften zu ihren Töchtern ist gesetzlich so gut wie nicht geregelt[18]). Alle oben (A II 1) erklärten Begriffe haben daher weniger juristischen als wirtschaftswissenschaftlichen Wert. Es gibt keine Verpflichtung zur Aufstellung einer Konzernbilanz; nicht einmal die Beteiligungen sind in einem gesonderten Bilanzposten auszuweisen[19]). Es gibt auch keine öffentlichen Register zum Nachweis von Beteiligungsverhältnissen[20]).

Die Aktionäre der Obergesellschaft haben kein Recht auf Auskunft über die Geschäfte der Tochter[21]).

Immerhin gibt es einige Vorschriften, die an die Beteiligung anknüpfen.

Nach Art. 33 Ges.v. 1867 kann niemand, der von einem Unternehmen finanziell abhängig ist, welches ein Zehntel des Kapitals einer Aktiengesellschaft besitzt oder dessen Kapital zu einem Zehntel von der Aktiengesellschaft gehalten wird, Prüfungskommissar (commissaire aux comptes) oder Sonderprüfer (commissaire aux apports) dieser Gesellschaft sein.

Wenn eine Gesellschaft bei einer anderen Gesellschaft, die Schuldverschreibungen ausgegeben hat, mit 30% am Kapital beteiligt ist und die Schuldverschreibungen der anderen Gesellschaft von den Obligationären

---

13) Picard, Note sur la définition de la filiale, in Etude de droit civil à la mémoire de Henry Capitant, p. 621; Ripert, Traité, Nr. 668; Vanhaecke, Les groupes de sociétés, p. 59f.

14) Ripert, Traité, Nr. 1012 und der Titel der Dissertation von Vanhaecke.

15) dazu Verdier, aaO, Nr. 76ff.

16) Eine gründliche, wenn auch polemisch gefaßte Analyse der wirtschaftlichen Machtkonzentration in Frankreich findet sich unter dem Titel »La France et les trusts« in Economie et Politique, Revue marxiste d'économie, 1954, Sonderheft 4–5; für die Zeit vor dem Zweiten Weltkrieg vgl. die Untersuchung von Lesaché, Rapport sur la proposition de loi de M. Emile Bender, relative aux administrateurs des sociétés par actions faisant appel à l'épargne public, Rec. jur. soc. 1937, Documents parlementaires, p. 6.

17) vgl. den zitierten Titel des Sonderheftes von Economie et Politique.

18) Ripert, Aspects juridiques du capitalisme moderne, Nr. 26.

19) Ripert, Aspects, Nr. 35; Verdier, aaO, Nr. 33.

20) Ripert, Aspects, Nr. 35.

21) vgl. Heurteux, L'information des actionnaires et des épargnants en droit français et comparé, p. 187.

zurückgekauft hat, kann sie nicht an den Versammlungen der Obligationäre teilnehmen[22]).

Nach Art. 7 der Ordonnance vom 6. August 1945 dürfen Lagerhalter weder für eigene noch für fremde Rechnung Geschäfte über Waren abschließen oder mit diesen spekulieren, über die sie Lagerscheine ausgeben können. Nach Art. 8 gilt dieses Verbot, wenn das Lagergeschäft von einer Gesellschaft betrieben wird, auch für die Gesellschafter, die mehr als 10% des Gesellschaftskapitals halten.

Nach dem Gesetz vom 13. Juni 1941 unterliegen Gesellschaften, die Gelder auf dem öffentlichen Kapitalmarkt suchen (collectants des fonds du public) dem Bankenstatut[23]). Das gilt nicht für Tochtergesellschaften, die gegründet worden sind, um die nötigen Mittel für die Geschäfte der Gesellschaftsgruppe beim Publikum aufzunehmen[24]).

Weiter kann Art. 40 des Ges. v. 1867 für Gesellschaftsgruppen von Bedeutung sein. Nach Abs. 1 dieser Vorschrift sind alle Verträge zwischen der Gesellschaft und einem ihrer Verwaltungsratsmitglieder vor Abschluß einzeln dem Verwaltungsrat zur Genehmigung vorzulegen. Durch Abs. 2 wird das Genehmigungsverfahren auf Verträge zwischen Gesellschaften ausgedehnt, die gemeinsame Verwaltungsratsmitglieder haben oder bei denen ein Verwaltungsratsmitglied der einen Gesellschaft zugleich Inhaber, persönlich haftender Gesellschafter, Geschäftsführer oder Direktor der anderen Gesellschaft ist. Diese Situation findet sich häufig bei Gesellschaftsgruppen.

Der Verwaltungsrat hat die Prüfungskommissare (commissaires aux comptes) über die ihm zur Genehmigung vorgelegten Verträge zu informieren. Die Prüfer fertigen einen Bericht für die jährliche Generalversammlung an. Normale Geschäfte, die die Gesellschaft mit Kunden abschließt, sind von diesem Verfahren nicht betroffen, dagegen aber alle Geschäfte mit Lieferanten. Der Bericht, den die Prüfer der Generalversammlung vorzulegen haben, ist ein allgemein gehaltener Bericht, der aber alle notwendigen Angaben enthalten muß, um den Aktionären zu ermöglichen, in Kenntnis der Sachlage abzustimmen. Anzugeben ist, mit wem welche Art von Verträgen geschlossen wurden und welche Bedingungen zugrundelagen, ohne daß ein Eindringen ins Detail erforderlich wäre.

Das Gesetz bestimmt, daß die Generalversammlung die Verträge genehmigt (approuver); doch es handelt sich um keine echte Genehmigung, da die Verträge wirksam bleiben, auch wenn die Genehmigung verweigert wird. Die Gesellschaft hat nur gegebenenfalls einen Schadensersatzanspruch gegen das oder die Verwaltungsratsmitglieder. Wenn der Vertrag genehmigt worden ist, kann ein Schadensersatzanspruch aus Art. 40 nicht mehr hergeleitet werden; die Gesellschaft kann nur noch auf Aufhebung des Vertrages klagen. Aber sowohl die Schadensersatzklage als auch die Auf-

---

[22]) Art. 15 Abs. 4 Décret- loi vom 30. Oktober 1935.
[23]) Ges. v. 2. Dezember 1945.
[24]) vgl. Verdier, aaO, Nr. 120.

hebungsklage haben zur Voraussetzung, daß eine »fraude« vorlag. Das Gesetz gibt keine Begriffsbestimmung für die fraude. Der Begriff ist außerordentlich vieldeutig. Im Rahmen des Art. 40 spricht man von »fraude«, wenn der Verwaltungsrat, die Prüfungskommissare oder die Generalversammlung über die Vorteile arglistig getäuscht werden, die der anderen Gesellschaft oder dem betroffenen Mitglied des Verwaltungsrates durch die Verträge gewährt werden. Die arglistige Täuschung wird vom Gesetz zwar normalerweise als »dol« bezeichnet[25]). Der »dol« stellt jedoch nur einen Willensmangel (vice de consentement) bei Abschluß eines Vertrages dar. Das Gesetz verwendet in Art. 40 den Begriff »fraude«, weil hier die arglistige Täuschung nicht nur bei sondern besonders nach Abschluß des Vertrages begangen werden kann und sich nicht zwischen den Vertragspartnern abspielt[26]).

Für obligatorische Verträge zwischen mehreren Gesellschaften der Gruppe, die eine Verstärkung der Kontrolle mit sich bringen können, bestehen keine besonderen Vorschriften. Im Einzelfall ist sehr streitig, wer für den Abschluß zuständig ist, das heißt ob der Verwaltungsrat allein handeln darf, ob eine Zustimmung der Generalversammlung erforderlich ist oder ob sogar eine Satzungsänderung notwendig ist[27]).

Eingehender als das Gesellschaftsrecht hat sich das Steuerrecht, meist mit dem Ziel, Doppelbesteuerungen zu vermeiden, mit Gesellschaftsgruppen befaßt[28]).

3) Beschränkung des Beteiligungserwerbs durch Gesetz und Satzung

Von der Regel, daß Gesellschaften unbeschränkt Beteiligungen an Aktiengesellschaften erwerben können, gibt es eine gesetzliche Ausnahme: das Gesetz vom 2. Dezember 1945, welches das Statut der Depositen-, Handels- und Kreditbanken regelt. In Art. 5 bestimmt es, daß Depositenbanken (d.h. Banken, bei denen die Einlagen nach spätestens zwei Jahren fällig sein müssen) von anderen Gesellschaften höchstens eine Kapitalbeteiligung von 10% erwerben dürfen. Das gilt nicht für Beteiligungen an Banken, Finanzierungsunternehmen und Immobiliengesellschaften, die dem Betrieb

---

25) vgl. 1116 c. civ.

26) Zu dem sehr umfangreichen und wegen der mißlungenen Gesetzesfassung schwierigen Gebiet des Art. 40 Ges. v. 1867 vgl. Bastian, Contrats entre les administrateurs et la société in J.-Cl. Soc. 130–5; Ripert, Traité, Nr. 1257–1262; Verdier, aaO, Nr. 66 und 118; mit weiteren Nachweisen.

27) Siehe dazu Bastian, J.-Cl. Soc. 131, Nr. 84; Escarra et Rault, Traité, Nr. 1476; Fleury, Les sociétés de gérance; Gegout, Filiales et groupements de sociétés; Midi et Sumier, Les entreprises de gestion, Ann. dr. com. 1905,105; Verdier, aaO, Nr. 68; Wahl, Une société peut-elle être »gérante« ou »administrateur« d'une autre société?; und die Anmerkungen Durand zu Paris 30. Oktober 1930, S. 1933,2,1 und Houpin in J.soc. 1910,337.

28) Siehe dazu A.N.S.A., Filiales et participations; Ripert, Traité, Nr. 1012; Vanhaecke, Les groupes de sociétés.

der Depositenbank dienen. Der gesamte Wert aller Beteiligungen darf 75% ihres Eigenvermögens nicht übersteigen, es sei denn, sie hätte eine Sondergenehmigung des »Comité des dépots au conseil national du crédit«. Das gleiche gilt für Kreditbanken (Banken, die hauptsächlich Kredite mit einer Mindestlaufzeit von zwei Jahren gewähren). Ausgenommen von der Regelung sind nur Handelsbanken (Banken, die Investitionen nur mit Mitteln vornehmen dürfen, die auf mindestens zwei Jahre festgelegt sind).

Für eine Gesellschaft kann der Erwerb von Beteiligungen aber darüberhinaus durch ihre Satzung, insbesondere durch den satzungsmäßig bestimmten »objet social« (Gesellschaftszweck, Unternehmensgegenstand, Art. 30 c.com.) beschränkt sein.

Erwirbt die Gesellschaft nur eine einfache Beteiligung, die eine Beherrschungsmöglichkeit nicht mit sich bringt, so wird ihr Gesellschaftszweck davon nicht betroffen. Für derartige Geschäfte genügt daher unstreitig ein Beschluß des Verwaltungsrates. Das gilt selbst dann, wenn der Gesellschaftszweck beider Gesellschaften nicht identisch ist[29]).

Anders verhält es sich nur, wenn eine dauerhafte Beteiligung erworben und die Mittel hierfür aus einem Fonds genommen werden sollen, der eine andere satzungsmäßige Zweckbestimmung hatte (z. B. besondere Rücklage für den Bau einer neuen Anlage). Hier ist eine Satzungsänderung notwendig[30]).

Das französische Gesetz unterscheidet zwischen der außerordentlichen Generalversammlung (assemblée générale extraordinaire, Art. 31 Ges.v. 1867), welche alle Satzungsänderungen beschließt, und der ordentlichen, jährlichen Generalversammlung (assemblée générale ordinaire, Art. 27 Ges. v. 1867). Die ordentliche Generalversammlung beschließt über den Jahresabschluß (Art. 34, Abs. 4 Ges.v. 1867)[31]). Wenn sie die Bildung eines Bilanzpostens mit besonderem, nicht satzungsmäßig bestimmten Zweck beschlossen hat, dann ist für die Verwendung dieser Mittel zum Erwerb von Beteiligungen ein neuer Beschluß der ordentlichen Generalversammlung erforderlich.

Von den genannten Situationen ist der Fall zu unterscheiden, bei dem die zu erwerbende Kapitalbeteiligung so bedeutsam ist, daß die Beteiligungsgesellschaft zur Tochtergesellschaft wird. Hier bestehen drei Möglichkeiten: die Statuten verbieten die Begründung von Tochtergesellschaften, sie gestatten sie, oder sie schweigen über diesen Punkt.

Im ersten Fall muß die Bestimmung durch Beschluß der außerordentlichen Generalversammlung abgeändert werden.

Wenn die Satzung die Gründung von Tochtergesellschaften vorsieht, dann ist eine Satzungsänderung nicht erforderlich, gleichgültig, ob die Tochter denselben oder einen anderen Gesellschaftszweck als die Mutter hat. Anders verhält es sich wieder nur, wenn satzungsmäßig an einen ande-

---

[29]) Verdier, aaO, Nr. 31.
[30]) Verdier, ibidem.
[31]) Dazu Decugis, Traité pratique des sociétés par actions, Nr. 364.

ren Zweck gebundenes Vermögen verwendet werden soll. Zuständig ist im ersten Fall die ordentliche Generalversammlung, weil die Begründung von Tochtergesellschaften den Rahmen der normalen Verwaltungsgeschäfte des Verwaltungsrates überschreitet, es sei denn, die Satzung oder ein Beschluß der ordentlichen Generalversammlung hätten die Macht des Verwaltungsrates erweitert[32]).

Fraglich ist in diesem Zusammenhang nur, ob die Gesellschaft ihr gesamtes Vermögen in Tochtergesellschaften anlegen darf[33]). Hier kommt es auf die Auslegung der Satzung an. Wenn sie zum Beispiel die »création de filiales ou prises de participation« vorsieht, im übrigen aber einen anderen Gesellschaftszweck bestimmt, dann kann die Gesellschaft sich nicht als reine Kapitalanlage- oder Holdinggesellschaft betätigen, weil sie damit gegen den Gesellschaftszweck verstößt.

Schwieriger ist die Entscheidung, wenn die Statuten über die Frage der Begründung von Töchtern schweigen. Zunächst ist der Fall zu untersuchen, wo die Tochtergesellschaft denselben Gesellschaftszweck wie die Muttergesellschaft verfolgt. Eine Meinungsgruppe vertritt hier die Ansicht, daß eine Satzungsänderung nicht erforderlich sei, sondern daß ein Beschluß der ordentlichen Generalversammlung, beziehungsweise – bei besonderer Zuweisung – des Verwaltungsrates genüge[34]). Sie meinen, daß der Gesellschaftszweck der Mutter keine Änderung durch die Begründung von Tochtergesellschaften mit demselben Zweck erfahre. Der Gesellschaftszweck der Mutter werde jetzt nur statt auf direkte Weise indirekt über die Töchter verfolgt (exploitation indirecte). Das trifft nicht immer zu, weil Tochtergesellschaften nicht unbedingt dem Gesellschaftszweck der Mutter dienen sollen, vielmehr die Investition als reine Kapitalanlage gedacht sein kann.

Zur Stützung ihrer Ansicht berufen sich diese Autoren auch darauf, daß die Gesellschaft ihren Betrieb verpachten könne, ohne eine Satzungsänderung vornehmen zu müssen; eine analoge Lösung dränge sich daher auf. Die Voraussetzung dieses Schlusses ist falsch. Lehre und Rechtsprechung zur Verpachtung des Unternehmens sind außerordentlich differenziert. Beispielsweise hat die Entscheidung Paris 14. März 1957[35]) eine zeitlich unbegrenzte Verpachtung wesentlicher Teile des Unternehmens mangels Zulassung durch die Satzung für unwirksam erklärt[36]).

Die Vertreter der gegenteiligen Ansicht[37]) meinen, daß in der Begründung von Tochtergesellschaften für die Aktionäre der Obergesellschaft eine mißbräuchliche Verwendung des von ihnen eingebrachten Kapitals vorliege. Die Aktionäre hätten ihr Vertrauen in eine bestimmte Gesellschaft

---

[32]) Verdier, aaO, Nr. 85 und 97.

[33]) Verdier, aaO, Nr. 85.

[34]) Gegout, Nr. 86; Houpin et Bosvieux, Nr. 1328; Verdier, Nr. 94 und 95.

[35]) S. 1957,153.

[36]) Vgl. im übrigen die oben Anm. 27) angegebene Literatur.

[37]) Demontès, Les sociétés de sociétés, Rev. crit. 1928,37; Esmein, Les sociétés filiales, Rep. prat. 1932, Nr. 5; Henry, Des sociétés de sociétés, 1919,160; Vivante, Les sociétés filiales et financières, Ann. dr. com. 1933,272; Wahl, Anm. zu Cass. req. 30. April 1913, J. soc. 1914,396.

mit bestimmtem Personal, bestimmtem Sitz und bestimmten Statuten gesetzt und müßten deshalb vorher befragt werden, damit die Gesellschaft Tochtergesellschaften gründen dürfe. Dieses Argument ist nicht ganz unzutreffend, obwohl es nur für die Großaktionäre gilt. Die Kleinaktionäre interessieren sich meist nur für die Rentabilität ihrer Einlage. Alle anderen Erwägungen sind für sie zweitrangig.

Die indirekte Verfolgung des Gesellschaftszwecks ist nach dieser Ansicht auch der direkten deshalb nicht gleichzusetzen, weil die Verwaltung eines Portefeuille mit dem Betrieb eines Unternehmens nicht zu vergleichen sei. Ein Handels- oder Industrieunternehmen sei etwas anderes als ein Investitionsunternehmen, weil dieses weniger am satzungsmäßig bestimmten Zweck der Beteiligungsgesellschaft als vielmehr an einer rentablen Kapitalanlage interessiert sei. Hiergegen ist einzuwenden, daß in den weitaus meisten Fällen die Obergesellschaften sich nicht auf eine reine Portefeuilleverwaltung beschränken. Die Dividenden, die sie von der Tochter beziehen, haben oft nur eine zweitrangige Bedeutung im Vergleich mit anderen Vorteilen, die den Muttergesellschaften aus den Beziehungen zur Tochter erwachsen.

Vernünftigerweise muß die Lösung der Frage von der wirtschaftlichen Situation der Obergesellschaft abhängig gemacht werden. Für ein Großunternehmen mit vielseitigen Unternehmenszweigen ist die Gründung von Tochtergesellschaften notwendig und selbstverständlich. Gerade bei diesen Unternehmen taucht das Problem aber kaum auf, weil der satzungsmäßige Gesellschaftszweck bei ihnen fast immer so weit gefaßt ist, daß auch die Gründung von Töchtern vorgesehen ist. Die Satzungsbestimmung, die eine »exploitation indirecte« zuläßt, ist in diesem Sinne zu verstehen. Bei kleineren Gesellschaften ist der Gesellschaftszweck meist enger gefaßt und auch entsprechend enger auszulegen.

Die Rechtsprechung hatte sich mit dem ganzen Fragenkomplex nur einmal zu beschäftigen[38]). Das Kassationsgericht entschied, daß eine Gesellschaft, deren Statuten bestimmte Geschäfte vorsehen, diese Geschäfte nur selbst betreiben und nicht eine neue Gesellschaft gründen darf, die dieselben Geschäfte für Rechnung dritter betreibt. Da es sich um eine kleinere Gesellschaft mit eng gefaßtem Unternehmensgegenstand handelte, ist der Entscheidung zuzustimmen.

Das Gericht erklärte die Gründung der Tochtergesellschaft für nichtig, weil die Obergesellschaft durch die Mitwirkung an der Gründung außerhalb ihrer Satzung gehandelt habe (sogenannter »exès de pouvoir«). Die Nichtigkeit der Tochter folgt dann aus der mangelnden Einigung bei Abschluß des Gesellschaftsvertrages[39]). Handelt es sich nicht um eine Gründung, sondern um den späteren Erwerb einer herrschenden Beteiligung, dann ist allein der Beteiligungserwerb – und nicht etwa die Tochtergesellschaft – nichtig.

---

[38]) Trib. com. Alger 20. August 1910, Cour d'Alger 16. Februar 1911 und Cass. req. 30. April 1913 in J. soc. 1914,396 mit Anmerkungen Wahl.

[39]) Wahl, aaO.

Die Nichtigkeitsklage kann von jedem, der ein rechtliches Interesse nachweist, erhoben werden, also insbesondere von den Aktionären der Obergesellschaft[40]).

Aus dem Gesagten ergibt sich, daß eine Satzungsänderung vorzunehmen ist, wenn Mutter- und Tochtergesellschaft nicht denselben Unternehmensgegenstand haben und die Satzung der Obergesellschaft die Gründung von Tochtergesellschaften nicht vorsieht[41]).

4) Rechtliche Selbständigkeit der Mitglieder der Gruppe

Das Recht der Gesellschaftsgruppen hat einen organisationsrechtlichen und einen vermögensrechtlichen Aspekt.

Die Gruppe als solche besitzt keine Rechtspersönlichkeit; aber alle einzelnen Glieder der Gruppe, insbesondere auch die Tochtergesellschaften sind, wenn sie nur in den gehörigen Formen gegründet worden sind, von den anderen Gliedern der Gruppe unabhängige juristische Personen[42]). Zu Recht hat man deshalb die wirtschaftliche Unterordnung bei Aufrechterhaltung der rechtlichen Selbständigkeit als das wesentliche Kriterium der Tochtergesellschaften bezeichnet[43]).

Die rechtliche Selbständigkeit der einzelnen Organismen wird auch durch eine noch so starke Kontrolle (contrôle) nicht berührt[44]). So bleiben zwei Gesellschaften derselben Gruppe voneinander getrennte juristische Personen, auch wenn sie gemeinsame Direktoren und denselben Gesellschaftssitz haben[45]) oder sich ihre Verwaltungsräte, beziehungsweise Generalversammlungen aus denselben Personen zusammensetzen[46]). Die Herkunft des Kapitals und die Zusammensetzung der Gesellschaftsorgane hat auf die juristische Selbständigkeit keinen Einfluß[47]). Aber die Statuten und die Firmen der beiden Gesellschaften müssen verschieden sein; der Unternehmensgegenstand braucht es nicht zu sein[48]).

Da die Tochtergesellschaft eine eigene Rechtspersönlichkeit hat, ist sie autonom[49]), d.h. sie kann sich zwar schuldrechtlich verpflichten, aber weder sie selbst noch ihre Organe können durch einen organisationsrechtlichen Akt fremden Weisungen unterworfen und zum Werkzeug eines fremden Willens gemacht werden. In der Entscheidung Paris 22. Oktober

---

[40]) Cass. req. 30. April 1930, aaO.

[41]) Verdier, aaO, Nr. 85, unstr.

[42]) Picard, Note sur la définition des filiales, in Etudes de drcit civil à la memoire de Henry Capitant, p. 621; Ripert, Traité, Nr. 1011f.

[43]) A.N.S.A., Filiales et participations, p. 9.

[44]) Lecompte, Anmerkung zu Trib. com. Seine 8. November 1932, J. soc. 1934,239.

[45]) Bordeaux 17. Oktober 1927, Rec. jur. soc. 1928,13; Cass. req. 4. März 1947, J.-Cl. Soc. 165bis Nr. 142.

[46]) Montpellier 11. Juli 1929, J. soc. 1932,283.

[47]) Verdier, Filiales et participations, aaO, Nr. 75.

[48]) Paris 22. Oktober 1927, S. 1929,2,77; Verdier, aaO, Nr. 84f.

[49]) Cass. req. 4. März 1947, aaO.

1927[50]) war in der Gründungsvereinbarung einer Tochtergesellschaft bestimmt, daß diese sich jederzeit, insbesondere in finanziellen Fragen den Weisungen der Mutter unterzuordnen hätte. Der Verwaltungsrat der Tochter richtete an die Aktionäre und damit an die Obergesellschaft eine Kapitaleinforderung. Die Mutter weigerte sich unter Hinweis auf die Gründungsvereinbarung zu zahlen. In dem Rechtsstreit zwischen beiden Gesellschaften entschied das Gericht, daß die Unabhängigkeit der juristischen Person ein Satz des ordre public und damit unabdingbar sei. Es erklärte die Klausel deshalb für nichtig. Eine satzungsmäßige Verpflichtung der Tochtergesellschaft oder ihrer Organe, dem Willen der Mutter zu folgen (Eingliederung), ist also unwirksam, weil sie mit dem Wesen der juristischen Person nicht vereinbar ist. Darüber hinaus können sich aber auch die Gesellschaftsorgane schuldrechtlich nicht mit Wirkung gegen die Gesellschaft ihrer Autonomie begeben[51]).

Wenn tatsächlich aber die Organe einer Gesellschaft ständig so unter den Weisungen eines anderen Unternehmens stehen, daß eine organisatorische Trennung nicht mehr existiert, dann wird die eine Gesellschaft zur Zweigniederlassung der anderen und ihre Rechtspersönlichkeit ist damit beseitigt[52]). Vermögensrechtlich ergibt sich aus den Prinzipien der Einheit der Person und der Einheit des Vermögens (patrimoine), daß jedes Vermögen als Ganzes nur einer Rechtsperson zugeordnet sein kann[53]). Das schließt Vergemeinschaftungen von Vermögensteilen natürlich nicht aus.

Die Rechte und Pflichten jeder Gesellschaft der Gruppe haben also grundsätzlich ein unabhängiges Schicksal[54]). Die einzelnen Gesellschaften müssen ein eigenes Kapital haben[55]). Sie können untereinander Rechte und Pflichten begründen[56]). Die Mutter kann die Tochter weder verpflichten noch deren Forderungen im eigenen Namen geltend machen[57]). Verfügungen der Obergesellschaft über das Vermögen der Tochtergesellschaft sind ohne deren Zustimmung unwirksam[58]). Die Schuldner der einen Gesellschaft können nicht geltend machen, daß eine Kompensation (gesetzliche Aufrechnung, Art. 1289ff c.civ.) mit den Ansprüchen, die sie gegen die andere Gesellschaft gehabt hätten, stattgefunden habe, und zwar selbst dann nicht, wenn die eine Gesellschaft die andere durch einen Organisationsvertrag noch verstärkt kontrolliert[59]).

Sobald die verschiedenen Glieder der Gesellschaftsgruppe das Prinzip der Vermögenstrennung mißachten, zögert die Rechtsprechung nicht, den

---

[50]) aaO.

[51]) Unsignierte Anmerkung zu Paris 22. Oktober 1927, aaO; über Stimmrechtsbindungsverträge in der Generalversammlung und im Verwaltungsrat siehe weiter unten Teil C.

[52]) Vgl. Anmerkung Rousseau zu Cass. req. 20. November 1922, aaO.

[53]) Planiol et Ripert, Traité, Nr. 16.

[54]) Ripert, Traité, Nr. 1012; Verdier, aaO, Nr. 83.

[55]) Paris 22. Oktober 1927, aaO.

[56]) Verdier, aaO, Nr. 124.

[57]) Verdier, aaO, Nr. 125.

[58]) Montpellier 11. Juli 1929, J. soc. 1932,283.

[59]) Bordeaux 17. Oktober 1927, Rec. jur. soc. 1928,13.

Gläubigern der einen Gesellschaft den Zugriff auf den gesamten Vermögensbereich aller betroffenen Gesellschaften zu gewähren. Umgekehrt gibt es Fälle, wo der Obergesellschaft gestattet wurde, Rechte der Tochter im eigenen Namen geltend zu machen[60]).

Eine Durchbrechung des Prinzips der Selbständigkeit der Person und des Vermögens findet sich schließlich im Arbeitsrecht. Dort kommt es nicht auf die Person und ihr Vermögen an, sondern auf das Unternehmen und dessen Elemente, Kapital, Leitung und Arbeit[61]).

5) Eigene Aktien

Der Erwerb eigener Aktien ist für die Gesellschaft ein wirksames Mittel, um ihre Überfremdung zu verhindern[62]). Das gilt besonders dann, wenn die Gesellschaft für alle Aktien, die die Aktionäre veräußern wollen, ein satzungsmäßiges Vorkaufsrecht besitzt. Trotz der Gefahr der Substanzleerung, die eigene Aktien für die Gesellschaft mit sich bringen, ist das Gebiet vom französischen Gesetzgeber nicht geregelt worden[63]). Grundsätzlich ist der Erwerb eigener Aktien daher zulässig[64]).

Aber ebenso wie keine Dividenden gezahlt werden dürfen, wenn kein Gewinn vorhanden ist, ist auch der Rückerwerb (rachat) von Aktien nicht erlaubt, wenn dadurch das Gesellschaftskapital angegriffen wird[65]). Das folgt aus dem gesetzlich nicht ausdrücklich normierten Grundsatz der Unveränderlichkeit des Gesellschaftskapitals (fixité du capital social) oder, was dasselbe bedeutet, aus dem Verbot der Einlagenrückgewährung (restitution de la mise)[66]). Das Kassationsgericht erklärte solche Erwerbsfälle für nichtig[67]).

Sollen dennoch eigene Aktien erworben werden, so ist dies erst möglich, wenn eine Kapitalherabsetzung stattgefunden hat[68]).

Bosvieux[69]) vertritt die Ansicht, das Gesellschaftskapital sei in jedem Fall herabzusetzen, gleichgültig ob die Garantiesumme davon berührt wird oder nicht. Darin liegt aber eine falsche Interpretation des Verbots der Einlagerückgewähr. Dieses Verbot bedeutet, daß die Einlage den Aktionären nicht

---

[60]) Für Einzelheiten siehe unten B III 4).

[61]) Dazu Hamel, La personnalité morale et ses limites in D. 1949, Chron. 141ff und Cass. soc. 28. Juli 1952, Bull. civ., III, Nr. 661; Trib. civ. Seine 9. Februar 1959, J.C.P. 1959, 2, 11006.

[62]) Lagarde, Du rachat de ses titres par une société, p. 5.

[63]) Vanhaecke, Les groupes de sociétés, p. 91f, 100.

[64]) Lagarde, aaO, p. 11; Moulin, Le rachat par une société de ses propres titres, p. 30; Le Havre 15. Februar 1952, J.C.P. 1952,2,7216.

[65]) Lagarde, aaO, p. 11.

[66]) Moulin, aaO, p. 34f, 44; Ripert, Traité, Nr. 1132; Veaux-Fournerie, L'acquisition de ses propres actions ou parts sociales par la société émettrice, p. 83ff.

[67]) Cass. civ. 15. März 1927, D.H. 1927,255, S. 1927,1,209; J. soc. 1928,155; Cass. com. 6. Januar 1958, D. 1958, Som. 39.

[68]) Lagarde, aaO, p. 11; Ripert, Traité, Nr. 1132.

[69]) Du rachat de gré à gré de ses actions par une société, J. soc. 1934,482.

zum Schaden der Gläubiger zurückgezahlt werden darf. Deren Interessen werden aber nur verletzt, wenn das durch das Gesellschaftskapital fixierte Vermögen an die Aktionäre zurückfließt.

Eine Kapitalherabsetzung allein genügt nicht, wenn der Rückerwerb der Aktien zum Überparikurs erfolgen soll und die Gesellschaft keine Gewinne oder Reserven hat. Hier muß noch der Nennwert der übrigen Aktien herabgesetzt werden[70]).

Der Erwerb eigener Aktien mit der gesetzlichen Rücklage (réserve légale, Art. 36 Ges.v. 1867) ist unzulässig, weil sie ebenso wie das Kapital nicht an die Aktionäre zurückgezahlt werden kann und eine Garantie für die Gläubiger darstellt[71]). Der Beweis, daß das Kapital und die gesetzliche Reserve nicht angegriffen wurden, obliegt der Partei, die sich auf die Wirksamkeit des Geschäftes beruft[72]).

Wenn das Gesellschaftskapital noch nicht voll eingefordert ist, liegt im Selbsterwerb meist ein doppelter Angriff auf die Garantiesumme: Dem Aktionär wird seine Einlage zurückgewährt und er wird zugleich von der Pflicht zur Einzahlung der restlichen Einlage befreit (jedenfalls nach Ablauf der Zweijahresfrist des Art. 3 Abs. 2 Ges.v. 1867). Der Selbsterwerb ist unter diesen Umständen nichtig. Nach der Entscheidung Paris 4. Januar 1887[73]) kann der veräußernde Aktionär sich nicht darauf berufen, er habe nicht gewußt, daß ihm seine Einlage zurückgewährt worden sei. Denn er hat gewußt, daß die Einzahlung auf die Aktie noch nicht voll geleistet war. Das sei nur anders, wenn er die Aktien an der Börse veräußert habe, weil dort der Veräußerer den Erwerber nicht kenne. Die Entscheidung ist im ersten Punkt angreifbar, weil auch bei nicht voll eingezahltem Gesellschaftskapital genügend Reserven vorhanden sein können, um den Schutz der Gläubiger zu gewährleisten[74]).

Die Nichtigkeitsklage kann von den Gläubigern und von der Gesellschaft erhoben werden. Das Rechtsschutzinteresse entfällt jedoch, wenn die Gesellschaft die eigenen Aktien mindestens zum Erwerbspreis weiterveräußert hat[75]).

Hat die Gesellschaft Reserven mit anderweitiger satzungsmäßiger Zweckbestimmung gebildet, so können diese nur dann zum Erwerb eigener Aktien verwandt werden, wenn die außerordentliche Generalversammlung einen entsprechenden Beschluß gefaßt hat[76]).

Für die Verwendung freier Reserven und für den Gewinn bestehen dagegen keine Beschränkungen[77]). Zu beachten ist nur, daß der Selbsterwerb von einer ordentlichen Generalversammlung zu beschließen ist, weil das

---

70) Moulin, aaO, p. 47.

71) Lagarde, aaO, p. 12; Moulin, aaO, p. 53; Veaux-Fournerie, aaO, p. 113f; a.A. Houpin et Bosvieux, Traité, Nr. 1342.

72) Cass. com. 6. Januar 1958, aaO.

73) D.H. 1887,2,73.

74) Veaux-Fournerie, aaO, p. 109f.

75) Lagarde, aaO, p. 13.

76) Lagarde, aaO, p. 12; Veaux-Fournerie, aaO, p. 186.

77) Lagarde, aaO, p. 12; Moulin, aaO, p. 53, 57.

Geschäft zu schwerwiegend ist, um in die Kompetenz des Verwaltungsrates zu fallen, es sei denn, ihm wäre diese Art von Geschäften allgemein durch die Satzung oder speziell durch einen Beschluß der Generalversammlung übertragen worden[78]). Der innere Grund für die Zuständigkeit der Generalversammlung liegt darin, daß sie über die Gewinnverteilung und die Bildung freier Reserven zu beschließen hat[79]). Sie ist deshalb auch zuständig, wenn diese Mittel einem anderen Zweck gewidmet werden sollen.

Die Gesellschaft hat beim Erwerb der Aktien den Gleichheitssatz zu beachten[80]). Das bedeutet, daß sie nicht willkürlich bestimmte Aktien zurücknehmen und andere verweigern darf[81]). Völlig unangreifbar ist daher nur der Aktienerwerb an der Börse, weil hier eine absolute Chancengleichheit für alle Veräußerer besteht[82]). Anderenfalls könnte die Gesellschaft nur alle Gesellschafter öffentlich zur Rückgabe ihrer Aktien zu einem festen Preis und innerhalb einer angemessenen Frist auffordern[83]).

Wenn die Satzung der Gesellschaft für den Fall einer Veräußerung der Aktien durch einen Aktionär ein Vorkaufsrecht gewährt, dann wird der Gleichheitssatz dadurch nicht berührt, weil das Vorkaufsrecht zwar nur in Einzelfällen ausgeübt wird, aber alle Aktien gleichermaßen trifft.

Der Gleichheitssatz ist kein Satz des ordre public, die Satzung kann ihn deshalb ausschließen[84]).

Verschiedene Autoren sind der Ansicht, daß die von der Gesellschaft erworbenen Aktien durch Konfusion (Art. 1300 c.civ.) erlöschen[85]). Das ist unzutreffend. Art. 1300 c.civ. gilt nur für Forderungen, nicht für umlauffähige Wertpapiere und schon gar nicht für Mitgliedschaftsrechte (droits d'associé)[86]). Die Rechtsprechung nahm zunächst auch Erlöschen durch Konfusion an[87]). Sie erkennt jedoch heute das Fortbestehen der Mitgliedschaften an[88]).

Die Gesellschaft darf ihre Aktien also im Portefeuille behalten. Sie kann das Stimmrecht aus diesen Aktien aber nicht ausüben[89]). Verwaltungsratsmitglieder, die mit den Aktien der Gesellschaft in der Generalversammlung abstimmen, machen sich nach Art. 13 Abs. 2 Ziff. 2 Ges.v. 1867 strafbar,

---

78) Lagarde, aaO, p. 18; Veaux-Fournerie, aaO, p. 198ff.

79) Art. 34 Ges. v. 1867.

80) Bosvieux, aaO, p. 484; Moulin, aaO, p. 37; Ripert, Traité, Nr. 1132.

81) Lagarde, aaO, p. 14.

82) Veaux-Fournerie, aaO, p. 156.

83) Bosvieux, aaO, p. 488ff.

84) Lagarde, aaO, p. 15.

85) Hamel et Lagarde, Traité, Nr. 688; Houpin et Bosvieux, Traité, Nr. 491–2°; Lyon-Caen et Renault, Traité, Nr. 846.

86) Lagarde, aaO, p. 12; Moulin, aaO, p. 33; Ripert, Traité, Nr. 1132.

87) Paris 19. Februar 1885, D. 1885,2,181; Paris 4. Januar 1887, D. 1887,2,73.

88) Le Havre 18. März 1930, J. soc. 1931,579 mit ablehnender Anmerkung Houpin; Cass. civ. 12. November 1946, D. 1948, J, 345 Anmerkung Percerou; Lyon 5. März 1951, J.C.P. 1951,2,6562 Anmerkung D. Bastian; Cass. com. 9. Juli 1956, Gaz. Pal. 1956,2,331.

89) Houpin et Bosvieux, Traité, Nr. 1124; Lagarde, aaO, p. 27; Moulin, aaO, p. 112; Ripert, Traité, Nr. 1132; a.A. wohl Lyon 5. März 1951, J.C.P. 1951,2,6562.

weil sie vortäuschen, Eigentümer von Aktien zu sein, die ihnen nicht gehören[90]).

Inwieweit Vermögensrechte aus eigenen Aktien ausgeübt werden können, ist streitig. Nach Ripert[91]) und Le Havre 15. Februar 1952[92]) tritt ein Ruhen aller Rechte ein. Richtiger hat man verschiedene Fälle zu unterscheiden: Bezugsrechte bei Kapitalerhöhungen kann die Gesellschaft zwar verkaufen aber nicht selbst ausüben[93]), weil das Wesen der Kapitalerhöhung in der Beschaffung neuen Vermögens liegt. Wenn die Gesellschaft ihr Kapital aber nur durch Ausgabe von Gratisaktien erhöht, besteht kein Grund, daß diese nicht auch der Gesellschaft für ihre eigenen Aktien zugeteilt werden sollten, weil die Gratisaktien nichts anderes als eine Abspaltung der alten Aktien sind[94]). Die Gesellschaft kann sich auch die Dividenden für eigene Aktien gutschreiben[95]), weil es sich um eine reine Umbuchung handelt, durch die das Interesse der Aktionäre nicht berührt wird[96]).

Art. 30 und 31 Ges.v. 1867 bestimmen, daß die ordentliche und die außerordentliche Generalversammlung nicht beschlußfähig sind, wenn nicht mindestens ein bestimmter Prozentsatz des Gesellschaftskapitals (quorum) in ihnen vertreten ist. Da das Stimmrecht für eigene Aktien ruht, ist der Berechnung ein um den Nominalbetrag der eigenen Aktien reduziertes Gesellschaftskapital zugrunde zu legen[97]).

Die Gesellschaft kann die eigenen Aktien wieder veräußern. Der Beschluß über die Wiederveräußerung liegt bei dem Gesellschaftsorgan, welches über den Erwerb zu beschließen hatte[98]), also nicht beim Verwaltungsrat, es sei denn, diese Aufgabe wäre ihm zugewiesen. Der Verwaltungsrat führt aber die Wiederveräußerung und damit auch die Auswahl des Erwerbers durch. Geschieht die Veräußerung zu einem unangemessenen niedrigen Preis, so kann sich der Verwaltungsrat nach Art. 15 Ziff. 6 Ges.v. 1867 wegen mißbräuchlicher Verwendung des Gesellschaftsvermögens (usage abusif des biens de la société) strafbar machen. Die Aktionäre haben kein Bezugsrecht wie bei der Kapitalerhöhung, weil es sich nicht um die Ausgabe neuer Aktien handelt[99]).

Es ist sehr fraglich, ob eine Verletzung des Gleichheitssatzes darin gesehen werden kann, daß der Verwaltungsrat, wie es häufig geschieht, bei

---

[90]) Hamel, Le droit pénal spécial des sociétés anonymes, p. 337.
[91]) Traité, Nr. 1132.
[92]) aaO.
[93]) Lagarde, aaO, p. 27; Moulin, aaO, p. 113; Veaux-Fournerie, aaO, p. 130ff und 288, Anm. 2; Paris 19. März 1883, Rev. soc. 1883,289.
[94]) Lagarde, aaO, p. 27; Veaux-Fournerie, aaO, p. 135ff.
[95]) Moulin, aaO, p. 115; dagegen Lagarde, aaO, p. 27 und Ripert, Traité, Nr. 1132.
[96]) Veaux-Fournerie, aaO, p. 297f.
[97]) Houpin et Bosvieux, Traité, Nr. 1124, 1182, 1217; Lagarde, aaO, p. 24; Moulin, aaO, p. 106; Le Havre 18. März 1930, aaO; a.A. Veaux-Fournerie, aaO, p. 308 und wohl auch Ripert, Traité, Nr. 1132.
[98]) Lagarde, aaO, p. 29.
[99]) Cass. com. 22. Oktober 1956; J.C.P. 1956,2,9678 mit zustimmender Anmerkung von Bastian; derselbe in einer Anmerkung zu Paris 24. November 1954; J.C.P. 1955,2,8448.

Zuteilung der eigenen Aktien einige Aktionäre unter Nichtberücksichtigung anderer bevorzugt. Der Fall ist gerichtlich nicht entschieden worden.

In vergleichbaren Fällen, bei denen es um die Zulässigkeit der statutarischen Einführung eines Vorkaufsrechts an allen Aktien zugunsten einer vom Verwaltungsrat zu bestimmenden Person ging, haben die Gerichte implizit dem Verwaltungsrat das Recht zuerkannt, durch die Auswahl des Erwerbers die Machtverhältnisse in der Generalversammlung zu beeinflussen und damit eine ihm günstig gesonnene Mehrheit zusammenzustellen, wenn die Interessen der Gesellschaft dadurch nicht verletzt werden[100]).

Das scheint unbillig zu sein. Der Gleichheitssatz bedeutet aber nicht, daß alle Aktionäre gleich zu behandeln seien. Zu Recht weist Cordonnier in einer kritischen Anmerkung zu Amiens 12. Juli 1929[101]) darauf hin, daß der Gleichheitssatz nur verlangt, daß die durch Aktien (gleicher Kategorie) vermittelten Rechte und Pflichten gleich sein müssen. Die einzelne Aktie vermittelt den Aktionären aber kein Recht auf einen unveränderlichen Machtanteil in der Generalversammlung[102]). Der Verwaltungsrat kann gesellschaftsfremden Personen unstreitig die Zuteilung von eigenen Aktien verweigern. Hinsichtlich der Zuteilung eigener Aktien ist aber kein Unterschied zwischen Aktionären und Nichtaktionären ersichtlich[103]). Die Wiederveräußerung eigener Aktien ist also anders zu beurteilen als der Erwerb eigener Aktien durch die Gesellschaft, denn im zweiten Fall werden die durch die einzelne Aktie vermittelten Rechte und Pflichten betroffen.

Die Veränderung der Machtverhältnisse in der Generalversammlung durch die Bevorzugung einiger Aktionäre oder gesellschaftsfremder Personen kann nur unzulässig werden, wenn damit gleichzeitig das Interesse der Gesellschaft verletzt wird. Es handelt sich dann aber nicht um eine Außerachtlassung des Gleichheitssatzes, sondern um einen »abus de droit« (Rechtsmißbrauch)[104]).

III. Wechselseitige Beteiligungen

1) Vorteile und Gefahren der wechselseitigen Beteiligung

Zwei Gesellschaften, die an einer wirtschaftlichen Zusammenarbeit interessiert sind, können die Abstimmung ihres gegenseitigen Verhaltens durch den Abschluß eines Vertrages erreichen. In diesem Vertrag werden jeder von ihnen im gemeinsamen Interesse gewisse Opfer auferlegt. Fehlt es aber einem der Vertragspartner am guten Willen bei der Ausführung des Ver-

---

100) Paris 10. November 1938, J.C.P.1939, Nr. 937; Cass. com. 22. Oktober 1956, aaO; Rouen 18. November 1958, J. soc. 1959,65.

101) J. soc. 1929,651.

102) Vgl. Cordonnier,Remarques sur la licéité des clauses statutaires restreignant la libre cessibilité des actions entre actionnaires, J. soc. 1955, p. 200, 202.

103) Bastian, Anmerkung zu Cass. com. 22. Oktober 1956, J.C.P. 1956,2,9678.

104) Vgl. Ripert, Anmerkung zu Cass. com. 22. Oktober 1956, D. 1957, J., 177.

trages oder widersetzt er sich nur einfach der Verlängerung bei Vertragsablauf, dann kann der anderen Gesellschaft daraus beträchtlicher Schaden entstehen. Um die Zusammenarbeit sicherzustellen und dauerhaft zu gestalten, genügen daher nicht immer normale vertragliche Zusicherungen.

Eine Harmonisierung in der Zusammenarbeit kann dadurch erreicht werden, daß jede Gesellschaft in den Organen der anderen, also in deren Generalversammlung und Verwaltungsrat, eine direkte Einflußmöglichkeit erhält. Diese gegenseitige Kontrolle wird dadurch möglich, daß jede Gesellschaft bei der anderen eine Beteiligung erwirbt[1]). Die wechselseitige Beteiligung wird als »participation réciproque«, »participation croisée« oder »participation en retour« bezeichnet[2]). Die so verbundenen Gesellschaften nennt man »sociétés imbriquées« (verschränkte, sich überlappende Gesellschaften)[3]). Am einfachsten kann eine wechselseitige Beteiligung durch den Tausch eigener Aktien hergestellt werden. Damit erhält jede Gesellschaft in der Generalversammlung der anderen eine gewisse Stimmenmacht, und damit nicht nur die Möglichkeit, die Zusammensetzung des Verwaltungsrates der anderen Gesellschaft mitzubestimmen, sondern auch zu erreichen, daß beide Gesellschaften gemeinsame Verwaltungsratsmitglieder erhalten. Weil damit die Geschäftspolitik beider Gesellschaften harmonisiert werden kann, besteht ein berechtigtes Interesse an dem Verfahren.

Die wechselseitigen Beteiligungen stellen jedoch eine erhebliche Gefahr dar[4]). Sie gestatten dem Verwaltungsrat jeder Gesellschaft mit der von der anderen Gesellschaft gehaltenen Beteiligung in die eigene Generalversammlung hineinzuregieren, also eine Art Rückkontrolle auszuüben[5]). Ist die gegenseitige Beteiligung bedeutend genug, dann verliert die Generalversammlung ihre Kontrollfunktion. Der Verwaltungsrat wird damit aber auch unabsetzbar. Dieser Effekt wird als »verrouillage« (Verriegelung) bezeichnet[6]). Die sogenannte Verriegelung ist gefährlich, weil sie, wirtschaftlich betrachtet, kostenlos erreicht wird. Man kann die Mehrheiten, die sich in der Generalversammlung und im Verwaltungsrat bilden, dann als »fiktive Mehrheiten«[7]) bezeichnen, weil das Geschick der Gesellschaft nicht mehr von denen bestimmt wird, die eine echte Einlage geleistet haben.

An zweiter Stelle steht die Gefahr des Substanzverlustes, die schon beim

---

[1]) Pinoteau, Conséquences pratiques d'une application rapide des dispositions de l'article 8 de la loi du 4 mars 1943, in Gaz. Pal. 1949,1, Doctr. 23.

[2]) Michel, La loi du 4 mars 1943 relative aux sociétés par actions, in Gaz. Pal. 1943, Doctr. I, p. 46.

[3]) Ripert, Traité, Nr. 668, 916.

[4]) Vgl. A. Percerou, Lois actuelles et projets récentes en matière de sociétés anonymes, p. 535.

[5]) Chambaz, Commentaire de la loi du 4 mars 1943 sur les sociétés par actions, in Lois nouvelles, 1943,1,98.

[6]) H. Bosvieux, La nouvelle loi du 4 mars 1943 sur les sociétés par actions, in J. soc. 1943, 20; Hamel et Lagarde, Traité, Nr. 771; Vanhaecke, Les groupes de sociétés, p. 94.

[7]) Mazeaud, Les effets de l'interdiction des participations réciproques sur les acquisitions, souscriptions et distributions d'actions, in J. soc. 1944,82.

Erwerb eigener Aktien erwähnt worden ist[8]). Ein extrem gewähltes Beispiel mag das verdeutlichen: Zwei Finanzgruppen beschließen, je eine Aktiengesellschaft mit gleich hohem Kapital zu gründen. Nach Leistung der entsprechenden Kapitaleinlage veräußert jede Finanzgruppe nahezu ihre gesamten Aktien an die von der anderen Gruppe gegründete Gesellschaft. Fast alle Einlagen sind damit zurückgeflossen und die Aktien sind wertlos geworden[9]). Die Bilanzen beider Gesellschaften weisen trotzdem eine volle Deckung des Kapitals aus[10]). Das Beispiel kann beliebig variiert werden; immer bleibt eine Bilanzunwahrheit bestehen. Das Gesellschaftskapital verliert seine Garantiefunktion, weil das Vermögen »fiktiv«[11]) geworden ist, ohne daß dies aus der Bilanz ersichtlich wäre, denn im französischen Recht gibt es weder Publizitätsvorschriften für einfache noch für wechselseitige Beteiligungen[12]). Die Gläubiger werden damit getäuscht[13]). Ebenso unterliegen die Erwerber von Aktien einem Irrtum. Die Gesellschaften können sich auch leicht durch Begebung von Gefälligkeitswechseln völlig ungesicherte Kredite beschaffen[14]).

Schließlich werfen wechselseitige Beteiligungen steuerrechtliche Probleme auf, weil Gesellschaften Erträge aus Kapitalbeteiligungen unter Umständen nicht zu versteuern haben. Das gilt aber bei wechselseitigen Beteiligungen nur für eine der beiden Gesellschaften, so daß jede der Gesellschaften versuchen wird, der anderen die Steuerlast zuzuschieben[15]).

Die Rechtsprechung hatte sich mit einer wechselseitigen Beteiligung nur einmal zu befassen[16]): Bei der Gründung einer Aktiengesellschaft zeichnete eine andere Gesellschaft eine hohe Beteiligung. Beide Gesellschaften hatten denselben Gesellschaftssitz und die Mitglieder des Verwaltungsrates waren bei beiden identisch. Der so gegründeten Gesellschaft verkaufte die andere darauf eigene Aktien im Wert der von ihr gezeichneten Einlage. Sowohl die Einlageleistung als auch die Kaufpreiszahlung wurden nur formell bewirkt, in Wahrheit aber gegeneinander verrechnet. Das Gericht erkannte diese Art der Einzahlung der Einlage nicht an. Es erklärte die Gründung der Gesellschaft für nichtig, weil die Zeichnung nur zum Schein erfolgt sei. Das Gesetz verlangt Bareinzahlung, so daß gegenseitige Verrechnungen nicht möglich sind (Art. 1 Abs. 2 in Verbindung mit Art. 24 Ges.v. 1867)[17]).

---

[8]) A.N.S.A., Commentaire de la loi du 4 mars 1943, brochure Nr. 51, p. 32; Vanhaecke, aaO, p. 92.

[9]) A. Percerou, aaO, p. 538.

[10]) Beispiel nach Pinoteau, aaO, p. 349.

[11]) H. Bosvieux, aaO, p. 20.

[12]) Suzzarelli, La règlementation des participations financières dans la loi du 4 mars 1943, p. 144; Vanhaecke, aaO, p. 95, 104.

[13]) A.N.S.A., aaO, p. 31; Chambaz, aaO, p. 97.

[14]) Bosvieux, aaO, p. 20; Vanhaecke, aaO, p. 94.

[15]) Vgl. dazu Berolatti, Les nouvelles dispositions relatives aux sociétés par actions, commentaire de la loi du 4 mars 1943, in Questions prudhomales 1943,123.

[16]) Paris 28. Oktober 1922, J. soc. 1924,389.

[17]) Vgl. Hamel et Lagarde, Traité, Nr. 595.

2) Die Beschränkung wechselseitiger Beteiligungen durch das Gesetz vom 4. März 1943

Artikel 8 Abs. 1 des Gesetzes vom 4. März 1943 bestimmt: »Eine Gesellschaft, bei der 10% oder eine höhere Fraktion des Gesellschaftskapitals Eigentum einer anderen Gesellschaft ist, darf keine Aktien dieser Gesellschaft besitzen.« Die Vorschrift gilt, wie sich aus dem Titel des Gesetzes ergibt, nur für wechselseitige Beteiligungen zwischen Aktiengesellschaften einschließlich Kommanditgesellschaften auf Aktien. Die Regelung bedeutet einen einschneidenden Eingriff in die Praxis der wechselseitigen Beteiligungen. Nach Berolatti[18]) werden hauptsächlich Versicherungsgesellschaften und Immobiliengesellschaften davon betroffen.

Von der Vorschrift werden einfache Beteiligungen von Gesellschaften an andere Gesellschaften nicht berührt, die nach wie vor in beliebiger Höhe zulässig sind. Erlaubt sind ferner wechselseitige Beteiligungen, wenn jede der beiden Gesellschaften unter 10% des Kapitals der anderen Gesellschaft besitzt[19]). Das Gesetz schränkt nur die direkten wechselseitigen Beteiligungen ein, also nicht die sogenannten kreisförmigen Beteiligungen[20]). Eine kreisförmige Beteiligung (participation circulaire, participation réciproque indirecte) entsteht dadurch, daß eine dritte Gesellschaft eingeschaltet wird: Die erste ist bei der zweiten, diese bei der dritten und diese wieder bei der ersten Gesellschaft beteiligt. Praktisch kann das gesetzliche Verbot also leicht dadurch umgangen werden, daß eine der beiden betroffenen Gesellschaften ihre Beteiligung an eine ihrer Tochtergesellschaften weitergibt[21]).

Wenn eine der beiden Gesellschaften ihren Sitz im Ausland hat, findet die Vorschrift keine Anwendung[22]).

Das Gesetz bestimmt, daß die eine Gesellschaft keine Aktien der anderen besitzen (posséder) darf. Unter »possession« im rechtstechnischen Sinn versteht man den Eigenbesitz von Sachen und Rechten (Art. 2228ff, 2279 c.civ.). Fremdbesitz wird dagegen als »détention« bezeichnet (Art. 2228, 2239 c.civ.). Zu unterscheiden ist zwischen dem Eigenbesitz der Sache (der Aktie) und dem Eigenbesitz des Rechts an der Sache. Ein Beispiel mag das verdeutlichen: Der Nießbraucher ist »détenteur« (Fremdbesitzer) der mit dem Nießbrauch belasteten Sache. Er ist aber zugleich »possesseur« (Eigenbesitzer) des Nießbrauchrechtes, also des Rechts an der Sache. »Possesseur« der Sache ist aber der Eigentümer.

Im Art. 8 Ges.v. 4. 3. 1943 bedeutet »possession« Eigenbesitz der Sache

---

18) aaO, p. 126.

19) H. Bosvieux, aaO, p. 21.

20) A.N.S.A., Commentaire de la loi du 4 mars 1943, p. 33; A.N.S.A., Filiales et participations, p. 14; Chambaz, aaO, p. 98; Vanhaecke, aaO. p. 102; zögernd: I. Percerou, Loi du 4 mars 1943, p. 64.

21) H. Bosvieux, aaO, p. 23.

22) A.N.S.A., Commentaire, p. 35; A.N.S.A., Filiales, p. 14; Chambaz, aaO, p. 98; Michel, aaO, p. 46; I. Percerou, aaO, p. 64; Suzzarelli, aaO, p. 131; Vanhaecke, aaO, p. 112; vgl. z.B. Schwäbische Zellstoff AG, Ehingen und Sté. Commerciale et d'Etudes pour la Cellulose, Paris.

(possession à titre de propriétaire)[23]. Wechselseitige Beteiligungen sind zulässig, wenn eine oder beide Gesellschaften die Aktien nur als Nießbraucher, Pfandgläubiger, Verwahrer etc. besitzen.

Einige Autoren meinen, das Gesetz sei über sein Ziel hinausgeschossen. Der Satz von 10% sei zu niedrig bemessen, weil eine echte Kontrolle erst bei einer Beteiligung von 25–35% möglich sei[24]. Dem Gesetzgeber ging es jedoch gar nicht um die wechselseitige Kontrolle, sondern darum, die Gefahr des Substanzverlustes zu verringern und dem Gesellschaftskapital seine Garantiefunktion zu erhalten[25].

Weil das Gesetz nicht gegen die wechselseitige Kontrolle vorgehen wollte, hat es auch das Stimmrecht bei wechselseitigen Beteiligungen unberührt gelassen. Jede der beiden Gesellschaften kann also das Stimmrecht in der Generalversammlung der anderen Gesellschaft unbeschränkt ausüben, selbst wenn es sich um einen Fall der wechselseitigen Beteiligung handelt, der vom gesetzlichen Verbot erfaßt wird[26].

3) Die Benachrichtigungs- und Veräußerungspflicht

Wenn die wechselseitige Beteiligung die nach Art. 8 Abs. 1 Ges.v. 1943 zulässige Höhe überschreitet, dann hat eine Zurückführung auf das erlaubte Maß zu erfolgen. Das Herabsetzungsverfahren wird von den weiteren Absätzen des Art. 8 geregelt.

Nach Art. 8 Abs. 2 ist jede Gesellschaft, die mit 10% oder einer höheren Fraktion am Kapital einer anderen Gesellschaft beteiligt ist, verpflichtet, dieser durch einen eingeschriebenen Brief mit Empfangsbestätigung davon Mitteilung zu machen[27]. Die Absendung der Mitteilung hatte innerhalb von drei Monaten nach Inkrafttreten des Gesetzes zu erfolgen, wenn die Situation zu diesem Zeitpunkt schon bestand. Wenn die Gesellschaft die kritische Fraktion des Gesellschaftskapitals der anderen erst später, also nach Inkrafttreten des Gesetzes erwirbt, hat sie die Anzeige innerhalb eines Monats nach diesem Erwerb abzusenden. Das Avisierungsverfahren ist auch dann einzuhalten, wenn die Kapitalbeteiligung aus Namensaktien besteht und damit aus dem Aktienbuch ersichtlich ist[28]. (Seit dem Gesetz vom 29. März 1941, Art. 10, können Namensaktien nicht mehr durch Indossament übertragen werden).

Das Gesetz schweigt darüber, wie sich die andere Gesellschaft nach dem Empfang der Anzeige zu verhalten hat, ob sie mitteilen muß, ob und wieviele

---

[23]) A.N.S.A., Commentaire, p. 32f; Mazeaud, aaO, p. 81; Michel, aaO, p. 46; I. Percerou, aaO, p. 64; Suzzarelli, aaO, p. 75.

[24]) A.N.S.A., Commentaire, p. 33; H. Bosvieux, aaO, p. 20; Vanhaecke, aaO, p. 99f.

[25]) A. Percerou, aaO, p. 538; Ripert, Traité, Nr. 916; Ripert, Une nouvelle réforme des sociétés par actions, in Rev. gen. dr. com. 1943,97; Suzzarelli, aaO, p. 100f.

[26]) Suzzarelli, aaO, p. 96.

[27]) Vgl. dazu Auger, Les lois des 2 et 4 mars 1943 sur les sociétés par actions, Rev. soc. 1943,74; Mazeaud, aaO, p. 82; I. Percerou, aaO, p. 64; Suzzarelli, aaO, p. 79ff.

[28]) Suzzarelli, aaO, p. 79f.

Aktien der ersten Gesellschaft sie besitzt. Einfach ist die Situation, wenn sie ebenfalls mit 10% oder mehr bei der anderen Gesellschaft beteiligt ist, weil sie dann auch gemäß Art. 8 Abs. 2 eine Anzeige abzusenden hat. Wenn sie keine Aktien der ersten Gesellschaft hat, braucht sie nicht zu antworten, weil die Situation dann nicht zu beanstanden ist[29]). Besitzt sie eine Beteiligung unter 10%, dann muß sie antworten, weil diese Situation vom Gesetz betroffen wird und das folgende Herabsetzungsverfahren (Art. 8 Abs. 3 ff) ohne die Antwort nicht beginnen kann[30]). Auger[31]) meint sogar, daß die Antwort in derselben Form wie die Anzeige zu erfolgen habe. Das ist abzulehnen, weil das Gesetz die Pflicht zur Antwort überhaupt nicht regelt.

Nach Absendung der Anzeige sind die erforderlichen Maßnahmen einzuleiten, um die unerwünschten Beteiligungen aufzulösen oder auf das erlaubte Maß zurückzuführen[32]). Die Zurückführung kann in zweierlei Form erfolgen: Entweder eine Gesellschaft veräußert sämtliche Aktien, die sie von der anderen besitzt, weil dann die andere unbeschränkt an der ersten beteiligt sein darf, oder jede der beiden Gesellschaften setzt die Fraktion ihrer Beteiligung an der anderen Gesellschaft auf unter 10% herab.

Die Gesellschaften können wählen, welche Maßnahme sie ergreifen wollen. Das Gesetz sieht in Art. 8 Abs. 3 vor, daß sie darüber eine gütliche Einigung treffen. Sofern diese nicht zustande kommt, hat die Gesellschaft, die die prozentual geringere Kapitalbeteiligung bei der anderen Gesellschaft besitzt, ihre gesamte Beteiligung zu veräußern. Wenn jede der beiden Gesellschaften an der anderen prozentual in gleicher Höhe beteiligt ist und eine gütliche Einigung nicht zustande kommt, haben beide Gesellschaften ihre Beteiligung auf unter 10% herabzusetzen (Art. 8 Abs. 4). Obwohl das Gesetz von »Veräußerung« spricht, heißt das doch nicht, daß die Gesellschaften die Beteiligung nicht in anderer Weise, also z.B. durch Verteilung an die Aktionäre, auflösen oder herabsetzen dürften[33]).

Die Auflösung der Beteiligung oder deren Zurückführung auf das erlaubte Maß hat innerhalb bestimmter Fristen zu erfolgen[34]). Das Gesetz vom 4. März 1943 sah vor, daß die wechselseitigen Beteiligungen, die bei seinem Inkrafttreten schon bestanden, bis zum Ablauf von drei Jahren nach Beendigung der Kriegshandlungen den Vorschriften anzupassen seien. Für die wechselseitigen Beteiligungen, die erst nach Inkrafttreten des Gesetzes zustandegekommen waren, bestimmte das Gesetz eine Frist von fünf Monaten nach Absendung des Anzeigebriefes. Die zuerst genannte Frist wurde dann durch Art. 32 des Gesetzes vom 5. Juli 1949 bis zum 1. Juni 1950 verlängert.

---

29) a.A. wohl Auger, aaO, p. 74.

30) Suzzarelli, aaO, p. 83.

31) aaO, p. 74.

32) Vgl. dazu Auger, aaO, p. 75 ff; H. Bosvieux, aaO, p. 23 ff; Mazeaud, aaO, p. 83; I. Percerou, aaO, p. 64; Ripert, Traité, Nr. 916; Suzzarelli, aaO, p. 83 ff.

33) H. Bosvieux, aaO, p. 25.

34) Vgl. dazu: Mazeaud, aaO, p. 84; Ripert, Traité, Nr. 916; Suzzarelli, aaO, p. 86; Vanhaecke, aaO, p. 107; Verdier, Filiales et participations, aaO, Nr. 54.

Später regelte das Gesetz vom 24. Mai 1951 in seinem Art. 55, der heute die Absätze 5 ff des Art. 8 Gesetz vom 4. März 1943 bildet, die Veräußerungsfristen nochmals neu. Danach waren die alten wechselseitigen Beteiligungen, die schon bei Erlaß des Gesetzes vom 4. März 1943 bestanden, stufenweise herabzusetzen. Wenn beide Gesellschaften ihre Beteiligungen zu verringern hatten, waren sie vor dem 1. 6. 1951 bis unter 20%, vor dem 1. 12. 1951 bis unter 15% und vor dem 1. 6. 1952 bis unter 10% herabzusetzen (Art. 8 Abs. 5). Wenn nur eine Gesellschaft ihre Beteiligung zu veräußern hatte, dann hatte sie diese vor dem 1. 6. 1951 bis unter 15%, vor dem 1. 11. 1951 bis unter 10% und vor dem 1. 6. 1952 bis unter 5% zu verringern. Das Gesetz weist hier eine Lücke auf, weil es für die völlige Veräußerung der Beteiligung keine Frist setzt (Art. 8 Abs. 6)[35]. Für die Fälle unerwünschter wechselseitiger Beteiligungen, die erst nach Inkrafttreten des Gesetzes vom 4. 3. 1943 entstanden sind, sieht Art. 8 Abs. 4 (i.d.F. des Ges.v. 4. 5. 1951) heute eine Veräußerungs- beziehungsweise Herabsetzungsfrist von einem Jahr nach Absendung der Anzeige vor. Die Frist für neu entstehende wechselseitige Beteiligungen ist also heute die gleiche, ob beide Gesellschaften ihre Beteiligungen herabzusetzen haben oder ob nur eine Gesellschaft ihre Beteiligung zu veräußern hat.

Das Gesetz sanktioniert in Art. 8 Abs. 8 Satz 1 jeden Verstoß gegen die Vorschriften dieses Artikels mit einer Geldstrafe in Höhe von 3.000,– bis 30.000,– F. Der Verstoß kann von den Steuerbehörden festgestellt werden (Satz 2). Dennoch handelt es sich nicht um eine fiskalische, sondern um eine strafrechtliche Sanktion[36]. Strafbar machen sich die Mitglieder des Verwaltungsrates (bzw. die persönlich haftenden Gesellschafter bei der Kommanditgesellschaft auf Aktien). Die Strafe kann in dreierlei Form verwirkt werden[37]: Die Gesellschaft sendet den Anzeigebrief nicht oder nicht rechtzeitig ab; sie führt die Veräußerung, zu der sie gesetzlich oder vertraglich verpflichtet ist, nicht durch; sie erhöht unberechtigterweise ihre Beteiligung (siehe dazu den folgenden Abschnitt). Die fahrlässige Begehung ist strafbar[38].

Die Sanktion ist unzulänglich, weil der Erwerb der unerwünschten Beteiligung wirksam ist und auch das Strafgericht deren Veräußerung nicht anordnen kann[39].

Streitig ist, ob die Gesellschaften gegeneinander auf Einhaltung der gesetzlichen Vorschriften klagen können. I. Percerou[40] und Suzzarelli[41] halten die Klage für zulässig. Das Gesetz sieht jedoch keine Klage vor. Da es sich um ein Strafgesetz handelt, ist eine Klage auf Einhaltung der Vorschriften nicht zulässig[42].

---

[35]) Vgl. Verdier, Filiales, aaO, Nr. 54.
[36]) Auger, aaO, p. 74; Suzzarelli, aaO, p. 90.
[37]) Suzzarelli, aaO, p. 91.
[38]) Suzzarelli, aaO, p. 92.
[39]) Suzzarelli, aaO, p. 36.
[40]) aaO, p. 64.
[41]) aaO, p. 83.
[42]) Verdier, Filiales, aaO, Nr. 59.

Das schließt aber nicht die Geltendmachung von Schadensersatzansprüchen nach den allgemeinen Deliktsvorschriften der Art. 1382ff. c.civ. aus, wenn der einen Gesellschaft durch das schuldhafte Verhalten der anderen ein Schaden entstanden ist[43]). Ein Schadensersatzanspruch kann ferner wegen Nichterfüllung eines zwischen den beiden Gesellschaften gemäß Art. 8 Abs. 3 geschlossenen Vertrages gegeben sein. Eine Erfüllungsklage ist auch hier nach Art. 1142 c.civ. nicht gegeben: »Toute obligation de faire ou de ne pas faire se résout en dommages et intérêts...«.

4) Kritik der gesetzlichen Regelung

Die gesetzliche Einschränkung der Möglichkeit wechselseitiger Beteiligungen hat einige Probleme aufgeworfen. Sie rühren hauptsächlich daher, daß das Gesetz nur an das Bestehen der Beteiligung anknüpft. Ihre Entstehung läßt es völlig unberücksichtigt. Auch das Veräußerungsverfahren ist nur unvollkommen geregelt.

Dürfen Gesellschaften eine Beteiligung vor Ablauf der Veräußerungs- beziehungsweise Herabsetzungsfrist erwerben oder eine bestehende Beteiligung noch erhöhen?

Unbedenklich ist es, wenn eine Gesellschaft eine Beteiligung erwirbt oder ihre Beteiligung an einer anderen Gesellschaft erhöht, solange sie von dieser nicht die Anzeige des Art. 8 Abs. 2 erhalten hat. Das kann zu folgender Situation führen: Eine Gesellschaft erwirbt am Monatsersten eine 12%ige Beteiligung. Die Anzeige schickt sie erst am letzten Tag des Monats ab. Inzwischen hat die andere Gesellschaft 15% der Aktien der ersten erworben. Jetzt muß diese ihre Beteiligung veräußern[44]).

Ob eine Gesellschaft, nachdem sie die Anzeige erhalten hat, eine Beteiligung an der anderen Gesellschaft erwerben oder ihre Beteiligung noch erhöhen darf, ist im Einzelfall verschieden zu beantworten. Wenn sie die Anzeige erhalten hat, sind drei Situationen denkbar: Sie hat keine Aktien der anzeigenden Gesellschaft, sie hat weniger als 10%, sie besitzt 10% oder eine höhere Fraktion des Kapitals der anderen Gesellschaft.

Wenn die Gesellschaft, die keine Aktien hat, innerhalb der Jahresfrist eine Beteiligung erwerben dürfte, dann könnte sie die andere Gesellschaft möglicherweise bis zum Fristablauf überflügelt haben und damit zur Veräußerung zwingen. Weil aber Art. 8 Abs. 1 bestimmt, daß sie keine Aktien der anderen Gesellschaft besitzen darf, darf sie auch keine erwerben, denn wer erworben hat, besitzt[45]). Sie kann sich nicht darauf berufen, daß sie die Aktien innerhalb der Jahresfrist wieder veräußern will, denn wenn sie bei Erhalt der Anzeige keine Aktien hatte, dann läuft für sie auch keine Frist, während derer sie die Beteiligung noch behalten dürfte. Die andere Gesell-

[43]) Verdier, aaO, Nr. 60.
[44]) Beispiel nach Suzzarelli, aaO, p. 80.
[45]) Mazeaud, aaO, p. 83f.

schaft hingegen, die eine Anzeige abgesandt hatte, kann ihre Beteiligung beliebig erhöhen, ohne daß sie eine Antwort auf ihre Anzeige abzuwarten brauchte.

Streitig ist, ob die Gesellschaft, die bei Erhalt der Anzeige weniger als 10% der Aktien der anderen Gesellschaft besitzt, innerhalb der Jahresfrist ihre Beteiligung erhöhen darf. Die A.N.S.A.[46]), J. Percerou[47]) und Michel[48]) halten die Beteiligungserhöhung vor Fristablauf für zulässig. Das folgt für die A.N.S.A. daraus, daß das Delikt erst mit Fristablauf vollendet sei, während J. Percerou die Strafvorschrift unter Hinweise darauf, daß Strafgesetze eng auszulegen seien, nicht auf diesen Fall anwenden will (poenalia sunt restringenda).

Entgegengesetzter Ansicht sind Mazeaud[49]), Suzzarelli[50]) und Vanhaekke[51]). Mazeaud weist darauf hin, daß nach Art. 8 Abs. 8 alle »Verstöße gegen die Bestimmungen dieses Artikels« ohne Einschränkung bestraft werden. Der Streit beruht auf einer schlechten Formulierung des Gesetzes. Richtig ist, daß dann, wenn eine Gesellschaft eine Beteiligung, die sie schon bei Erhalt der Anzeige besaß und in der Folge pflichtwidrig nicht veräußerte, das Delikt erst mit Ablauf der Frist begangen ist. Art. 8 Abs. 1 des Gesetzes bestimmt jedoch ausdrücklich, daß der Besitz – und damit der Erwerb – der unerwünschten Beteiligung verboten ist, gleichgültig, wann sie erworben wurde.

Die folgenden Absätze der Vorschrift schränken das Verbot nur insofern ein, als sie eine Frist für die Veräußerung der bestehenden Beteiligung gewähren, ohne damit den Neuerwerb zu gestatten. Eine entsprechende Anwendung für den Neuerwerb kommt nicht in Frage, da es sich um Vorschriften handelt, die Ausnahmen von dem allgemeinen Verbot des Abs. 1 normieren (exceptiones sunt restringenda)[52]). Die Beteiligungserhöhung ist daher allein nach der allgemeinen Vorschrift des Art. 8 Abs. 1 zu beurteilen und damit verboten. I. Percerou ist zu entgegnen, daß selbst bei engster Auslegung der Verstoß gegen Art. 8 Abs. 1 des Gesetzes vom Straftatbestand des Absatzes 8 erfaßt wird. Die Anzeigeempfängerin darf daher ihre Beteiligung nicht erhöhen. Die Absenderin darf aber weitere Aktien erwerben.

Wenn jede der beiden Gesellschaften 10% oder eine höhere Fraktion des Kapitals der anderen Gesellschaft besitzt, darf keine Gesellschaft innerhalb der Jahresfrist weitere Aktien erwerben[53]), weil der Mehrerwerb für beide Gesellschaften einen Verstoß gegen Art. 8 Abs. 1 bedeuten würde.

Suzzarelli[54]) stellt die Frage, wie sich eine Gesellschaft zu verhalten habe,

---

[46]) Commentaire, p. 35.
[47]) aaO, p. 64.
[48]) aaO, p. 46.
[49]) aaO, p. 84.
[50]) aaO, p. 88.
[51]) aaO, p. 106.
[52]) Vgl. Cass. civ. 9. Februar 1937, D.P. 1937,1,73.
[53]) Suzzarelli, aaO, p. 88.
[54]) aaO, p. 81.

die weiß, daß die andere 10% oder eine höhere Fraktion ihres Kapitals besitzt, ohne daß sie von der anderen eine Anzeige erhalten hat. Man könnte meinen, daß das Verbot, Aktien in der kritischen Situation zu erwerben, erst eingreife, wenn die Benachrichtigung erfolgt ist. Das ist jedoch falsch. Art. 8 Abs. 1 verbietet ohne Einschränkung der einen Gesellschaft den Erwerb von Aktien der anderen, wenn diese mit 10% oder mehr an ihr beteiligt ist. Die Anzeige, die nach Abs. 2 abzusenden ist, setzt lediglich das Veräußerungsverfahren in Gang, ohne dem Abs. 1 ein weiteres Tatbestandsmerkmal hinzuzufügen. Die Gesellschaft hat sich daher nicht anders zu verhalten, als wenn sie die Anzeige erhalten hätte[55]).

Das Verbot des Beteiligungserwerbs oder der Beteiligungserhöhung gilt nicht für den Einkaufskommissionär, denn im französischen Recht erwirbt der Kommittent direkt das Eigentum[56]).

In engem Zusammenhang mit dem erörterten Problem der Beteiligungserhöhung vor Ablauf der Veräußerungsfrist steht die Frage, ob innerhalb der Frist bei Kapitalerhöhungen Bezugsrechte ausgeübt werden können.

Für die Autoren, die die Beteiligungserhöhung vor Fristablauf in jedem Fall für zulässig halten, kann für die Aktienübernahme bei Kapitalerhöhungen nichts anderes gelten[57]). Folgt man dagegen der hier vertretenen Ansicht, so sind zwei Fälle zu unterscheiden: Führt die Gesellschaft eine Kapitalerhöhung durch, so gewährt Art. 1 des Décret-loi vom 8. August 1935 jedem Aktionär ein dem Nennbetrag seiner Beteiligung proportionales Recht auf den Bezug neuer Aktien (droit de souscription à titre irréductible). Wenn einige Aktionäre ihr Bezugsrecht nicht fristgemäß ausgeübt haben, dann sind die verfügbar gebliebenen neuen Aktien nach Art. 4 den Aktionären zuzuteilen, die mehr neue Aktien gezeichnet haben als ihnen nach Art. 1 zustanden. Das zweite Bezugsrecht ist wieder proportional zur Höhe der Kapitalbeteiligung (droit de souscription à titre réductible). Im Gesetz ist die Ausübung von Bezugsrechten bei wechselseitiger Beteiligung nicht geregelt worden. Man könnte schließen, daß die Zeichnung neuer Aktien nicht erlaubt ist, wenn die Beteiligungserhöhung vor Fristablauf verboten ist.

Das erste Bezugsrecht (à titre réductible) ist aber in gewisser Weise nur eine Abspaltung der alten Aktien. Verweigert man der Aktionärsgesellschaft die Zuteilung der neuen Aktien, dann nimmt man ihr gleichzeitig einen Teil der durch die alten Aktien verkörperten Rechte. Ihr Machtanteil in der Generalversammlung der anderen Gesellschaft würde damit automatisch herabgesetzt werden, obwohl diese Reduzierung vor Fristablauf nicht zwingend vorgeschrieben ist. Wenn demgegenüber das Bezugsrecht ausgeübt werden dürfte, würde nichts anderes erreicht, als daß die Kapitalbeteiligung prozentual auf der gleichen Höhe gehalten bleibt. Das spricht für die Zulässigkeit der Ausübung von Bezugsrechten der ersten Kategorie.

---

55) Suzzarelli, aaO, p. 81.
56) Vgl. Hémard in Escarra et Rault, Les contrats commerciaux, Nr. 722.
57) A.N.S.A., Commentaire, p. 35; Michel, aaO, p. 46; I. Percerou, aaO, p. 64.

Entgegen steht nicht, daß weitere Mittel für die wechselseitige Beteiligung aufgewandt werden müssen, denn das Gesetz verbietet nicht, bestimmte Geldsummen wechselseitig zu investieren, sondern nur, eine bestimmte prozentuale Beteiligungshöhe zu überschreiten. Deshalb ist die Ausübung des ersten Bezugsrechtes vor Fristenablauf immer zulässig[58]).

Ob das weitere Bezugsrecht (à titre réductible) ausgeübt werden kann, ist fraglich. Mazeaud[59]) bejaht die Frage, weil das zweite Bezugsrecht nichts anderes als ein Ausfluß des ersten sei. Das ist unzutreffend. Das zweite Bezugsrecht ist nicht Ausfluß des ersten, sondern der alten Aktien. Das folgt daraus, daß die noch verfügbar gebliebenen Aktien im Verhältnis zur Höhe der Kapitalbeteiligung zuzuteilen sind. Wer nicht Aktionär ist, sondern nur Bezugsrechte gekauft hat, kann deshalb auch die Bezugsrechte der zweiten Kategorie nicht geltend machen. Entscheidend ist aber, daß die Geltendmachung des zweiten Bezugsrechts eine prozentuale Erhöhung des Kapitalanteils zur Folge haben würde. Eine solche Erhöhung wird auch von Mazeaud an anderer Stelle[60]) für unzulässig erklärt. Das Bezugsrecht der zweiten Kategorie kann also nicht geltend gemacht werden, wenn eine Beteiligungserhöhung nicht erlaubt ist[61]).

Erfolgt schließlich die Kapitalerhöhung durch Auflösung von Reserven, also durch Ausgabe von Gratisaktien, dann können diese übernommen werden, weil sie nichts am Beteiligungsverhältnis verändern[62]).

Die gesetzliche Regelung der wechselseitigen Beteiligungen ist nicht nur, wie dargestellt, unvollständig, sondern auch in einigen Punkten unbefriedigend.

Willkürlich erscheint es, daß die Gesellschaft, die die Anzeige abgesandt hat, ihr Beteiligungsverhältnis nach der Anzeige noch erhöhen darf, weil die Anzeigeempfängerin dadurch zur Veräußerung gezwungen werden kann, obwohl sie im Moment des Anzeigeempfanges möglicherweise eine höhere Beteiligung bei der ersten Gesellschaft hatte.

Suzzarelli[63]) und Vanhaecke[64]) bezeichnen es als ungerecht, daß die Gesellschaft mit der prozentual geringeren Beteiligung ihre Aktien verkaufen müsse, weil das System die Macht der wirtschaftlich Starken fördere. Das stimmt, wenn eine große Gesellschaft bei einer kleinen eine Beteiligung hat, die prozentual höher, wertmäßig aber geringer ist als die Beteiligung, die die kleine Gesellschaft bei der großen hält. Der Einwand trifft aber nicht zu, wenn eine kleine Gesellschaft eine prozentual höhere Beteiligung bei der großen hat als diese bei der kleinen, weil hier die wirtschaftlich stärkere Gesellschaft zur Veräußerung gezwungen ist. Das System ist aber in manchen Fällen willkürlich und es wäre besser gewesen, wenn das Gesetz den Wert der Beteiligung berücksichtigt hätte.

---

[58]) Mazeaud, aaO, p. 86f; Suzzarelli, aaO, p. 125f; Vanhaecke, aaO, p. 106.
[59]) aaO, p. 88.
[60]) aaO, p. 83f.
[61]) Suzzarelli, aaO, p. 129.
[62]) Mazeaud, aaO, p. 88; Suzzarelli, aaO, p. 129.
[63]) aaO, p. 83f, 108.
[64]) aaO., p. 106.

Das gilt in noch stärkerem Maße, wenn jede der beiden Gesellschaften eine prozentual gleich hohe Beteiligung der anderen besitzt. Hier ist darüber hinaus unbefriedigend, daß beide Gesellschaften mangels Einigung ihre Beteiligung auf unter 10% herabzusetzen haben. Sobald nämlich diese Maßnahmen durchgeführt sind, dürfen beide Gesellschaften wiederum ihre Beteiligung erhöhen[65]).

Grundsätzlich ist die Regelung zweckmäßig, nach der die Gesellschaft, die die Anzeige erhalten hat, ihre Beteiligung nicht mehr erhöhen darf. Die anzeigende Gesellschaft kann jedoch ihre Beteiligung später wieder herabsetzen, ohne verpflichtet zu sein, dies der anderen Gesellschaft mitzuteilen.

Die Anzeigeempfängerin darf an sich jetzt wieder Aktien der Absenderin kaufen, aber sie weiß nicht, daß sie es darf. Man könnte sich vorstellen, daß einige Gesellschaften diese Unvollständigkeit des Gesetzes dazu mißbrauchen, um andere Gesellschaften daran zu hindern, bei ihnen eine Beteiligung zu erwerben[66]). Immerhin dauert diese Ungewißheit aber nur bis zur nächsten Hauptversammlung, weil dann aus dem Teilnehmerverzeichnis hervorgeht, in welcher Höhe die andere Gesellschaft beteiligt ist[67]).

Da bestritten ist, ob die Gesellschaften nach Erhalt der Anzeige und bis zum Ablauf der Veräußerungsfrist eine Beteiligung erwerben oder ihre Beteiligung noch erhöhen dürfen, halten die meisten Gesellschaften die Maßnahme für berechtigt. Das führt in der Praxis zu wahren Machtkämpfen, weil jede Gesellschaft nach der Anzeige möglichst schnell möglichst viele Aktien der anderen Gesellschaft zu erwerben sucht, um nicht selbst zur Veräußerung gezwungen zu sein[68]).

Als ein Mangel erscheint es schließlich, daß das Gesetz kreisförmige Beteiligungen nicht erfaßt, und daß es keinerlei Publizitätsvorschriften enthält. Aus diesem Grund ist es auch völlig ungewiß, ob es seinen Zweck erreicht hat[69]).

---

[65]) Suzzarelli, aaO, p. 85.
[66]) Suzzarelli, aaO, p. 140.
[67]) siehe dazu unten C II 2.
[68]) Vanhaecke, aaO, p. 104f.
[69]) Vanhaecke, aaO, p. 107.

B. DIE MACHTVERHÄLTNISSE IN DER GENERALVERSAMMLUNG

I. Der Zugang zur Generalversammlung

1) Das Recht auf Teilnahme an der Generalversammlung

Grundsätzlich hat jeder Aktionär das Recht, an der Generalversammlung teilzunehmen; ihm kann der Zugang nicht verweigert werden[1]). Dieser Satz wird in verschiedener Weise begründet:

Für die außerordentliche Generalversammlung bestimmt Art. 31 Abs. 2 Satz 1 des Gesetzes von 1867: »Jeder Aktionär hat ein unabdingbares Recht, ..., an den Generalversammlungen teilzunehmen...«. Art. 27 Abs. 1 des Gesetzes enthält das Statut der ordentlichen Generalversammlung. Nach Abs. 1 Satz 1 der Vorschrift kann die Satzung die Zulassung zur ordentlichen Generalversammlung vom Besitz einer bestimmten Zahl von Aktien abhängig machen.

Wenn die Satzung eine solche Bestimmung treffen kann, dann, so schloß das Appellationsgericht Poitiers[2]), gilt der Grundsatz des freien Zuganges nur für die außerordentliche Generalversammlung. Das Kassationsgericht hob die Entscheidung auf[3]). Es begründet sein Urteil damit, daß die Aktie wesensnotwendig das Stimmrecht in der Generalversammlung vermittelt. Die Ausübung des Stimmrechts könne zwar durch die Statuten in gewisser Weise eingeschränkt, in keinem Fall jedoch ausgeschlossen werden[4]). Wenn ein Aktionär nicht zur Hauptversammlung zugelassen wird, so werde ihm damit das Stimmrecht entzogen[5]). Der Entscheidung ist im Ergebnis zuzustimmen.

Es ist aber unzweckmäßig, das Recht auf Zulassung zur ordentlichen Generalversammlung auf dem Umweg über das Stimmrecht zu begründen, weil das Gesetz beide Rechte selbständig behandelt und weil die Verweige-

---

[1]) Trib. com. Lille 3. Dezember 1923, J. soc. 1926,217; Dalsace, Du droit des actionnaires de participer aux assemblées générales des sociétés anonymes, Gaz. Pal. 1938,1, Chr. (Doctrine), p. 69; derselbe, L'actionnaire et l'assemblée générale de la société anonyme, Rev. soc. 1960, 261; Escarra et Rault, Traité, Nr. 1198; Hamel et Lagarde, Traité, Nr. 696; Ripert, Traité, Nr. 1193.

[2]) 4. Juli 1927, S. 1927,2,137 mit zustimmender Anmerkung Rousseau; J. soc. 1928,536 mit ablehnender Anmerkung Cordonnier.

[3]) Cass. civ. 7. April 1932, S. 1933,1,177 Anm. Rousseau; J. soc. 1935,56 Anm. Houpin; D.P. 1933,1,153 Anm. Cordonnier.

[4]) Vgl. auch unten B II 1).

[5]) Vgl. auch unten C I 1).

rung des Zuganges zur Generalversammlung nicht die gleichen rechtlichen Folgen hat wie die einfache Verhinderung der Stimmabgabe[6]). Besser ist es, die Bestimmung des Art. 27 Abs. 1 Satz 2 als Ausnahme eines ungeschriebenen Rechtssatzes anzusehen. Der Satz besagt, daß jede Aktie dem Aktionär das Recht auf Mitwirkung an der Verwaltung der Gesellschaft vermittelt. Das Recht auf Zulassung zur Generalversammlung ist ebenso wie das Recht auf Teilnahme an der Abstimmung Ausfluß dieses Mitverwaltungsrechts[7]).

Gut ist die Begründung, die Wahl[8]) gibt: Das Gesetz bezeichnet die Aktionärsversammlung als Generalversammlung (assemblée générale, vgl. Art. 27 und 31 Ges. von 1867). Wenn die Versammlung »allgemein« (générale) sein soll, dann muß sie für alle Aktionäre zugänglich sein.

Andere Autoren wollen das Recht auf Zulassung zur Generalversammlung aus Art. 10 Décret-loi vom 31. August 1937 (Art. 4 Abs. 2 Gesetz vom 13. November 1933) ableiten[9]). Nach dieser Vorschrift sind alle Klauseln, die die freie Ausübung des Stimmrechts beschränken, nichtig. Gegen diese Konstruktion bestehen dieselben Einwände wie gegen die Argumentation des Kassationsgerichtes[10]).

Die Satzungen vieler, meist kleinerer Gesellschaften verstärken das Recht auf Teilnahme an der Generalversammlung noch, indem sie vorschreiben, daß jedem der Gesellschaft bekannten Aktionär eine persönliche Einladung zur Generalversammlung zuzusenden ist. Gemäß Art. 35 Abs. 4 Gesetz von 1864 kann jeder Aktionär, dessen Aktien auf den Namen lauten, verlangen, daß ihm auf seine Kosten rechtzeitig eine Einladung zur Generalversammlung geschickt wird.

Welches sind die Rechtsfolgen, wenn ein Aktionär nicht zur Generalversammlung zugelassen oder gesetzes- beziehungsweise satzungswidrig nicht eingeladen wurde? Das Handelsgericht Lille[11]) erklärte eine Generalversammlung für nichtig, bei der einigen Aktionären der Zugang verweigert worden war. Die Aktionäre bildeten nur eine Minderheit; ihre Stimmen hätten, arithmetisch gesehen, an den Mehrheitsverhältnissen nichts geändert. Das Gericht erkannte auf Nichtigkeit der Versammlung, weil die Minderheit möglicherweise durch ihren Diskussionsbeitrag bei den übrigen anwesenden Aktionären einen Meinungswechsel hätte herbeiführen können.

---

[6]) Vgl. Rault, Anm. zu Cass. com. 31. Oktober 1956, Rev. trim. dr. com. 1957,131 und das Ende dieses Abschnitts.

[7]) Cordonnier, Anm. zu Cass. civ. 7. April 1932, D.P. 1933,1,153; Dalsace, L'actionnaire et l'assemblée générale, p. 267; Ripert, Traité, Nr. 1173 und 1214.

[8]) Des restrictions statutaires apportées à la désignation des administrateurs ou des commissaires de surveillance et au droit de voter dans les assemblées anonymes, J. soc. 1913, 358.

[9]) Dalsace, Du droit des actionnaires, aaO, p. 69f.; Decugis, Les modifications apportées au régime des sociétés par actions par les articles 4 et suivants du décret du 31 août 1937, J. soc. 1938,83ff.; vgl. auch Alger 26. Juni 1946, J. soc. 1949,402, S. 1948,2,65, Anm. Delaume.

[10]) Vgl. auch unten C I 6).

[11]) Trib. com. Lille 3. Dezember 1923, J. soc. 1926,217.

Das Handelsgericht der Seine[12]) wies hingegen die Nichtigkeitsklage eines Minderheitsaktionärs ab. Er war nicht zur Generalversammlung zugelassen worden, weil über das Eigentum seiner Aktien ein Rechtsstreit anhängig war. Die Generalversammlung sei wirksam, entschied das Gericht, weil die Gegenstimmen des ausgeschlossenen Aktionärs am Beschlußergebnis nichts hätten ändern können. Hilfsweise begründete es seine Entscheidung damit, daß alle Beschlüsse in einer späteren Generalversammlung ratifiziert worden seien. Die Hilfsbegründung ist schlüssig, die Hauptbegründung nicht. Solange das Gesetz die Anwesenheit der Aktionäre für bedeutsam hält – und deshalb auch die Briefabstimmung nicht zuläßt –, kann der Diskussionsbeitrag der Aktionäre nicht von vornherein unbeachtlich sein.

So entschied das Appellationsgericht Douai[13]), daß die Diskussion vor der Abstimmung wesentliche Bedingung für eine fehlerfreie Meinungsbildung sei. Es sei nicht Aufgabe des Gerichtes nachzuprüfen, ob ein Minderheitsaktionär, der unter Verletzung der Statuten nicht zur Teilnahme an der Generalversammlung aufgefordert worden war, den Beschlüssen durch seinen Diskussionsbeitrag eine andere Wendung hätte geben können. Das Gericht erklärte die Versammlung also für nichtig. Bemerkenswert ist, daß es sich bei dem nicht eingeladenen Aktionär um ein ehemaliges Verwaltungsratsmitglied handelte, dem die Gesellschaft einige Garantieaktien beschafft hatte. Nach Beendigung seines Amtes hatte sie ihn aufgefordert, die Aktien zurückzugeben. Der Aufforderung war er nicht nachgekommen. Die Gesellschaft hoffte, sich seiner Kritik zu entziehen, indem sie ihn nicht zur Generalversammlung einlud. Rault bemerkt in seiner Anmerkung zu dieser Entscheidung[14]): »... il est des cas dans lesquels il est tout de même regrettable de voir périr Rome plutôt qu'un principe«. Die Entscheidung geht in der Begründung allerdings zu weit. Die Diskussion ist wesentliche Voraussetzung für eine fehlerfreie Beschlußfassung. Wenn aber der ausgeschlossene Aktionär gegen die Beschlüsse nur unerhebliche Argumente vorzubringen hat, ist die Nichtigkeitsklage abzuweisen, weil seine Anwesenheit dann am Beschlußergebnis nichts hätte ändern können[15]).

Das Kassationsgericht bestätigte das Urteil von Douai[16]). Es begründete seine Entscheidung aber nur wesentlich vorsichtiger damit, daß die Satzung verletzt worden sei.

Nach Art. 1 Abs. 5 des Gesetzes vom 23. Januar 1929 bilden die Inhaber der Genußrechte (parts de fondateur) eine eigene Generalversammlung. Die Versammlung hat zuzustimmen, wenn die Rechte der Anteilsinhaber durch eine Maßnahme der Gesellschaft berührt werden. Ein Beschluß der Anteilsinhaber ist besonders dann erforderlich, wenn die Genußrechte in

---

[12]) Trib. com. Seine 15. Juni 1939, J. soc. 1942,321.
[13]) 7. Januar 1954, S. 1954,2,98.
[14]) AaO.
[15]) Copper-Royer, Traité, Nr. 548; Hamel et Lagarde, Traité, Nr. 693.
[16]) Cass. com. 31. Oktober 1956, Rev. soc. 1957, 32, J.C.P. 1957,2,9889; Anmerkung Rault in Rev. trim. dr. com. 1957,131.

Aktien umgewandelt werden sollen. Vor dem Appellationsgericht Aix[17]) klagte der Inhaber von 65% aller Genußrechte einer Aktiengesellschaft auf Nichtigerklärung eines solchen Zustimmungsbeschlusses, an dem er nicht teilgenommen hatte.

Den Mitgliedern des Verwaltungsrates, die nicht nur die Aktienmehrheit, sondern auch 32,8% der Genußanteile besaßen, wurden die Genußrechte wegen ihrer festen Beteiligung am Jahresgewinn lästig. Nachdem die Generalversammlung die Umwandlung in Aktien beschlossen hatte, beriefen sie nach den gesetzlichen und satzungsmäßigen Vorschriften durch Veröffentlichung im B.A.L.O. (bulletin des annonces légales) und einer anderen Zeitung eine Generalversammlung der Anteilsberechtigten ein. Da der Kläger die Einberufung übersehen hatte, kam das erforderliche Quorum[18]) von drei Vierteln der Anteile nicht zustande. Der Verwaltungsrat berief auf die gleiche Weise eine neue Versammlung ein. Jetzt war das erforderliche Quorum ein Drittel der Anteile. Der Hauptanteilsinhaber kam wieder nicht. Den Verwaltungsratsmitgliedern fehlte für das Quorum 5,3% der Anteile. Sie erreichten es dadurch, daß sie zwei kleine Anteilsinhaber persönlich auf die Versammlung hinwiesen und sich von ihnen Vollmacht erteilen ließen.

Der Kläger begründete seine Nichtigkeitsklage damit, daß er keine persönliche Aufforderung zur Teilnahme an der Generalversammlung erhalten hatte, obwohl er zu der einzigen jemals vorher abgehaltenen Versammlung persönlich aufgefordert worden war.

Das Gericht wies die Klage ab. Zwar habe der Verwaltungsrat den Kläger und die beiden kleinen Anteilsinhaber absichtlich verschieden behandelt, weil er nur diesen eine persönliche Mitteilung gemacht habe, es sei aber unerheblich, daß er es unterlassen habe, den Kläger persönlich zu benachrichtigen. Ein Unterlassen könne nur dann schuldhaft sein, wenn sich eine Rechtspflicht zum Handeln aus dem Gesetz oder der Satzung ergebe. Das sei hier nicht der Fall gewesen.

Das Kassationsgericht hob das Urteil auf und verwies den Streit an das Appellationsgericht Nimes zurück[19]). Dieses Gericht erklärte den angefochtenen Beschluß für nichtig, weil er eine »fraude« gegen die Rechte des Klägers beinhalte. Fraus omnia corrumpit (Fraude = Durchsetzung eigener Interessen mit erlaubten Mitteln aber unter arglistiger Umgehung fremder Rechte). Mit der Umwandlung der Genußrechte in Aktien habe der Verwaltungsrat die Interessen der Aktionäre, und weil er die Aktienmehrheit besessen habe, seine eigenen Interessen durchgesetzt. Er habe den Umwandlungsbeschluß mit erlaubten Mitteln herbeigeführt, weil er weder gesetzliche noch statutarische Vorschriften verletzt habe. Er habe aber offenbar von der Unaufmerksamkeit des Klägers, die er durch die frühere persönliche Einladung selbst herbeigeführt habe, profitiert. Die kleinen Anteilsinhaber

---

[17]) 24. Januar 1956, J.C.P. 1956,2,9638 mit kritischer Anmerkung D. Bastian.

[18]) Vgl. unten B III 1).

[19]) Aud. sol. 8. Juni 1960; J.C.P. 1961,11949; Gaz. Pal. 1961,1,26; D. 1961,360 Anm. Martine; S. 1961,56 Anm. A. Dalsace; Rev. soc. 1963, 305 Anm. A. Dalsace.

habe er nicht persönlich eingeladen, um das Quorum zu erreichen, sondern um den Kläger hinterlistig um seine Rechte zu bringen. Das Gericht verurteilte die Gesellschaft ferner gemäß Art. 1382 c.civ. zum Ersatz des Schadens, den der Kläger dadurch erlitten hatte, daß er die für seine Klage notwendigen Informationen nur mit großem finanziellen Aufwand erhalten konnte.

Das Urteil betrifft die Generalversammlung der Genußrechtsinhaber. Seine Grundsätze können aber ohne weiteres auf die Generalversammlung der Aktionäre angewandt werden.

Fraglich ist, wer die Nichtigkeitsklage erheben kann, wenn das Recht eines Aktionärs auf Teilnahme an der Generalversammlung verletzt worden ist. Nach Ripert[20]) steht die Klage jedem Aktionär zu, selbst wenn er für die Beschlüsse gestimmt hat. Darüber hinaus kann sie nach seiner Ansicht auch von den Gesellschaftsgläubigern und jedem anderen, der ein rechtliches Interesse nachweisen kann, erhoben werden. Nach Copper-Royer[21]) und Dalsace[22]) kann nur der betroffene Aktionär klagen.

Sind die Interessen anderer Personen als der unmittelbar beteiligten verletzt, so läßt das Kassationsgericht deren Klage nur dann zu, wenn es sich um eine Nichtigkeit des ordre public handelt[23]). Die Verweigerung des Zuganges zur ordentlichen Generalversammlung stellt aber keine Verletzung des ordre public dar[24]). Das folgt daraus, daß das Recht auf Zulassung zur ordentlichen Generalversammlung nicht absolut zwingend ist, sondern bis zu einem gewissen Grad durch die Satzung eingeschränkt werden kann[25]). Die Klage auf Nichtigerklärung der ordentlichen Generalversammlung kann daher nur von dem in seinem Recht verletzten Aktionär erhoben werden. Sie verjährt analog Art. 8 Abs. 7 Gesetz von 1867 in fünf Jahren[26]). Die Nichtigkeit ist gemäß Art. 8 Abs. 4 durch ausdrückliche oder stillschweigende Zustimmung des verletzten Aktionärs oder durch Ratifizierung der fehlerhaften Beschlüsse in einer neuen Generalversammlung heilbar[27]).

Für die außerordentliche Generalversammlung bestimmt das Gesetz aber, daß das Recht auf Teilnahme in keinem Fall ausgeschlossen werden kann. Es handelt sich also um eine Vorschrift des ordre public. Daher kann die Nichtigkeitsklage hier von jedem erhoben werden, der ein rechtliches Interesse nachweisen kann.

---

[20]) Traité, Nr. 1194.
[21]) Traité, Nr. 548.
[22]) Du droit des actionnaires, p. 70.
[23]) Cass. req. 4. Juli 1934, D.H. 1934,426; vgl. auch Lyon 16. September 1960, Gaz. Pal. 1961,1,164.
[24]) a.A. Trib. com. Lille 3. Dezember 1923, J. soc. 1926,217.
[25]) Poitiers 4. Juli 1927, S. 1927,2,137; Cass. civ. 7. April 1932, S. 1933,1,177; Cass. com. 26. Oktober 1943, D.C. 1944,93.
[26]) Rault, Anm. zu Douai 7. Januar 1954, Rev. trim. dr. com. 1954,649; Ripert, Traité, Nr. 1194.
[27]) Vgl. Lyon 16. September 1960, aaO.

2) Besitz einer bestimmten Anzahl von Aktien als Voraussetzung der Zulassung zur Generalversammlung und Koalitionsrecht der kleinen Aktionäre

Schon vor langer Zeit haben große Gesellschaften versucht, ihre kleinen Anteilsinhaber vom Mitspracherecht bei der Verwaltung auszuschließen. Die Satzung der Compagnie des Indes gab das Stimmrecht nur den Inhabern von mindestens sechs Aktien zu je 1.000 Livres. Die Statuten der Banque de France vom 23 vendémiaire An XII ließen nur die 200 größten Aktionäre zur Generalversammlung zu[28]).

Heute hat jeder Aktionär ohne Rücksicht auf die Zahl seiner Aktien Zugang zur außerordentlichen Generalversammlung. Das ergibt sich aus Art. 31 Abs. 2 Satz 1 des Gesetzes von 1867. Für die ordentliche Generalversammlung sind dagegen Einschränkungen bis zu einem gewissen Grade zulässig. Das Gesetz sieht das selbst in Art. 27 Abs. 1 Satz 2 vor: »Die Statuten können bestimmen, daß zur Teilnahme an der Generalversammlung nur zugelassen wird, wer eine bestimmte Anzahl von Aktien als Eigentümer oder als Stimmbeauftragter besitzt...«[29]).

Die Vorschrift erleichtert die Durchführung der Generalversammlungen von großen Aktiengesellschaften mit vielen Kleinaktionären. Hier würde die Versammlung aller Aktionäre schon aus räumlichen Gründen schwierig sein. Es wäre aber auch unzweckmäßig, wenn jeder, der nur eine Aktie besitzt, sich Gehör verschaffen und Kritik über könnte, obwohl er verhältnismäßig nur ein geringes finanzielles Risiko eingegangen ist[30]). Die Klausel findet sich in den Statuten der meisten Aktiengesellschaften[31]).

Um Mißbräuche zu unterbinden, bestimmt Art. 1 Abs. 4 Ziff. 2 des Gesetzes vom 13. November 1933 (i.d.F. des Décret-Loi vom 30. Oktober 1935), daß die Zulassung zur Generalversammlung vom Besitz von höchstens 20 Aktien abhängig gemacht werden kann. Wenn diese 20 Aktien weniger als 1/20.000 des Gesellschaftskapitals darstellen, kann der Zugang an den Besitz einer höheren Zahl von Aktien geknüpft werden. In diesem Fall darf die erforderliche Zahl von Aktien jedoch nicht mehr als 1/20.000 des Gesellschaftskapitals repräsentieren.

Die Klausel muß für die Besitzer aller Kategorien von Aktien gleichermaßen gelten[32]). Sie kann also für den Zugang nicht etwa zehn Aktien der einen und zwanzig der anderen Kategorie verlangen. Ebenso ist es nicht möglich, bei Aktien mit verschiedenem Nennwert für jede dieser Kategorien die gleiche Zahl festzusetzen.

Wenn die Klausel sich nicht von Anfang an in der Satzung befindet, kann

---

[28]) Vgl. Copper-Royer, Traité, Nr. 314.

[29]) Vgl. dazu Dalsace, L'actionnaire et l'assemblée générale, p. 261; Hamel et Lagarde, Traité, Nr. 689; Houpin et Bosvieux, Traité, Nr. 1184–IV, 1199, 1213; Ripert, Traité, Nr. 1178f.

[30]) Houpin et Bosvieux, Traité, Nr. 1199.

[31]) Ripert, Traité, Nr. 1178; Hamel et Lagarde, Traité, Nr. 689.

[32]) Houpin et Bosvieux, Traité, Nr. 1184.

sie später durch Satzungsänderung eingefügt werden. Copper-Royer[33]) hält das für unzulässig. Er sieht darin eine nach Art. 31 Abs. 1 Satz 2 Gesetz von 1867 verbotene Erhöhung der Verpflichtung der Aktionäre. Durch die Klausel werden seiner Meinung nach die Aktionäre benachteiligt, die die erforderliche Zahl von Aktien nicht besitzen. In dieser Benachteiligung liege eine Erhöhung der Aktionärspflichten.

In Wahrheit liegt darin jedoch keine Erhöhung der Pflichten, sondern eine Verringerung der Rechte der Aktionäre. Seit das Kassationsgericht[34]) unter Zustimmung der gesamten Lehre erklärt hat, daß die Verringerung der Rechte der Aktionäre der Erhöhung ihrer Pflichten nicht gleichzusetzen sei und daher auch nicht unter das Verbot des Art. 31 Abs. 1 Satz 2 falle, ist die Ansicht von Copper-Royer nicht mehr haltbar.

Haben an der Generalversammlung Aktionäre teilgenommen, die nicht die satzungsmäßige Zahl von Aktien besaßen, so ist das allein kein Nichtigkeitsgrund. Für die Wirksamkeit der Beschlüsse genügt es, daß, wenn die Stimmen der unzulässigerweise anwesenden Aktionäre abgezogen sind, noch eine ausreichende Mehrheit vorhanden ist[35]). Die Nichtigkeitsklage ist jedoch ohne Rücksicht auf die Mehrheitsverhältnisse dann gegeben, wenn die unberechtigten Personen durch arglistige Mittel (manoeuvres frauduleuses) den Zugang erlangt haben, weil dann wieder der Satz gilt: »fraus omnia corrumpit«[36]).

Die Möglichkeit, daß die Satzung den Zugang zur Generalversammlung an eine Mindestaktienzahl knüpfen kann, stellt für die kleinen Aktionäre eine gewisse Härte dar. Durch diese Vorschrift wird jedoch das Mitverwaltungsrecht der Kleinaktionäre nicht beseitigt, denn Art. 27 Abs. 1 Satz 3 bestimmt: »Alle Eigentümer einer geringeren als für die Zulassung zur Generalversammlung erforderlichen Zahl von Aktien können sich zusammenschließen, um die Zahl zu erreichen, und sich von einem unter ihnen vertreten lassen.«

Über die Bedeutung dieser Vorschrift besteht keine Einigkeit. Ein Teil der Lehre legt den Wortlaut »von einem unter ihnen« (par l'un d'eux) so aus, daß die kleinen Aktionäre nur einen anderen Kleinaktionär mit ihrer Vertretung betrauen dürfen[37]).

Als einziger begründet Wahl[38]) diese minderheitenfeindliche Auslegung. Das Gesetz geht nach seiner Ansicht von einem Interessengegensatz zwischen kleinen und großen Aktionären aus. Nach dem Willen des Gesetzgebers solle dieser Gegensatz nicht dadurch verwirrt werden können, daß kleine Aktionäre große mit ihrer Vertretung beauftragen.

---

[33]) Traité, Nr. 565bis.

[34]) Cass. civ. 9. Februar 1937, D.P. 1937,1,73 Anm. Besson; S. 1937,1,129 Anm. H. Rousseau; Rev. gen. dr. com. 1938,529 Anm. Jauffret; J. soc. 1937,266 Anm. P. Cordonnier.

[35]) Cass. req. 20. Juni 1898, S. 1899,1,257 Anm. Wahl.

[36]) Cass. req., aaO.

[37]) Dalsace, L'actionnaire et l'assemblée générale, Rev. soc. 1960,261; David, Le caractère social du droit de vote, J. soc. 1929,411; Lyon-Caen, Traité, Nr. 854-2; Wahl, Des mandataires aux assemblées générales dans les sociétés par actions, J. soc. 1905,147.

[38]) AaO, p. 151.

Diese Auslegung verstößt gegen den Wortlaut und den Sinn des Gesetzes. Es heißt dort, daß die Kleinaktionäre sich von einem unter ihnen vertreten lassen können (»pourront ... se faire représenter par l'un d'eux«), nicht aber, daß nur einer von ihnen die Vertretung übernehmen dürfe. Das Gesetz wollte in Art. 27 Abs. 1 Satz 3 nur einen Ausgleich für die Strenge des Satz 2 gewähren.

Wenn die Satuten nichts anderes bestimmen, kann jeder Aktionär sich von einem beliebigen anderen Aktionär oder auch von einem Nichtaktionär in der Generalversammlung vertreten lassen. Die Satzung kann die Ausübung der Mitverwaltungsrechte durch Vertreter ganz oder teilweise verbieten. Die Statuten können aber auf keinen Fall den Kleinaktionären untersagen, sich zusammenzuschließen und sich von einem unter ihnen vertreten zu lassen[39]). Die Vorschrift schränkt die Rechte der Kleinaktionäre also nicht noch weiter ein, sondern stellt lediglich eine Mindestgarantie dar.

Die praktische Bedeutung des Art. 27 Abs. 1 Satz 3 ist gering, weil die Kleinaktionäre sich untereinander nicht kennen und eine Gruppierung praktisch nur durch die Vermittlung des Verwaltungsrates zustande kommen könnte[40]).

Die Vorschrift hat ihren Zweck nicht erfüllt, weil die Kleinaktionäre, wenn sie vertreten sein wollen, praktisch nur die Möglichkeit haben, Blankovollmachten an den Verwaltungsrat zu schicken[41]).

3) Die sogenannte exeptio non adimpleti contractus

Streitig ist, ob die Satzung noch andere Beschränkungen als die in Art. 27 Abs. 1 Satz 2 vorgesehenen einführen kann. Manche Satzungen bestimmen, daß der Zugang den Aktionären verweigert werden kann, die die eingeforderten Einlagen auf ihre Aktien nicht geleistet haben. Dalsace[42]) hält diese Klausel für nichtig. Soweit es um die außerordentliche Generalversammlung geht, will er die Nichtigkeit aus dem Wortlaut des Gesetzes schließen. Nach Art. 27 Abs. 2 und Art. 31 Abs. 2 hat jeder Aktionär das Recht zur Teilnahme an der außerordentlichen Generalversammlung. Für die ordentliche Generalversammlung folgt dasselbe nach Dalsace aus dem Verbot, die freie Ausübung des Stimmrechts zu beschränken (Art. 10 Décret-Loi vom 31. August 1937).

Die herrschende Meinung hält die Klausel sowohl für die ordentliche als auch für die außerordentliche Generalversammlung für statthaft[43]). Es handelt sich für sie um eine Art »exeptio non adimpleti contractus«.

---

[39]) Houpin et Bosvieux, Traité, Nr. 1138, 1216; Mutignon, La représentation des actionnaires, p. 149; Ripert, Traité, Nr. 1178; insoweit übereinstimmend auch Wahl, aaO, p. 104.

[40]) David, La protection des minorités dans les sociétés par actions, Nr. 8; Houpin et Bosvieux, Traité, Nr. 1216; Ripert, Traité, Nr. 1178.

[41]) Ripert, Traité, Nr. 1178 und unten C III 1).

[42]) Du droit des actionnaires, p. 70 und L'actionnaire et l'assemblée générale, p. 261.

[43]) Cordonnier, Anm. zu Cass. civ. 7. April 1932, D.P. 1933,1,155; Decugis, Les modifica-

Houpin et Bosvieux[44]) unterscheiden zwischen ordentlichen und außerordentlichen Generalversammlungen. Für die ordentliche Generalversammlung kann die Klausel eingeführt werden, für die außerordentliche nicht. Dieser Ansicht ist zuzustimmen. Art. 31 Abs. 2 Gesetz von 1867 bestimmt, daß »nonobstant toute clause contraire« jeder Aktionär an der außerordentlichen Generalversammlung teilnehmen kann. Wenn eine Vorschrift durch »nonobstant toute clause contraire« eingeleitet wird, so heißt das, daß es sich um einen Satz des ordre public, also um zwingendes Recht handelt[45]). Es ist auch nicht angängig, die statuarische Klausel als eine exeptio non adimpleti contractus anzusehen, weil es sich bei der Zulassung zur Generalversammlung nicht um eine Gegenleistung der Gesellschaft handelt, die sie etwa als Austausch gegen die Leistung der Einlage erbringt.

Die Zulassung zur ordentlichen Generalversammlung ist demgegenüber nicht zwingend geregelt. Das folgt schon daraus, daß das Gesetz selbst eine Ausnahme anführt. Aus Art. 10 Décret-Loi vom 31. August 1937 kann die Nichtigkeit der Klausel ebenfalls nicht gefolgert werden, denn es handelt sich nicht um eine echte Einschränkung des Stimmrechts. Der betroffene Aktionär braucht nur den eingeforderten Betrag zu zahlen, um zugelassen zu werden.

Das Kassationsgericht hat zu der Frage noch keine klare Stellung bezogen. In der Entscheidung Cass.civ. 26. Oktober 1943[46]) war ein Aktionär von der ordentlichen Generalversammlung ausgeschlossen worden, weil er seiner Einlagepflicht nicht nachgekommen war. Die Statuten sahen den Ausschluß nicht vor. Das Gericht erklärte dazu: »Attendu qu'à défaut de disposition statutaire prévoyant l'exclusion des délibérations de l'assemblée générale comme sanction du manquement d'un actionnaire à ses obligations le droit de participer à ces délibérations subsiste au profit de l'actionnaire, même fautif, ...«. Daraus läßt sich schließen, daß das Gericht die Klausel, soweit die ordentliche Generalversammlung betroffen ist, für wirksam hält[47]).

4) Andere beschränkende Klauseln (clause de stage, clause d'agrément, clause de dépôt, clause de notification)

Die Satzungen gewähren den Gesellschaften häufig ein Vorkaufsrecht gegenüber dem Veräußerer von Aktien. Das Vorkaufsrecht kann während

---

tions apportées au régime des sociétés par actions, p. 84; Hamel et Lagarde, Traité Nr. 533; Rousseau, Le décret-loi du 31 août 1937 et les conventions sur le droit de vote des actionnaires, J.C.P. 1939, étude 118, Nr. 16; Solus, La réforme, p. 287; Tunc, Les conventions relatives au droit de vote et l'organisation des sociétés anonymes, Rev. gen. dr. com. 1942,143.

44) Traité, Nr. 1132, 1213.

45) Vgl. David, Le droit français, T. 1, p. 74.

46) D.C. 1944,93 Anm. Chéron, der Fall »Pathé-Cinéma«.

47) Freyria, Etude de la jurisprudence sur les conventions portantes atteinte à la liberté du vote dans les sociétés, Rev. trim. dr. com. 1951,419.

einer bestimmten Frist ausgeübt werden. Damit der Aktienerwerber bis zur Entscheidung, ob das Vorkaufsrecht ausgeübt werden soll oder nicht, nicht an der Generalversammlung teilnehmen kann, bestimmen die Satzungen meist, daß der Erwerber erst nach Ablauf der Vorkaufsfrist zugelassen wird (clause de stage). Zweck der Klausel ist es zu verhindern, daß ein Aktienerwerber, der der Gesellschaft nicht genehm ist, in der Generalversammlung stimmt, bis die Gesellschaft ihr Vorkaufsrecht ausgeübt hat. Einige Autoren halten diese Klausel ohne Einschränkung für wirksam[48]). Houpin et Bosvieux folgern die Wirksamkeit aus dem berechtigten Interesse der Gesellschaft, Überraschungsmehrheiten auszuschließen. Nach Tunc verstößt die Klausel nicht gegen Art. 10 Décret-Loi vom 31. August 1937, weil das Stimmrecht dadurch nicht ausgeschlossen, sondern nur für eine gewisse Zeit suspendiert werde. Das Kassationsgericht hat sich über eine »clause de stage« nur einmal incident geäußert: »que si les statuts permettent aux seuls actionnaires ayant cette qualité depuis plus de six mois de prendre part à l'assemblée, il ne s'ensuit pas que les actionnaires aient le droit d'exiger la production du régistre des transferts après la tenue de l'assemblée générale pour vérifier la régularité de celle-ci«[49]). Aus dieser Formulierung muß man schließen, daß das Gericht die Klausel für wirksam hält. Im streitigen Fall handelte es sich um eine außerordentliche Generalversammlung. Für die ordentliche Generalversammlung dürfte das Gericht also erst recht keine Bedenken haben.

Ripert[50]) hält die Klausel für nichtig, weil sie gegen die Freiheit der Stimmrechtsausübung verstoße. Copper-Royer[51]) läßt die Klausel für die ordentliche Generalversammlung gelten. Für die außerordentliche sei die Beschränkung wegen Art. 31 Abs. 2 Gesetz von 1867 unwirksam. Dem ist zuzustimmen. Art. 31 Abs. 2 ist völlig eindeutig gefaßt und läßt keine Ausnahmen zu, während Art. 27 für die ordentliche Generalversammlung eine Ausnahme zuläßt ohne andere Ausnahmen auszuschließen.

Andere Statuten, die den Gesellschaften ein Vorkaufsrecht gewähren, bestimmen, daß der Aktienerwerber erst dann zur Generalversammlung zuzulassen ist, wenn die Gesellschaft ihn zugelassen hat, also wenn sie erklärt hat, daß sie mit dem neuen Aktionär einverstanden ist (clause d'agrément). Das Handelsgericht Poitiers[52]) sah eine solche Klausel für wirksam an. Das Kassationsgericht[53]) hob die Entscheidung auf. Es sah in der Klausel eine unzulässige Beseitigung (suppression) des Stimmrechts des Aktienerwerbers. Zwischen dieser Entscheidung und dem Urteil desselben Gerichts

---

[48]) Freyria, Etude de la jurisprudence sur les conventions portantes atteinte à la liberté du vote dans les sociétés, Rev. trim. dr. com. 1951,425; Houpin et Bosvieux, Traité, Nr. 1131; Tunc, Les conventions relatives au droit de vote, Rev. gen. dr. com. 1942,144.

[49]) Cass. civ. 9. Februar 1937, D.P. 1937,1,73.

[50]) Traité, Nr. 1215.

[51]) Traité, Nr. 368.

[52]) 4. Juli 1927, S. 1927,2,137 Anm. Rousseau zustimmend; J. soc. 1928,536, Anm. Cordonnier.

[53]) Cass. civ. 7. April 1932, S. 1933,1,177 krit. Anm. Rousseau; J. soc. 1933,56 Anm. Houpin zustimmend; D.P. 1933,1,153 Anm. Cordonnier zustimmend.

vom 9. Februar 1937[54]) besteht ein Widerspruch. Wenn es die »clause de stage«, die den Zugang zur Generalversammlung für eine fest bestimmte Zeit ausschließt, für wirksam hält, so ist es nicht ersichtlich, warum die »clause d'agrément«, bei der der Zugang solange ausgeschlossen ist, bis die Gesellschaft sich geäußert hat, nichtig sein soll.

Nach Hamel et Lagarde[55]) und Freyria[56]) kann die Klausel dem Aktienerwerber entgegengesetzt werden, aber nur solange, wie die Gesellschaft tatsächlich braucht, um zu entscheiden, ob sie das Vorkaufsrecht ausüben will. Tunc[57]) meint, dem Erwerber könne der Zugang zur Generalversammlung nur dann verweigert werden, wenn nachher auch das Vorkaufsrecht ausgeübt wird.

Demgegenüber sehen Solus[58]) und Ripert[59]) in der Satzungsbestimmung einen Verstoß gegen Art. 10 Décret-Loi vom 31. August 1937.

Richtiger ist auch bei der »clause d'agrément« wie bei der »clause de stage« zwischen ordentlicher und außerordentlicher Generalversammlung zu unterscheiden. In der ersten ist die Beschränkung zulässig, in der zweiten würde sie gegen Art. 31 Gesetz von 1867 verstoßen.

Schließlich schreiben viele Satzungen vor, daß Inhaberaktien bis zu einem bestimmten Tag vor der Generalversammlung bei einer Bank oder der Gesellschaft zu hinterlegen sind (clause de dépôt). Der Vorgang wird auch als »immobilisation« (Festlegung) bezeichnet. Die Bank oder die Gesellschaft stellen dem Aktionär dafür einen Teilnehmerausweis aus. Mit der Immobilisation wird erreicht, daß die Aktien nicht nach Verschickung der Teilnehmerausweise kurz vor der Generalversammlung noch den Eigentümer wechseln können, ohne daß die Gesellschaft dieses erfährt. So wird vermieden, daß Unberechtigte Zugang zur Generalversammlung finden.

Die Namensaktionäre dagegen werden satzungsgemäß oft nur zur Generalversammlung zugelassen, wenn die Umschreibung im Aktienbuch, durch die sie Eigentümer der Aktien geworden sind, bis zu einem bestimmten Tag vor der Generalversammlung stattgefunden hat. Damit wird derselbe Zweck verfolgt.

Dalsace[60]) und Ripert[61]) halten die Klauseln für unwirksam, weil dadurch die Freiheit der Stimmrechtsausübung eingeschränkt wird. Die Klauseln sind jedoch wirksam, weil sie lediglich den Zweck haben, die Durchführung der Generalversammlung zu erleichtern[62]).

---

54) AaO.
55) Traité, Nr. 533.
56) AaO, p. 422.
57) AaO, p. 143.
58) La réforme du droit des sociétés, p. 288.
59) Traité, Nr. 1215.
60) Du droit des actionnaires, Gaz. Pal. 1938,1, Chron. Doctr. p. 69.
61) Traité, Nr. 1175.
62) Copper-Royer, Traité, Nr. 413; Decugis, Les modifications apportées au régime des sociétés par actions, J. soc. 1938,84; Solus, La réforme du droit des sociétés, p. 287; Tunc, Les conventions, p. 123, 141 f.; Cass. com. 27. Oktober 1959, D. 1960,454 mit ablehnender Anmerkung Dalsace; Cordonnier, Anmerkung zu Cass. civ. 7. April 1932, D.P. 1933,1,153.

Ebenso verhält es sich endlich mit der sogenannten »clause de notification«. Diese besagt, daß der Erwerber von Inhaberaktien zur Generalversammlung nur zugelassen wird, wenn er der Gesellschaft vorher angezeigt hat, daß er Aktionär geworden ist[63]).

5) Anwesenheitsboni (jetons de présence)

Die Beschränkung der Zulassung zur Generalversammlung gemäß Art. 27 Abs. 1 Satz 2 Gesetz von 1867 ist ein wirksames Mittel, kleine Querulanten von der Generalversammlung fernzuhalten. Darüber hinaus wird auch die Bildung einer Koalition aus vielen Kleinaktionären gegen die Gruppe der Großaktionäre durch die Einführung der Klausel erschwert. Gesellschaften mit breit gestreutem Kapital, die die Zulassungsbeschränkung einführen, laufen aber Gefahr, das erforderliche Quorum nicht mehr zu erreichen: Nach Art. 30 Abs. 1 Gesetz von 1867 ist die ordentliche Generalversammlung nur beschlußfähig, wenn sie mindestens ein Viertel des Gesellschaftskapitals vereinigt. Strengere Quorumsvorschriften gelten für die außerordentliche Generalversammlung (Art. 31 Abs. 4 und 5 Gesetz von 1867).

Das Problem für die Verwaltung der genannten Gesellschaften besteht also darin, das Quorum zu erreichen, ohne die kleinen Aktionäre zu Worte kommen zu lassen. Zu diesem Zweck erhalten alle Aktionäre die Aufforderung, den Verwaltungsrat mit ihrer Vertretung in der Generalversammlung zu betrauen. Die Aufforderung richtet sich natürlich besonders an die Aktionäre, die wegen der geringen Zahl ihrer Aktien keinen Zugang haben. Dem Schreiben wird ein blanko zu unterzeichnendes Vollmachtsformular (pouvoir en blanc)[64]) und ein an den Verwaltungsrat adressierter Freiumschlag beigefügt. Der Verwaltungsrat bestimmt dann vor der Generalversammlung eines oder mehrere seiner Mitglieder oder eine andere Person zur Vertretung dieser Aktionäre. Der Vertreter vereinigt die für den Zugang zur Generalversammlung erforderliche Zahl von Aktien, weil er eine große Zahl von Aktionären vertritt. Er stimmt im Sinne der Verwaltungsvorschläge.

Die Kleinaktionäre sind in der Regel nicht besonders daran interessiert, auf diese Weise vertreten zu werden. Deshalb muß die Gesellschaft ihnen einen besonderen Anreiz bieten, die Blankoformulare zurückzusenden. Diesem Zweck dienen die Sitzungsgelder oder Anwesenheitsboni (jetons de présence). Es handelt sich um geringe Geldsummen, die an alle Aktionäre gezahlt werden, die persönlich oder durch einen Vertreter an der Generalversammlung teilnehmen[65]). Die Höhe des Sitzungsgeldes bestimmt sich

---

[63]) Cordonnier, Anmerkung zu Cass. civ. 7. April 1932, aaO; Tunc, Les conventions relatives au droit de vote, Rev. gen. dr. com. 1942,125.

[64]) Vgl. unten C III 1).

[65]) Vgl. dazu Viénot, Rapport à la société d'Etudes législatives sur l'usage des pouvoirs en blanc dans les assemblées d'actionnaires, Bull. soc. études législ. 1934,339ff.; Wahl, Les jetons de présence dans les assemblées générales, J. soc. 1928, 5ff.

nach der Zahl der Aktien, die der Aktionär besitzt[66]). Pro Aktie werden etwa 15 bis 30 cts. gezahlt.

Völlig unstreitig ist es, daß die Zuteilung eines solchen Sitzungsgeldes erlaubt ist; nur die Zahlung allzu großer Summen wäre bedenklich, weil darin eine versteckte Verteilung von Dividenden liegen würde[67]). Dadurch könnten vor allem Inhaber von Genußrechten oder Vorzugsrechten geschädigt werden[68]).

Die Verteilung von Sitzungsgeldern wird vom Verwaltungsrat beschlossen, weil es sich nicht um eine Gewinnausschüttung handelt, sondern um eine Maßnahme, die das Funktionieren der Generalversammlung sicherstellen soll[69]). Im Jahresabschluß erscheinen die verteilten Sitzungsgelder als Generalversammlungskosten[70]) oder einfach als Betriebsunkosten[71]). Steuerrechtlich können sie vom Gewinn abgesetzt werden, soweit es sich nicht um eine versteckte Gewinnverteilung handelt[72]).

Die Anwesenheitsboni können nicht nur für die Teilnahme an der ordentlichen, sondern auch für die an der außerordentlichen Generalversammlung verteilt werden. Nur ist hier der gleichzeitige statutarische Ausschluß der Kleinaktionäre von der Generalversammlung nicht möglich (Art. 31 Abs. 2 Gesetz von 1867).

Gegen die Sitzungsgelder bestehen zwar keine rechtlichen, wohl aber moralische Bedenken: Die Aktionäre, die nicht persönlich an der Generalversammlung teilnehmen wollen oder können, verkaufen durch die Hingabe der Blankovollmacht und die Entgegennahme des Anwesenheitsbonus praktisch ihr Stimmrecht[73]).

6) Vortäuschung der Aktionärseigenschaft (simulation de la qualité d'actionnaire)

Die Machtverhältnisse in der Generalversammlung können dadurch verfälscht werden, daß Nichtberechtigte an der Versammlung teilnehmen. Nach Art. 13 Abs. 4 in Verbindung mit Art. 45 des Gesetzes von 1867 wird mit einer Geldstrafe von 1.800,– bis 36.000,- F bestraft, »wer unter Vorspiegelung, Eigentümer von Aktien oder Aktiencoupons zu sein, die ihm nicht gehören, an der Abstimmung einer Generalversammlung teilgenommen hat« oder »wer die Aktien einem anderen zu diesem Zweck übergeben hat«.

---

66) Wahl, aaO, p. 12.
67) Houpin et Bosvieux, Traité, Nr. 1182; Ripert, Traité, Nr. 1181; Viénot, aaO, p. 340; Wahl, aaO, p. 8.
68) Wahl, aaO, p. 8.
69) Viénot, aaO, p. 340; Wahl, aaO, p. 8, 13.
70) Ripert, Traité, Nr. 1181.
71) Viénot, aaO, p. 340.
72) Joly, Dictionnaire du droit des sociétés anonymes, V° Impôts sur bénéfices Nr. 17, 3° und Nr. 53.
73) Tunc, Les conventions relatives au droit de vote et l'organisation des sociétés anonymes, Rev. gen. dr. com. 1942,136.

Darüber hinaus kann eine Gefängnisstrafe bis zu sechs Monaten verhängt werden[74]).

Wer zur Generalversammlung zugelassen werden will, muß seine Aktionärseigenschaft nachweisen. Für Inhaberaktien wird der Nachweis durch Vorlage der Aktien bei einer Bank oder am Gesellschaftssitz erbracht, denn von dem Eigenbesitzer der Aktie wird vermutet, daß er Eigentümer ist (Art. 35 c.com. 2230, 2279 c.civ.). Bei Namensaktien wird geprüft, ob die im Aktienbuch eingetragene Person mit der erschienenen identisch ist (Art. 36 c.com.). Das Delikt der Vortäuschung der Aktionärseigenschaft kann also mit Inhaberaktien leichter als mit Namensaktien begangen werden. Als Täter kommen besonders Stimmbevollmächtigte, die sich als Eigentümer der Aktien ausgeben, in Frage, ferner Verwahrer und Pfandgläubiger. Am häufigsten wird das Delikt begangen, wenn die Satzung die Zahl der Stimmen, über die ein Aktionär verfügen kann, nach oben hin begrenzt[75]). Die betroffenen Aktionäre versuchen dann, ihre Macht dadurch zu vergrößern, daß sie die überflüssigen Aktien an ihnen gefällige Personen geben. Auch die Mitglieder des Verwaltungsrates, die mit eigenen Aktien der Gesellschaft an der Abstimmung teilnehmen, machen sich strafbar[76]). Das Delikt der Vortäuschung der Aktionärseigenschaft ist erst mit der Teilnahme an der Abstimmung vollendet[77]). Das Ergebnis der Abstimmung braucht dadurch nicht beeinträchtigt zu sein[78]). Der Versuch ist nicht strafbar. Der Vorsatz umfaßt die Kenntnis des Täters, daß er im eigenen Namen mit Aktien, die ihm nicht gehören, an einer Abstimmung teilnimmt[79]). Die Übergabe der Aktien zu diesem Zweck ist ein selbständiges Delikt. Dessen Täter ist also auch dann strafbar, wenn der Empfänger von seiner Tat Abstand nimmt[80]).

Die Aktionäre, die wegen der geringen Zahl ihrer Aktien nicht zur Generalversammlung zugelassen werden, aber dennoch Zugang finden, machen sich nicht strafbar. Sie begehen keine strafbare Handlung, denn sie sind Eigentümer der Aktien. Das Gesetz findet keine Anwendung, wenn sich jemand als Stimmbeauftragter eines Aktionärs ausgibt, ohne es zu sein, weil er nicht vorgibt, Eigentümer zu sein. Er wird sich aber meist wegen Fälschung der Vollmacht strafbar machen. Wer Aktien im Reportgeschäft erworben hat, hat Zugang zur Generalversammlung, weil er wirklich Eigentümer der Aktien geworden ist, wenn auch unter einer auflösenden Bedingung[81]).

---

[74]) Vgl. dazu Hamel, Le droit pénal spécial des sociétés anonymes, p. 325ff.; Launais, de la Villeguérin et Accacias, Droit pénal financier, I, Nr. 275ff.; zur Rechtslage vor 1939 vgl. Tchernoff, Traité de droit pénal financier, T. 1er, Soc. de commerce, Nr. 269ff.

[75]) Vgl. Hamel, aaO, p. 336; Houpin et Bosvieux, Traité, Nr. 1273; Ripert, Traité, Nr. 1217; Cass. civ. 31. Dezember 1913, D.P. 1917,1,143.

[76]) Hamel, aaO, p. 337.

[77]) Houpin et Bosvieux, Traité, Nr. 1198; Pinoteau, Nr. 228bis.

[78]) Launais, de la Villeguérin et Accacias, aaO, I, Nr. 279bis.

[79]) Hamel, aaO, p. 338.

[80]) Hamel, aaO, p. 339; Launais, de la Villeguérin et Accacias, aaO, I, Nr. 281.

[81]) Hamel, aaO, p. 333; vgl. auch Cass. crim. 12. Juli 1891, D.P. 1893, 1430.

Wer zwar Aktionär ist, aber nicht Eigentümer so vieler Aktien wie er vorgibt, setzt sich der Bestrafung aus[82]).

II. Das Stimmrecht als wesentliches Attribut der Aktie

1) Die Untrennbarkeit von Stimmrecht und Beteiligung

Die Aktie gewährt dem Aktionär ein Vermögens- und ein Verwaltungsrecht. Das Vermögensrecht ist die Beteiligung (participation). Das Verwaltungsrecht (droit d'administration) wird im wesentlichen durch die Teilnahme an den Abstimmungen in der Generalversammlung ausgeübt. Eine Spaltung der Mitgliedschaft (droit d'associé) in ein Vermögens- und ein Verwaltungsrecht ist nach der französischen Konzeption des Aktienrechts nicht möglich.

Sowohl das Vermögens- wie das Verwaltungsrecht sind darüber hinaus nach zwingendem Recht wesentliche Bestandteile der Mitgliedschaft. Demgemäß gibt es keine beteiligungslosen Mitgliedschaften und erst recht keine »voting certificates«[1]). Umgekehrt gewährt jede Aktie das Stimmrecht: »le droit de vote aux assemblées générales est l'un des attributs essentiels de l'action[2]).

Eine Abspaltung des Stimmrechts von der Aktie ist nicht möglich[3]). Daraus folgt einerseits, daß es keine »no voting shares« gibt[4]), und andererseits, daß der Aktionär nicht frei über sein Stimmrecht verfügen kann.

Dafür, daß das Vermögens- und das Verwaltungsrecht untrennbar sind und daß die Mitgliedschaft diese beiden Rechte zwingend enthält, werden verschiedene Begründungen gegeben.

David[5]) zieht für das Stimmrecht des Aktionärs eine Parallele zum Wahlrecht und zum Prozeßrecht: Wähler und Geschworene können über ihr Stimmrecht nicht frei verfügen, und das Stimmrecht kann ihnen auch nicht entzogen werden. Es ist wesensnotwendig mit ihrer Funktion verbunden, weil es ihnen im öffentlichen Interesse verliehen worden ist. Ebenso ist nach David das Stimmrecht des Aktionärs ein funktionelles Recht. Der

---

[82]) Launais, de la Villeguérin et Accacias, aaO, I, Nr. 277.

[1]) Hamel et Lagarde, Traité, Nr. 532, 534, 540; Ripert, Traité, Nr. 1221.

[2]) Cass. civ. 7. April 1932, S. 1933,1,177 Anm. Rousseau, J. soc. 1933,56 Anm. Houpin, D.P. 1933,1,153 Anm. Cordonnier.

[3]) Vgl. H. Bosvieux, Des conditions restrictives à la liberté du droit de vote, J. soc. 1939, 71; David, Le caractère social du droit de vote, J. soc. 1929,407; Escarra et Rault, Traité, Nr. 1198; Gegout, Filiales et groupements de sociétés, p. 239; Hamel et Lagarde, Traité, Nr. 533; Houpin et Bosvieux, Traité, Nr. 1140; Ripert, Traité, Nr. 1214f.; Cass. civ. 7. April 1932, aaO; Paris 2. Juni 1954, Gaz. Pal. 1954,2,251; Paris 6. Dezember 1954, Ganz. Pal. 1955,1,76; J.C.P. 1955,2,8592, D. 1955,119; Cass. com. 18. Juni 1956, Bull. cass. 1956,3,156.

[4]) Ausnahme: die Certificats pétroliers, Gesetz vom 26. Juni 1957, vgl. dazu: Rault, Les certificats pétroliers, Rev. trim. dr. com. 1957,843 und Ripert, Traité, Nr. 1215.

[5]) AaO, p. 410.

Aktionär übe mit dem Stimmrecht eine soziale Funktion aus, weil es ihm ausschließlich im Interesse der Gesellschaft gegeben sei. Weil das Stimmrecht aber ein funktionelles Recht sei, sei es auch untrennbar mit der Beteiligung verbunden.

Die Begründung geht von einer falschen Voraussetzung aus. Der Aktionär gibt seine Stimme nicht im Gesellschaftsinteresse, sondern im eigenen Interesse ab. Das Stimmrecht ist kein funktionelles Recht, es ist vielmehr Individualrecht[6]).

Gegout[7]) folgert die Unteilbarkeit von Vermögens- und Verwaltungsrechten daraus, daß beide ein Ausfluß des Eigentums an der Aktie seien. Abspaltungen vom Eigentum sind nur in den vom Gesetz vorgesehenen Fällen zulässig, weil für die dinglichen Rechte ein numerus clausus besteht. Auch dieser Argumentation kann nicht gefolgt werden. Das Vermögens- und das Verwaltungsrecht des Aktionärs lassen sich nicht aus dem Eigentum an der Aktie herleiten, sondern sie ergeben sich aus der Mitgliedschaft[8]). Sonst wäre es nicht erklärlich, daß die Aktionärsrechte auch ohne die Ausgabe von Aktienurkunden entstehen können.

Für das Kassationsgericht[9]) folgt der Satz, daß jede Aktie das Stimmrecht gewährt, aus Art. 31 Abs. 2 Gesetz von 1867. Diese Vorschrift gewährt jedem Aktionär das Recht zur Teilnahme an der Generalversammlung, sie gilt jedoch nur für die außerordentliche Generalversammlung.

In Wahrheit ist der Satz, daß das Vermögens- und das Verwaltungsrecht nicht zu trennen sind, und daß beide zwingend in der Mitgliedschaft enthalten sind, nicht beweisbar. Es handelt sich vielmehr um ein juristisches Dogma, welches von der Hypothese ausgeht, daß einerseits das Verwaltungsrecht am besten von denen ausgeübt wird, die das finanzielle Risiko tragen[10]), und daß andererseits ein Mitspracherecht ohne Risiko oder ein Risiko ohne Mitspracherecht den demokratischen Prinzipien des Aktienrechts zuwiderlaufen.

Die Richtigkeit der Hypothese muß bezweifelt werden. Auch in Frankreich sind Kapitel und Leitung infolge der wirtschaftlichen Konzentration tatsächlich mehr und mehr aufgespalten worden. Treffend sagt Ripert[11]) von den Aktionären: »En droit ils sont les maîtres absolus de la société. Les actionnaires savent que leur pouvoir est plus théorique que réel; mais ils sont flattés de se le voir reconnaître. La démocratie grise les électeurs d'illusions«. Diese und ähnliche Angriffe[12]) haben aber dem Dogma bisher noch nichts anhaben können.

---

[6]) Copper-Royer, Traité, Nr. 381bis; Ripert, Traité, Nr. 1214.

[7]) AaO, p. 239.

[8]) Cheminais, Le placement français à l'étranger, p. 243 f.

[9]) Cass. com. 22. Oktober 1956, D. 1957,177, Anm. Ripert, J.C.P. 1956,2,9678, Anm. D. Bastian, Gaz. Pal. 1956,2,374.

[10]) Houpin et Bosvieux, Traité, Nr. 1140.

[11]) Aspects juridiques du capitalisme moderne, p. 98.

[12]) Vgl. auch Copper-Royer, Traité, Nr. 381bis; A. Percerou, Lois actuelles et projets récents en matière de sociétés par actions, Nr. 419 ff.; I. Percerou, Rapport au congrès international de droit comparé de la Haye de 1932; Ann. dr. com. 1932,210.

Die rechtlichen Folgen davon, daß Aktionäre nicht zur Generalversammlung zugelassen worden sind, wurden oben[13]) bereits erörtert. Wenn Aktionäre zwar Zugang zur Generalversammlung hatten, aber ihre Stimmen nicht berücksichtigt worden sind, dann kommt die rein arithmetische Methode zum Zuge. Es wird also geprüft, ob die fraglichen Stimmen an den Mehrheitsverhältnissen etwas hätten ändern können. Wenn dies der Fall ist, sind die Beschlüsse für nichtig zu erklären[14]).

2) Die sogenannten amortisierten Aktien (actions de jouissance)

Eine scheinbare Ausnahme von der Regel der Untrennbarkeit von Beteiligung und Mitverwaltungsrecht bilden die »actions de jouissance«.

Aktiengesellschaften können mit dem erzielten Gewinn oder durch Auflösung von Reserven den Aktionären den Nennwert ihrer Aktien zurückzahlen. Der Vorgang wird in der Praxis fälschlich als »Amortisierung des Kapitals« bezeichnet. Eine echte Amortisierung findet jedoch nicht statt, weil das Gesellschaftskapital voll erhalten bleibt. Die amortisierten Aktien vermitteln die gleichen Rechte wie die übrigen Aktien. Der Aktionär muß sich bei der Liquidation der Gesellschaft lediglich anrechnen lassen, was er schon vorher erhalten hat. Seine Aktie behält aber den gleichen Nennwert und vermittelt die gleiche Stimmenmacht wie vorher[15]). Da den Gesellschaften, die eine Amortisierung durchführen wollten, meist die Mittel fehlten, allen Aktionären den Nennwert ihrer Aktien zurückzuzahlen, wurden in der Praxis die Aktien ausgelost, die in »actions de jouissance« umgewandelt werden sollten. Das ist heute nicht mehr möglich. Art. 3 des Décret vom 4. August 1949 verbietet die Auslosung. Deshalb können nur noch alle Aktien gleichzeitig amortisiert werden. Wenn die Mittel dazu nicht ausreichen, erfolgt die Amortisierung stufenweise.

Zuweilen wird zu Sanierungszwecken das Gesellschaftskapital durch Einziehung von Aktien herabgesetzt. Den betroffenen Aktionären werden im Tausch gegen ihre eingezogenen Aktien Wertpapiere gegeben, die ebenfalls als »actions de jouissance« bezeichnet werden. Sie repräsentieren keinen Kapitalanteil, gewähren aber ein Dividendenrecht und einen Anteil am Liquidationserlös. Die Gerichte haben ihnen das Stimmrecht abgesprochen[16]). Den Entscheidungen ist zuzustimmen[17]). Die Papiere stellen keine Kapitalbeteiligung dar. Da Art. 1 des Gesetzes vom 13. November 1933 zwingend vorschreibt, daß die Stimmenmacht der Aktien proportional zum Kapitalanteil sein muß, können die Papiere das Stimmrecht nicht ver-

---

[13]) B I 1).

[14]) Hamel et Lagarde, Traité, Nr. 693.

[15]) Vgl. dazu Hamel et Lagarde, Traité, Nr. 545; Ripert, Traité, Nr. 1153ff.

[16]) Colmar 24. März 1939, S. 1940,2,12 Anm. H.R., J. soc. 1939,539; Trib. com. Seine 23. Oktober 1950, D. 1951, 320; J.C.P. 1951,2,6342 kritische Anmerkung Bastian.

[17]) Ebenso Hamel et Lagarde, Traité, Nr. 540; a.A. Escarra et Rault, Traité, Nr. 1114.

mitteln. Es handelt sich trotz ihrer Bezeichnung nicht um Aktien, sondern um Genußscheine[18]).

3) Das Stimmrecht in eigener Sache

Die erste Ableitung des Satzes von der Untrennbarkeit von Beteiligung und Mitverwaltungsrecht war der Schluß, daß jede Aktie das Stimmrecht gewährt. Wenn Aktionären unter gewissen Voraussetzungen der Zugang zur Generalversammlung verweigert werden kann, so stellt auch dies eine Beschränkung des Rechts, an der Abstimmung teilzunehmen, dar. Das Gesetz sieht andererseits Fälle vor, in denen der Aktionär zwar an der Versammlung teilnehmen, aber das Stimmrecht nicht ausüben darf:

Werden bei der Gründung der Aktiengesellschaft Sacheinlagen geleistet oder Sondervorteile vereinbart, so haben zwei Gründungsversammlungen stattzufinden. Die erste stellt die Satzung fest und ernennt die Gesellschaftsorgane (Art. 25 Gesetz von 1867). Ferner bestellt sie Sonderprüfer (commissaires aux apports), die den Wert der Sacheinlagen und die Berechtigung der Sondervorteile zu prüfen haben (Art. 4 Abs. 1 Gesetz von 1867). Die Prüfer erstatten einer zweiten Generalversammlung einen Prüfungsbericht. Wenn darauf die zweite Versammlung Sondervorteile und Sacheinlagen gebilligt hat, erlangt die Gesellschaft die Rechtsfähigkeit (Abs. 2). Bei der Abstimmung der zweiten Generalversammlung haben die Aktionäre, zu deren Gunsten ein besonderer Vorteil bedungen worden ist oder die eine Sacheinlage geleistet haben, kein Stimmrecht (Abs. 5). Sie können weder mit ihren Apportaktien noch mit anderen Aktien, die sie gegebenenfalls darüber hinaus gezeichnet haben, stimmen[19]). Die betroffenen Aktionäre können auch nicht als Stimmbevollmächtigte eines nicht betroffenen Aktionärs abstimmen[20]). Wer Sacheinlagen leistet oder Sondervorteile erhält, kann aber über die Sacheinlagen und Sondervorteile der anderen Aktionäre abstimmen[21]). Hier besteht die Gefahr, daß die Betroffenen die Zustimmung der anderen dadurch erkaufen, daß sie ihnen durch ihre eigene Stimmabgabe gefällig sind[22]).

In allen anderen als den genannten Fällen können die persönlich am Ergebnis der Abstimmung interessierten Aktionäre an der Beschlußfassung teilnehmen[23]). Insbesondere bestehen keinerlei Beschränkungen für die

[18]) Trib. com. Seine 23. Oktober 1950, aaO.

[19]) Req. 22. Februar 1888, D. 1888,1,297; S. 1888,1,417 Anm. Lacointa; Req. 31. Dezember 1906, D. 1908,1,513 Anm. Percerou, S. 1909,1,137, Anm. Wahl, Hamel et Lagarde, Traité, Nr. 610.

[20]) Req. 31. Dezember 1906, aaO; Escarra, Cours, Nr. 728; Hamel et Lagarde, Nr. 610; a.A. noch Cass. civ. 20. Januar 1892, S. 1892,1,261 und Wahl, Des mandataires aux assemblées générales, J. soc. 1905,145.

[21]) Cass. civ. 20. Januar 1892, aaO.

[22]) Hamel et Lagarde, Traité, Nr. 610.

[23]) Trib. com. Lille 3. Dezember 1923, J. soc. 1926,217; Cass. civ. 29. Juli 1925, J. soc. 1926,468; Rev. soc. 1926,20; S. 1925,1,241 Anm. Lyon-Caen; D.P. 1926,1,17 Anm. Chéron; Houpin et Bosvieux, Traité, Nr. 1179.

Beschlußfassung über den Gründungsaufwand und Sachübernahmen, die Entlastung des Verwaltungsrates, die Zubilligung von Tantiemen und die Befreiung von Verpflichtungen. Das gleich gilt für den Abschluß von Organisationsverträgen und die Durchführung von Fusionen[24]). Die wechselseitige Beteiligung schließt das Stimmrecht nicht aus[25]).

4) Verbot des Verzichts auf die Stimmrechtsausübung und der Stimmrechtsabtretung

Der Aktionär kann über sein Stimmrecht nicht frei verfügen. Das ist die zweite Folgerung, die aus der Definition der Mitgliedschaft als Beteiligung plus Mitverwaltungsrecht zu ziehen war.

Weil das Stimmrecht ein wesentlicher Bestandteil der Aktie ist, ist ein endgültiger und unbedingter Verzicht auf dessen Ausübung nichtig[26]).

Dieser Satz wird meist unter Berufung auf eine Entscheidung des Appellationsgerichts Paris[27]) ausgesprochen. Die Kläger hatten beantragt, einen satzungsändernden Beschluß der Generalversammlung für nichtig zu erklären. Das Kapital der Gesellschaft war in 5.000 Aktien aufgeteilt, von denen eine andere Gesellschaft 2.950 hielt, während 2.050 Aktien den freien Aktionären gehörten. Unter diesen befanden sich die Kläger. Die Satzung bestimmte – was damals noch zulässig war –, daß je fünf Aktien eine Stimme gewährten, kein Aktionär jedoch über mehr als 350 Stimmen verfügen könnte. Normalerweise hätte die Beteiligung der anderen Gesellschaft eine solide Mehrheit in den Generalversammlungen verschafft. Durch die Höchststimmenzahl hatte aber die Gruppe der freien Aktionäre rechnerisch das Übergewicht. Durch den angefochtenen Generalversammlungsbeschluß wurde die Höchstzahl von 350 Stimmen wieder aus der Satzung entfernt. Die Kläger behaupteten aber, die andere Gesellschaft habe sich gegenüber der Gruppe der freien Aktionäre verpflichtet, niemals und unter keinen Umständen eine Abänderung der umstrittenen Satzungsbestimmung herbeizuführen. Das Gericht hielt eine solche zeitlich unbeschränkte und unbedingte Verpflichtung für unwirksam. Es sah darin einen Verstoß gegen den Grundsatz der Freiheit der Abstimmung. Dieser Grundsatz verlange, daß die Beschlüsse gefaßt würden, nachdem sich die Generalversammlung über deren Bedeutung, Nutzen und mögliche Folgen ein Bild gemacht habe. Die von den Klägern behauptete Verpflichtung wäre unwirksam, weil dadurch das normale Beschlußverfahren umgangen würde.

---

[24]) Vgl. Percerou, Rapport au congrès international de droit comparé de la Haye, Ann. dr. com. 1932,218.

[25]) Siehe oben A III 2).

[26]) Bosvieux, Des conventions restrictives à la liberté du droit de vote, J. soc. 1939,72; Freyria, Etude de la jurisprudence sur les conventions portantes atteinte à la liberté du vote dans les sociétés, Rev. trim. dr. com. 1951,422; Ripert, Traité, Nr. 1214, 1217; Solus, La réforme du droit des sociétés, p. 290; Cordonnier, Anm. zu Cass. civ. 7. April 1932, D.P. 1933,1,153.

[27]) 22. Februar 1933, J. soc. 1934,223.

Die Lehre beruft sich zu Unrecht auf diese Entscheidung, um die Nichtigkeit des Verzichts zu begründen. Es lag kein Verzicht, sondern eine Verpflichtung vor, nicht in einem bestimmten Sinne abzustimmen, wie es das Gericht richtig erkannt hatte[28]).

Um einen echten Verzicht auf die Stimmrechtsausübung handelte es sich dagegen in der Entscheidung des Appellationsgerichts Paris vom 11. November 1908[29]). Eine Gesellschaft beschloß, ihr Kapital durch Einziehung von Aktien herabzusetzen. Zu diesem Zweck vereinbarte sie mit einem Aktionär, daß dieser ihr während eines Zeitraumes von zehn Jahren ein Optionsrecht auf einen Teil seiner Aktien gewährte. Der Aktionär verpflichtete sich, während der zehn Jahre nicht mit den betreffenden Aktien in den Generalversammlungen der Gesellschaft zu stimmen. Das Gericht ging von der Wirksamkeit der Klausel aus, ohne sie im einzelnen zu prüfen. Das Handelsgericht erster Instanz hatte dagegen die Frage der Wirksamkeit bejaht, aber nur geprüft, ob eine Verletzung des Gleichheitssatzes vorläge.

In der Lehre fand die Entscheidung Zustimmung. Der Verzicht sei wirksam gewesen, weil er zwar allgemein gefaßt, aber zeitlich begrenzt gewesen sei[30]). Heute muß auch der zeitlich begrenzte Verzicht auf die Stimmrechtsausübung wegen Art. 10 des Décret-Loi vom 31. August 1937 für nichtig angesehen werden[31]). Nach dieser Vorschrift sind alle Klauseln, die eine Einschränkung der freien Ausübung des Stimmrechts darstellen, nichtig.

Das Stimmrecht kann auch nicht abgetreten werden. Die Abtretung wäre nichtig, selbst wenn sie nur für eine bestimmte Zeit vereinbart würde[32]). Das folgt daraus, daß das Stimmrecht ein wesentliches Attribut der Mitgliedschaft ist. Durch die Abtretung würde das Bindeglied zwischen der Stimme und dem Interesse, welches sie zu vertreten hat, zerbrochen[33]). Das Stimmrecht dient dem Schutz der pekuniären Interessen der Aktionäre[34]). Das finanzielle Risiko und das Mitverwaltungsrecht sind aber nach französischer Konzeption nicht zu trennen[35]).

---

[28]) Siehe dazu unten C I 1).

[29]) J. soc. 1913,56 Anm. C. Houpin.

[30]) Cordonnier, Anm. zu Cass. civ. 7. April 1932, D.P. 1933,1,153; Freyria, aaO, p. 422; C. Houpin, Anm. zu Paris 11. November 1908, aaO; a.A. nur Wahl, Des restrictions statutaires à la désignation des administrateurs et des commissaires de surveillance dans les assemblées des sociétés anonymes, J. soc. 1913,359; siehe auch unten C I 1).

[31]) Ripert, Traité, Nr. 1219; Solus, aaO, p. 290.

[32]) Bosvieux, Des conditions restrictives à la liberté du droit de vote, J. soc. 1939,71; Cheminais, Les placements français à l'étranger, p. 246ff.; Cordonnier, L'actionnaire peut-il céder son droit de vote?, J. soc. 1927,29; Decugis, Les modifications apportées au régime des sociétés par actions, J. soc. 1938,86; Freyria, aaO, p. 422; Gegout, Filiales et groupements de sociétés, p. 237; Houpin et Bosvieux, Traité, Nr. 1140; L. Mazeaud, Coalitions et sociétés, Rev. soc. 1924,198; Ripert, Traité, Nr. 1214; Solus, La réforme du droit des sociétés, p. 289; a.A. nur Copper-Royer, Traité, Nr. 381bis.

[33]) Cordonnier, aaO, p. 29.

[34]) Cordonnier, Anm. zu Cass. civ. 7. April 1932, D.P. 1933,153.

[35]) Houpin et Bosvieux, Traité, Nr. 1140.

Die Abtretung des Stimmrechts verstößt auch nach Ansicht einiger Autoren gegen Art. 10 des Décret-Loi vom 31. August 1937[36]).

Gegout[37]) und L. Mazeaud[38]) halten die Abtretung des Stimmrechts auch wegen Art. 27 Abs. 1 Gesetz von 1867 für unzulässig. Diese Vorschrift gehe davon aus, daß nur die Eigentümer der Aktien und deren Stimmbevollmächtigte Zugang zur Generalversammlung haben. Der Zessionar ist aber weder Eigentümer noch Bevollmächtigter.

Das Handelsgericht der Seine[39]) erklärte eine Vereinbarung für nichtig, nach der sich Aktionäre verpflichtet hatten, gegen Leistung eines Vermögensvorteils in einem bestimmten Sinne abzustimmen. Das Gericht sah in der Vereinbarung eine Zession des Stimmrechts. Es handelte sich jedoch um einen Stimmenkauf, der wegen Verstoßes gegen die Freiheit der Stimmrechtsausübung und gegen die guten Sitten (Art. 1131, 1133 c.civ.) nichtig war[40]).

Das belgische Recht läßt eine zeitlich begrenzte Abtretung des Stimmrechts zu[41]).

5) Legitimationsübertragung und Treuhand

Die französische Konzeption von der Mitgliedschaft verbietet die Abtretung des Stimmrechts. Es ist zu untersuchen, ob es eine Möglichkeit dafür gibt, daß ein Nichtaktionär oder auch ein Aktionär fremdes Stimmrecht im eigenen Namen ausüben kann.

Wer an der Generalversammlung teilnehmen will, muß sich bei Inhaberaktien durch deren Eigenbesitz, bei Namensaktien durch die Eintragung im Aktienbuch der Gesellschaft gegenüber legitimieren (Art. 35f. c.com.). Das deutsche Aktienrecht erkennt die Möglichkeit an, Aktienurkunden lediglich zum Zwecke der Legitimation auf einen anderen zu übertragen (§§ 110, Satz 2; 114 Abs. 4 AktG). Die Übertragung hat die Wirkung, daß der Legitimationsaktionär gegenüber der Gesellschaft als Berechtigter erscheint. Eine Übertragung der Mitgliedschaft findet nicht statt. Um dem Aktionär gegenüber zur Stimmrechtsausübung berechtigt zu sein, bedarf der Legitimierte einer besonderen Ermächtigung. Der Legitimierte übt dann das Stimmrecht im eigenen Namen aus.

Sowohl die Legitimationsübertragung als auch die Stimmermächtigung sind mit dem französischen Aktienrecht nicht vereinbar, weil dadurch die Verwaltungsrechte von den Vermögensrechten abgespalten würden[42]).

---

36) Vgl. Ripert, Traité, Nr. 1218; Houin, Anm. zu Trib. com. Seine 12. Juli 1951, S. 1952, 2,125.

37) AaO, p. 237.

38) AaO, p. 198; vgl. auch H. Mazeaud, Le vote privilégié dans les sociétés de capitaux, p. 124.

39) Trib. com. Seine 8. März 1928, J. soc. 1928, 670, Anm. P. Cordonnier; Rec. jur. soc. 1929,48.

40) Für Einzelheiten siehe unten C I 1).

41) Vgl. dazu Liège 8. Dezember 1938, J.C.P. 1939,2,1254.

42) Gegout, Filiales et groupements de sociétés, p. 237f.

Das Verfahren ist aber auch aus anderen Gründen nicht möglich. Ließe man die Legitimationsübertragung zu, dann stünden theoretisch zwei Wege offen: Entweder der Legitimationserwerber ließe der Gesellschaft gegenüber erkennen, daß die Übertragung nur zu Legitimationszwecken erfolgte, oder er erschiene als Vollrechtsinhaber. Im ersten Fall läge ein kommissionsähnliches Verhältnis vor[43]). Der Legitimationserwerber würde das Stimmrecht »für wen es angeht« (pour qui il appartient) ausüben wollen. Hier würde die Erklärung an die Gesellschaft, daß es sich um fremde Aktien handelt, die Legitimationswirkung zerstören: Der Legitimationserwerber dürfte nicht mehr zur Generalversammlung zugelassen werden, weil er weder Aktionär noch Stimmbevollmächtigter ist[44]). Das Tribunal de Grande Instance de la Seine[45]) erklärt eine Generalversammlung der Obligationäre für nichtig, bei der eine schweizer Bank mit den Obligationen ihrer Depotkunden gestimmt hatte. Die Bank hatte angegeben, daß sie dazu ermächtigt sei, aber weder die Namen ihrer Auftraggeber noch die Ermächtigungen vorgelegt.

Träte der Legitimationserwerber aber, um diese Folge auszuklammern, zum Schein als Vollrechtsinhaber auf, offenbarte er also weder die Identität seines Hintermannes noch seine Eigenschaft als Legitimationserwerber, dann handelte es sich um eine Form der verdeckten Stellvertretung (prête-nom). Der Erwerber erschiene als Aktionär, ohne es zu sein. Damit verstieße er gegen die Strafvorschrift des Art. 13 Gesetz von 1867, denn er würde vorspiegeln, Eigentümer von Aktien zu sein, die ihm nicht gehören. Auch der Aktionär, der ihm seine Aktien zu diesem Zweck übertrüge, würde sich strafbar machen[46]).

Die verdeckte Stimmermächtigung ist schließlich mit Art. 28 Abs. 2 Gesetz von 1867 nicht vereinbar. Diese Vorschrift zwingt zur Offenlegung von Vertretungsverhältnissen, weil der vertretene Aktionär namentlich im Teilnehmerverzeichnis der Generalversammlung einzutragen ist[47]).

Die genannten Vorschriften des Gesetzes von 1867, die eine Legitimationsübertragung der Aktien verbieten, würden einer Vollrechtsübertragung mit treuhänderischer Bindung im Innenverhältnis nicht entgegenstehen, weil der Treuhänder nach außen wirklicher Berechtigter wird. Nur im Innenverhältnis wird seine Rechtsmacht schuldrechtlich auf die Stimmrechtsausübung beschränkt.

Das französische Recht kennt jedoch überhaupt keine Treuhandverhältnisse. Sie sind mit dem »egalitären Individualismus der revolutionären Gesetzeswerke« nicht vereinbar[48]).

---

[43]) Mutignon, La représentation des actionnaires, p. 66.

[44]) Gegout, aaO, p. 237; Mutignon, aaO, p. 66; vgl. auch Ripert, Traité, Nr. 1174.

[45]) 12. April 1961, Gaz. Pal. 1961,1,387.

[46]) Vgl. Hamel, Le droit pénal spécial des sociétés anonymes, p. 333; Houpin et Bosvieux, Traité, Nr. 1198 und oben B I 6).

[47]) Vgl. Mutignon, aaO, p. 66.

[48]) Savatier, La fiducie en droit français, Rapports préparatoires à la Semaine internationale de droit, Nr. V, p. 57f. und 69.

Die treuhänderische Übertragung der Mitgliedschaft zum Zwecke der Stimmrechtsausübung würde außerdem praktisch wieder eine Abspaltung der Verwaltungsrechte von den Vermögensrechten zur Folge haben und deshalb nichtig sein[49]).

Das Appellationsgericht Paris[50]) erklärte in einem Fall, wo die Aktien nach amerikanischem Vorbild auf eine Trustee-Gesellschaft übertragen wurden, daß es sich um eine Verwahrung handele und daß das Stimmrecht kein eigenes Recht der Trustee-Gesellschaft, sondern ein Recht der Aktionäre sei. Die Gesellschaft durfte das Stimmrecht daher nur als Vertreter ausüben.

Nicht mit der treuhänderischen Übertragung zu verwechseln ist die Übertragung der Aktien unter einer auflösenden Bedingung. Sie ist zulässig und findet sich vor allem im Börsenreportgeschäft. Der Erwerber wird bis zum Eintritt der auflösenden Bindung Aktionär und hat das Stimmrecht. Eine treuhänderische Bindung gegenüber dem Veräußerer besteht hier aber nicht[51]), obwohl das Geschäft zuweilen als »aliénation de la propriété à titre fiduciaire« bezeichnet wird[52]).

6) Das Stimmrecht bei Bestehen eines Pfandrechts oder Nießbrauchs

Die Aktien können mit einem Pfandrecht oder Nießbrauch belastet werden (Art. 581, 2071 c.civ.).

Das Bestehen eines Pfandrechts ändert nichts an der aktienrechtlichen Zuordnung der Verwaltungs- und Vermögensrechte. Deshalb übt der Eigentümer und nicht der Pfandgläubiger das Stimmrecht in den Generalversammlungen aus[53]). Ob das Pfandrecht durch Pfändung oder Verpfändung entstanden ist, macht keinen Unterschied. Eine Übertragung des Stimmrechts durch die Satzung oder durch Vertrag wäre nichtig, weil dadurch eine Aufspaltung von Vermögens- und Verwaltungsrechten entstehen würde[54]).

Schwieriger ist die Frage zu entscheiden, wer das Stimmrecht ausübt, wenn die Aktien mit einem Nießbrauch belastet sind. Nach Art. 578 c.civ. ist der Nießbraucher zur Nutzung des Gegenstandes wie der Eigentümer selbst berechtigt. Durch die Nießbrauchsbestellung entsteht also eine Spaltung der durch die Aktie vermittelten Vermögensrechte. Da nun die Ver-

---

49) Cheminais, Les sociétés »holding«, p. 18; Gegout, aaO, p. 239; Henry, Des sociétés de sociétés, p. 166.

50) 28. November 1924, S. 1924, 2, 49.

51) Vgl. Gegout, aaO, p. 242; Hamel, aaO, p. 333 f.; Ripert, Traité, Nr. 1850ff.

52) So bei Ripert, Traité, Nr. 1177.

53) Hamel, Le droit pénal spécial des sociétés anonymes, p. 335; Hamel et Lagarde, Traité, Nr. 688; Ripert, Traité, Nr. 1177; Req. 8. Dezember 1937, J. soc. 1938,359; Paris 2. Juni 1954, Gaz. Pal. 1954,2,251.

54) Bosvieux, Anm. zu Req. 8. Dezember 1937, aaO; Tunc, Les conventions relatives au droit de vote, Rev. gen. dr. com. 1942,107.

mögensrechte nicht von den Verwaltungsrechten abgetrennt werden können, hat auch eine entsprechende Aufteilung der Verwaltungsrechte zwischen dem Eigentümer und dem Nießbrauchsberechtigten stattzufinden.

Die ordentliche Generalversammlung entscheidet hauptsächlich über die Verwaltung des Gesellschaftsvermögens und die Gewinnverteilung. Die außerordentliche Generalversammlung hingegen faßt solche Beschlüsse, von denen die Mitgliedschaftsverhältnisse unmittelbar betroffen werden. Die Verwaltung des Gesellschaftsvermögens und die Gewinnverteilung interessieren den Nießbraucher mehr als den Eigentümer der Aktien. Umgekehrt ist es der Eigentümer, der von Satzungsänderungen unmittelbar betroffen wird. Demgemäß hat der Nießbraucher das Stimmrecht in der ordentlichen Generalversammlung, während es dem Eigentümer in der außerordentlichen zusteht[55]). Eine umfassende Grundsatzentscheidung über das Stimmrecht in der außerordentlichen Generalversammlung fehlt bisher. Immerhin entschied das Appellationsgericht Alger[56]), daß der Eigentümer stimmberechtigt ist, wenn die Rechtsform der Gesellschaft geändert werden soll.

Der entwickelte Grundsatz, daß der Nießbraucher in der ordentlichen und der Eigentümer in der außerordentlichen Generalversammlung abstimmt, ist dispositives Recht. Es wird allgemein anerkannt, daß einerseits die Satzung etwas anderes bestimmen kann, und daß andererseits, wenn die Satzung nichts anderes bestimmt, Eigentümer und Nießbraucher sich einigen können, wer von beiden das Stimmrecht im eigenen Namen ausüben soll[57]). Das erscheint vernünftig, weil eine klare Trennung der Interessensphären nicht möglich ist. Der Eigentümer ist auch am Ergebnis der ordentlichen, und der Nießbraucher auch am Ergebnis der außerordentlichen Generalversammlung interessiert. Die Satzungsbestimmung oder die Parteivereinbarung verstoßen auch nicht gegen das Verbot, die Freiheit der Stimmrechtsausübung einzuschränken (Art. 10 Décret-Loi vom 31. August 1937), denn der, der an der Abstimmung teilnimmt, wird durch die Vereinbarung nicht verpflichtet, gegen seine Überzeugung in einem bestimmten Sinne abzustimmen[58]).

Die Nießbrauchsbestellung in Verbindung mit einer Vereinbarung darüber, wer das Stimmrecht ausüben soll, ist also das einzige Mittel, wenigstens in begrenztem Umfang eine Spaltung von Vermögens- und Verwaltungsrechten zu erzielen.

---

[55]) Dalsace, L'actionnaire et l'assemblée générale, p. 262; Tunc, Les conventions relatives au droit de vote, Rev. gen. dr. com. 1942,107; Ripert, Traité, Nr. 1177; Hamel et Lagarde, Traité, Nr. 531; Alger 13. Mai 1954, Gaz. Pal. 1954,2,100.

[56]) 13. Mai 1954, aaO.

[57]) Dalsace, aaO, p. 262; Gegout, Filiales et groupements de sociétés, p. 239; Houpin et Bosvieux, Traité, Nr. 1178; Tunc, aaO, p. 107; Ripert, Traité, Nr. 1177; Paris 19. Juli 1935, D.H. 1935,561; Paris 5. April 1937, J. soc. 1939,225.

[58]) Trib. com. Seine 12. Juli 1951, S. 1952,2,125 Anm. Houin; bestätigt durch Paris 1. Juli 1953, J. soc. 1953,193, der Fall de Rothschild c. Blum et S.A. Immobilière Construction de Paris.

III. Die Stimmenmacht

1) Das Quorum

Das Quorum ist eine bestimmte Fraktion des Gesellschaftskapitals, welche in der Generalversammlung vertreten sein muß, damit sie beschlußfähig ist[1]).

Nicht mitgezählt wird dabei der Kapitalanteil, den die Aktien darstellen, die kein Stimmrecht gewähren (Art. 29 und 31 Gesetz von 1867). Das sind in der Gründungsversammlung die Aktien der Aktionäre, deren Sondervorteile und Sacheinlagen gebilligt werden sollen[2]), und in allen Generalversammlungen die eigenen Aktien der Gesellschaft[3]). Wohl zählt aber der Kapitalanteil der Aktionäre, die nicht zur Generalversammlung zugelassen worden sind, mit[4]).

In der ordentlichen Generalversammlung beträgt das Quorum ein Viertel des Gesellschaftskapitals (Art. 30 Abs. 1 Gesetz von 1867). Durch die Statuten kann ein höheres, aber kein geringeres Quorum festgesetzt werden[5]). Wenn das Quorum nicht zusammengekommen ist, ist in den von der Satzung vorgeschriebenen Formen und Fristen eine zweite Generalversammlung einzuberufen. Die Beschlüsse der zweiten Generalversammlung werden ohne Rücksicht auf die Höhe der vertretenen Kapitalfraktion gefaßt (Art. 30 Abs. 2 Gesetz von 1867).

Nach Art. 31 Abs. 3 beträgt das Quorum für die außerordentliche Generalversammlung die Hälfte des Gesellschaftskapitals. Wenn dieses Quorum nicht zusammenkommt, was häufig der Fall ist[6]), ist eine zweite Generalversammlung einzuberufen. Hierbei sind die statutarischen Formen und Fristen zu beachten. Darüber hinaus hat eine Einrückung im B.A.L.O. (Bulletin des annonces légales obligatoires) und in einer Zeitung, die im Departement des Gesellschaftssitzes erscheint und gesetzlich vorgeschriebene Anzeigen aufnehmen darf, zu erfolgen. Diese Einberufung hat die Tagesordnung, das Datum und das Ergebnis der voraufgegangenen Versammlung zu enthalten. Die zweite Versammlung kann frühestens zehn Tage nach der letzten Einrückung abgehalten werden. Das Quorum der zweiten Versammlung beträgt ein Drittel des Gesellschaftskapitals (Art. 31 Abs. 4).

Wenn die zweite Versammlung wieder das Quorum nicht erreicht, kann eine dritte Versammlung einberufen werden. Die Einberufung hat in denselben Formen wie zur zweiten Versammlung zu erfolgen. Darüber hinaus ist die Einberufung in einem täglich erscheinenden Informationsblatt, welches im Departement des Gesellschaftssitzes erscheint, zweimal zu veröffent-

---

[1]) Vgl. dazu Hamel et Lagarde, Traité, Nr. 610, 692, 697; Houpin et Bosvieux, Traité, Nr. 1217ff.; Ripert, Traité, Nr. 1181, 1199.

[2]) Le Havre, 18. März 1930, J. soc. 1931,579; siehe auch oben B II 3).

[3]) Siehe oben A II 5).

[4]) Houpin et Bosvieux, Traité, Nr. 1182; vgl. auch oben B I 1) bis 4).

[5]) Houpin et Bosvieux, Traité, Nr. 1219.

[6]) Ripert, Traité, Nr. 1199.

lichen. Die beiden Veröffentlichungen müssen in einem Abstand von einer Woche erfolgen. Sie können durch eingeschriebene Briefe an jeden einzelnen Aktionär ersetzt werden. Die Anzeigen im Informationsblatt und die eingeschriebenen Briefe müssen ebenfalls die Tagesordnung, das Datum und das Ergebnis der voraufgegangenen Generalversammlungen enthalten. Die dritte Generalversammlung kann frühestens zehn Tage nach der letzten Einrückung oder nach der Absendung der Einschreibebriefe stattfinden. Das Quorum beträgt für diese Versammlung ein Viertel des Gesellschaftskapitals. Wenn auch dieses Quorum nicht zustandekommt, kann die Generalversammlung auf ein späteres Datum, aber um höchstens zwei Monate, vertagt werden. Die Einberufung hat in denselben Formen und Fristen wie zur dritten Versammlung zu erfolgen. Das Quorum beträgt wieder ein Viertel des Gesellschaftskapitals (Art. 31 Abs. 5).

Das Quorum für die Gründungsversammlung ist dasselbe wie für die außerordentliche Generalversammlung (Art. 31 Abs. 3).

Die Quorumsvorschriften des Art. 31 Gesetz von 1867 für die außerordentliche Generalversammlung sind zwingend. Die Satzung kann also weder schärfere noch geringere Anforderungen stellen[7]). Das ist daraus zu folgern, daß das Gesetz vom 1. Mai 1930, welches den Art. 31 abgeändert hat, die Worte »sauf dispositions contraires des statuts« aus der Vorschrift beseitigt hat.

2) Die Mehrheit

In der ordentlichen Generalversammlung werden die Beschlüsse »mit der Mehrheit der Stimmen« gefaßt (Art. 28 Abs. 1 Gesetz von 1867). Der Begriff der Mehrheit ist umstritten. Ein Teil der Lehre verlangt eine absolute Mehrheit, also mindestens die Hälfte der Stimmen aller anwesenden oder vertretenen Aktionäre plus eine. Die Stimmenthaltungen zählen nach dieser Auffassung gegen den vorgeschlagenen Beschluß[8]). Die wohl herrschende Lehre verlangt dagegen nur eine relative Mehrheit. Nach dieser Ansicht werden die Stimmenthaltungen nicht mitgezählt. Der Beschluß ist angenommen, wenn mehr Stimmen dafür als dagegen abgegeben worden sind[9]).

Das Handelsgericht der Seine[10]) hatte sich mit der Wirksamkeit eines Generalversammlungsbeschlusses zu befassen, bei dem von 40.000 Stimmen 20.001 für den Beschluß, 19.979 dagegen und 20 Stimmenthaltungen gezählt worden waren. Bei den Stimmen für den Beschluß befand sich eine Stimme,

---

[7]) Hamel et Lagarde, Traité, Nr. 1199; Cass. civ. 2. Juni 1947, D. 1948,373 Anm. J. Percerou, S. 1947,1,177 Anm. Dalsace, J. soc. 1948,77.

[8]) Houpin et Bosvieux, Traité, Nr. 1183; Lyon-Caen et Renault, Traité, Nr. 851.

[9]) Copper-Royer, Traité, Nr. 545; Hamel et Lagarde, Traité, Nr. 692; Lacour et Bouteron, Précis, Nr. 562; Ripert, Traité, Nr. 1182; Thaller, Traité, Nr. 683; Trib. com.Seine 24. Juli 1883, J. soc. 1884,110; bestätigt durch Paris 24. Juni 1884, J. soc. 1885,719.

[10]) Trib. com. Seine 12. Juli 1951, S. 1952,2,125 Anm. Houin.

die von einem Nießbraucher ausgeübt worden war. Es war streitig, ob der Nießbrauchsberechtigte das Stimmrecht ausüben durfte. Wären die Stimmenthaltungen als Gegenstimmen zu zählen gewesen, dann wäre für die Wirksamkeit des Beschlusses die Stimme des Nießbrauchers entscheidend gewesen. Das Gericht erklärte, der Beschluß sei in jedem Fall gültig, gleichgültig, ob der Nießbraucher stimmen durfte oder nicht. Implizit hat es sich damit der herrschenden Lehre angeschlossen, die die Stimmenthaltungen nicht mitzählt[11]). Der Entscheidung ist zuzustimmen, weil das Gesetz in Art. 28 bestimmt, daß die Beschlüsse mit der Mehrheit der Stimmen (à la majorité des voix) gefaßt werden, und nicht mit mehr als der Hälfte der Stimmen der anwesenden oder vertretenen Aktionäre. Im übrigen ist die Zählweise auch in politischen Abstimmungen üblich, an denen sich das Aktienrecht orientiert hat[12]).

Die Statuten können die Mehrheitserfordernisse für die ordentliche Generalversammlung erschweren, aber nicht erleichtern[13]). Die Erschwerung wird zuweilen eingeführt, um der Minderheit ein Vetorecht zu gewähren. Wenn ein Aktionär zum Beispiel über mehr als ein Drittel der Stimmen verfügt und die Satzung eine Zweidrittelmehrheit verlangt, dann hat der Aktionär eine Sperrminorität, mit der er sich jedem Beschluß widersetzen kann[14]).

In der außerordentlichen Generalversammlung werden die Beschlüsse nach Art. 31 Abs. 6 Gesetz von 1867 mit einer Mehrheit von mindestens zwei Dritteln der Stimmen aller anwesenden oder vertretenen Aktionären gefaßt. Anders als in der ordentlichen Generalversammlung sind hier also die Stimmenenthaltungen als Gegenstimmen zu zählen[15]). Die Mehrheitserfordernisse in der außerordentlichen Generalversammlung können weder erschwert noch erleichtert werden, weil das Gesetz vom 1. Mai 1930 die Worte »sauf dispositions contraires des statuts« aus dem Text des Art. 31 entfernt hat[16]).

Wenn in den Hauptversammlungen nur ein einziger Aktionär erscheint, dann kann er wirksame Beschlüsse fassen, wenn nur die Mehrheits- und Quorumserfordernisse erfüllt sind[17]).

In den Gründungsversammlungen beträgt die erforderliche Mehrheit wie in den außerordentlichen Generalversammlungen zwei Drittel der Stimmen (Art. 31 Abs. 3 Gesetz von 1867). Wenn über Sacheinlagen und Sondervorteile abgestimmt wird, muß diese Mehrheit außerdem mindestens ein Viertel der Kapitalanteile repräsentieren, die durch Bareinlagen aufgebracht wurden. Darüber hinaus müssen mindestens ein Viertel aller Aktionäre für den Beschluß gestimmt haben (Art. 4 Abs.

---

11) Die Entscheidung ist bestätigt durch Paris 1. Juli 1953, J. soc. 1953,193.
12) Hamel et Lagarde, Traité, Nr. 692.
13) Houpin et Bosvieux, Traité, Nr. 1221.
14) Vgl. Cass. com. 5. Januar 1956, Bull. civ. 1956, III, Nr. 10, p. 8.
15) Hamel et Lagarde, Traité, Nr. 697; Ripert, Traité, Nr. 1200.
16) Vgl. Hamel et Lagarde, Traité, Nr. 697; Cass. civ. 2. Juni 1947, D. 1948, 373 Anm. Percerou, S. 1947,1,177 Anm. Dalsace.
17) Paris 19. Juli 1935, D.H. 1935,561.

4 Satz 2 Gesetz von 1867). Für diese Versammlungen ist also nicht nur ein Anwesenheitsquorum (quorum de présence), sondern auch noch ein nicht damit zu verwechselndes, zweimaliges Mehrheitsquorum (quorum de majorité) erforderlich. Die Vorschrift ist nicht nur wegen ihrer Kompliziertheit problematisch. Bei Nachgründungen weiß die Gesellschaft meist nicht, wieviele Aktionäre sie hat und kann demgemäß nicht feststellen, ob sich innerhalb der Mehrheit wenigstens ein Viertel aller Aktionäre befindet[18]).

Wie bereits erwähnt, kann die Satzung die Mehrheitserfordernisse für die ordentliche Generalversammlung erschweren. Die Erschwerung ist mit einer Ausnahme für alle Arten von Beschlüssen zulässig: Nach Art. 22 Gesetz von 1867 können die Mitglieder des Verwaltungsrates jederzeit ohne Angabe von Gründen durch die ordentliche Generalversammlung von ihrem Amt abberufen werden (revocabilité ad nutum). Der Satz der freien Abberufbarkeit ist zwingend (Art. 41 Gesetz von 1867). Jede Einschränkung ist daher unzulässig. Wenn die Satzung für die Abberufung der Verwaltungsratsmitglieder eine höhere als die einfache Mehrheit vorschriebe, würde darin eine Einschränkung der freien Abberufbarkeit liegen. Die Abberufung kann daher auch bei entgegenstehenden Satzungsbestimmungen jederzeit mit einfacher Mehrheit erfolgen[19]).

3) Der Proportionalitätssatz

»A participation égale, droit de vote égal«, sagt ein Rechtssprichwort. In der Aktiengesellschaft bestimmt sich die Stimmenmacht der Aktionäre nach der Höhe ihres Kapitalanteils. Die Anzahl der Stimmen, über die ein Aktionär verfügt, ist genau proportional zur Fraktion des Gesellschaftskapitals, welches seine Aktie oder seine Aktien repräsentieren. Diese Entsprechung zwischen Kapitalanteil und Stimmenpotential in der Generalversammlung kennzeichnete Bourcart[20]) treffend mit dem berühmt gewordenen Satz: »Ce sont des sacs d'écus qui délibèrent.«

Der Proportionalitätssatz hat in Art. 1 Abs. 1 des Gesetzes vom 13. November 1933 seinen Niederschlag gefunden: »In der Aktionärsversammlung ist das mit den Aktien verbundene Stimmrecht zwingend proportional zum gezeichneten Kapitalanteil, welchen sie jeweils repräsentieren... «[21]). Das Gesetz bestimmt ausdrücklich, daß der Satz zwingend ist[22]).

Das Stimmrecht ist proportional zum »Kapitalanteil«. Es bestimmt sich also nach dem Nennwert der Aktien. Bei Überpariemissionen bleibt das Agio für die Bemessung der Stimmenmacht außer Betracht.

---

[18]) Für Einzelheiten vgl. Hamel et Lagarde, Traité, Nr. 610; Pic et Kréher, Des sociétés commerciales, Nr. 943.

[19]) Douai 24. Mai 1962, J.C.P. 1962,2,12871; P. Bosvieux, De la validité de clauses tendant à harmoniser les rapports entre groupes d'actionnaires, J. soc. 1963,71.

[20]) De l'organisation et des pouvoirs des assemblées générales dans les sociétés par actions, p. 127.

[21]) Die Ausnahmen werden in den folgenden Abschnitten behandelt.

[22]) Ripert, Traité, Nr. 1162, 1180.

Das Stimmrecht ist proportional zum »gezeichneten« Kapitalanteil. Daraus folgt, daß auch Aktien, auf die die Einlage nicht voll geleistet ist, das gleiche Stimmrecht gewähren wie die übrigen Aktien[23]). Damit wird eine Umgehung des Proportionalitätssatzes möglich. Es genügt zum Beispiel, eine Kapitalerhöhung beschließen zu lassen und dann die Kapitaleinlage auf die neuen Aktien nicht voll einzufordern. Diese Umgehungsgefahr ist jedoch nicht sehr groß, weil Art. 1 des Gesetzes vom 4. März 1943 bestimmt, daß die volle Einlage spätestens innerhalb von fünf Jahren nach Vollendung der Gesellschaftsgründung (vgl. Art. 25 Abs. 4 und 5 des Gesetzes von 1867), beziehungsweise nach der Erhöhung des Kapitals zu leisten ist.

Der Proportionalitätssatz gilt nicht nur für Aktien, auf die eine Bareinlage zu leisten ist, sondern auch für Gratisaktien und für Aktien, auf die eine Sacheinlage zu leisten ist. Insofern ist der vom Gesetz verwandte Ausdruck »gezeichneter Kapitalanteil« (quotité du capital social souscrit) nicht ganz treffend[24]).

Wenn das Kapital durch Reduzierung des Nennwertes einer Aktienkategorie herabgesetzt wird, dann gewähren die betreffenden Aktien eine entsprechend geringere Stimmenmacht. Auch hier zeigt es sich, daß das Gesetz mißverständlich ist, wenn es vom »gezeichneten« Kapitalanteil spricht[25]). Inwieweit die sogenannten amortisierten Aktien (actions de jouissance) das Stimmrecht gewähren, ist bereits oben[26]) erörtert worden.

Der Proportionalitätssatz gilt für alle Aktienkategorien und für alle Arten von Aktionärsversammlungen. Die Aktien verschiedener Kategorien dürfen in keinem Fall ein verschieden starkes Stimmrecht gewähren. Die Stimmenmacht, die die einzelne Aktie vermittelt, richtet sich immer nach ihrem Nennwert. Bestehen Aktien mit verschiedenem Nennwert, dann vermitteln sie auch eine entsprechend verschiedene Stimmenmacht.

Der Proportionalitätssatz verbietet auch die Einführung eines gleitenden Stimmrechts (droit de vote à glissière)[27]).

Ergänzend bestimmt Art. 1 Abs. 4 Ziff. 1 des Gesetzes von 1933, daß jede Aktie wenigstens eine Stimme gewährt. Es ist also nicht möglich, daß die Satzung für mehrere Aktien nur eine Stimme gibt. Umgekehrt kann sie aber bestimmen, daß eine Aktie mehrere Stimmen vermittelt, was dann notwendig werden kann, wenn Aktien mit verschieden hohem Nennwert ausgegeben worden sind.

Jede Verletzung des Proportionalitätssatzes hat gemäß Art. 4 Gesetz vom 13. November 1933 die Nichtigkeit der Beschlüsse zur Folge, es sei denn, die Verletzung hätte keinen Einfluß auf das Beschlußergebnis ge-

---

[23]) Escarra et Rault, Traité, Nr. 1111; Maurel, Le nouveau statut des actions à vote privilégié, p. 43; Michel, Le régime légal du droit de vote dans les assemblées d'actionnaires, J.C.P. 1934,130.

[24]) Escarra et Rault, Traité, Nr. 1111; Houpin et Bosvieux, Traité, Nr. 1184-III.

[25]) Escarra et Rault, Traité, Nr. 1115; Houpin et Bosvieux, Traité, Nr. 1184-IV; Michel, aaO, p. 130.

[26]) B II 2).

[27]) Escarra et Rault, Traité, Nr. 1117.

habt[28]). Außerdem werden die Mitglieder des Verwaltungsrates, die die Verletzung zu verantworten haben, mit einer Geldstrafe von 360,– bis 3.600 F bedroht. Die Nichtigkeitsklage verjährt in 5 Jahren (Art. 8 Abs. 7 Gesetz von 1867 in entsprechender Anwendung).

Das Appellationsgericht Douai[29]) hatte die Wirksamkeit einiger Satzungsbestimmungen einer französischen Aktiengesellschaft (S.A. de la Nave) wegen Verletzung des Proportionalitätsgesetzes zu überprüfen.

Die Gesellschaft, die Grubenzubehör herstellte, war in Liquiditätsschwierigkeiten geraten. Sie wandte sich daher an eine zur Bochumer Eisenhütte Heintzmann & Co GmbH gehörige Gruppe und bat sie um eine Kapitalbeteiligung. Die Bochumer Gruppe machte ihre Beteiligung davon abhängig, daß sie entweder die Mehrheit der Aktien bekäme oder daß sie doch die gleichen Rechte wie die Gruppe der übrigen Aktionäre erhielte. Darauf beschloß die »Nave« eine Kapitalerhöhung und übertrug die neuen Aktien an die Bochumer Gruppe. Die neuen Aktien repräsentierten 40% des erhöhten Gesellschaftskapitals. Gleichzeitig wurde die Satzung dahin abgeändert, daß der Verwaltungsrat mindestens zur Hälfte aus der Gruppe der deutschen Aktionäre zu wählen sei und daß bei Stimmengleichheit im Verwaltungsrat die Stimme des Präsidenten nicht den Ausschlag gäbe. Der Verwaltungsrat hatte aus mindestens vier und höchstens zwölf Personen zu bestehen. Ferner bestimmten die neuen Statuten, daß die Beschlüsse in der ordentlichen Generalversammlung (die insbesondere den Verwaltungsrat bestellt) mit $^2/_3$-Mehrheit zu fassen seien. Mit der Satzungsänderung hatte die Bochumer Gruppe erreicht, daß alle Beschlüsse, seien es Generalversammlungs- oder Verwaltungsratsbeschlüsse, nur mit ihrer Zustimmung gefaßt werden konnten.

Da die Bochumer Gruppe sich aus vier Aktionären zusammensetzte, wählte die Generalversammlung diese vier Personen und vier Vertreter der Gruppe der alten Aktionäre in den Verwaltungsrat. Es entstand Streit zwischen beiden Gruppen wegen der Verwertung eines der »Nave« gehörigen Patentes. Dieses Patent war geeignet, einem anderen Patent Konkurrenz zu machen, welches von einem Mitglied der Bochumer Gruppe ausgewertet wurde. Wegen dieser Unstimmigkeiten war der Verwaltungsrat der »Nave« zur völligen Untätigkeit verdammt. Die Vertreter der französischen Aktionärsgruppe, die 60% des Kapitals besaßen, klagten auf Nichtigerklärung der satzungsändernden Bestimmungen. Das Gericht gab der Klage statt.

Die Klausel, nach der der Verwaltungsrat mindestens zur Hälfte aus den Aktionären der deutschen Gruppe zu wählen war, war nach Ansicht des Gerichtes nichtig, weil sie die Freiheit der Stimmrechtsausübung einschränkte[30]).

Das Gericht führt weiter aus, daß a priori nichts dagegen einzuwenden sei,

---

[28]) Escarra et Rault, Traité, Nr. 1118; Houpin et Bosvieux, Traité, Nr. 1184–V.

[29]) 24. Mai 1962, J.C.P. 1962,2,12871 Anm. D. Bastian; J.C.P. éd. C.I. 1962, Jur. 71272; Rev. soc. 1963,69 Anm. Du Pontavice.

[30]) Art. 10 Décret-Loi vom 31. August 1937; vgl. dazu unten C I 6).

wenn die Satzung eine höhere als die gesetzlich vorgeschriebene Mehrheit für die ordentliche Generalversammlung verlangt, die einzelnen Satzungsbestimmungen seien jedoch in ihrem Zusammenhang zu betrachten (Art. 1161 c.civ.). Die geschickte Kombinierung der statutarischen Bestimmungen, nach denen einerseits die Beschlüsse mit $^2/_3$-Mehrheit zu fassen seien und andererseits jede der beiden Aktionärsgruppen in gleicher Stärke im Verwaltungsrat vertreten sein müßte, hätten praktisch die Wirkung, jeder Aktie der Bochumer Gruppe ein gewichtigeres Stimmrecht als den Aktien der anderen Gruppe zu geben. Die Klauseln seien daher wegen Verstoßes gegen den Proportionalitätssatz für nichtig zu erklären.

In diesem Punkt ist die Entscheidung angreifbar. Es war nicht das Zusammenspiel der beiden Klauseln, sondern allein das Erfordernis der $^2/_3$-Mehrheit, welches die Bochumer Gruppe in die Lage versetzte, die Gesellschaft zur Untätigkeit zu verdammen. Die Klausel, nach der die Beschlüsse in der ordentlichen Generalversammlung mit $^2/_3$-Mehrheit zu fassen waren, stellte keine Verletzung des Proportionalitätssatzes dar. Das Gesetz verlangt für die außerordentliche Generalversammlung auch eine $^2/_3$-Mehrheit. Es ist aber noch niemand auf den Gedanken gekommen zu behaupten, in der außerordentlichen Generalversammlung hätten die Besitzer von 34% der Aktien ein verhältnismäßig stärkeres Stimmrecht als die übrigen Aktionäre[31]). Nach der Satzungsbestimmung war es auch nicht so, daß jede der beiden Gruppen das Recht zur Entsendung einer gleich hohen Zahl von Verwaltungsratsmitgliedern hatte, sondern alle Aktionäre waren dazu berufen, alle Verwaltungsratsmitglieder zu wählen.

Bastian[32]) meint, die Satzungsbestimmungen hätten nicht wegen Verstoßes gegen das Proportionalitätsgesetz für nichtig erklärt werden dürfen, sondern wegen der offenbaren, mit den Satzungsbestimmungen verfolgten Absicht, das Proportionalitätsgesetz zu umgehen (fraude à la loi). Gegen diese Argumentation bestehen Bedenken, denn grundsätzlich können die interessierten Parteien ihre rechtlichen Beziehungen so gestalten, daß das Gesetz sie nicht trifft. Das folgt aus dem Prinzip der Vertragsfreiheit[33]).

P. Bosvieux[34]) stimmt der Entscheidung zu. Auch er meint, das Gericht hätte das Urteil besser darauf stützen sollen, daß die Parteien offenbar die Absicht hatten, das Proportionalitätsgesetz zu umgehen[35]). Zum Vergleich zieht er mehrere Beispiele heran[36]): Die Generalversammlung setzt sich aus einer Mehrheitsgruppe und mehreren Minderheitsgruppen zusammen; sie wird, wie hier, aus einer Mehrheitsgruppe und einer Minderheitsgruppe gebildet; es ist überhaupt keine Mehrheitsgruppe vorhanden. Im ersten und im letzten Fall wären die streitigen Satzungsbestimmungen zweifellos

[31]) Anmerkung D. Bastian, aaO.
[32]) In der zitierten Anmerkung.
[33]) Ripert et Boulanger, Traité de droit civil, Nr. 702.
[34]) De la validité de clauses tendant à harmoniser les rapports entre groupes d'actionnaires, J. soc. 1963,65.
[35]) p. 70.
[36]) p. 73ff.

unangreifbar gewesen, weil man hier nicht im voraus sagen könnte, welcher der Gruppen die Bestimmungen zugute kommen würden.

In dem Fall aber – und nur in diesem –, wo sich eine Mehrheitsgruppe und eine Minderheitsgruppe gegenüberstünden, läge in den fraglichen Satzungsbestimmungen ein impliziter Verzicht der Mehrheitsgruppe auf ihre Rechte, die ihr Art. 28 Abs. 1 des Gesetzes von 1867 gewährte. Nach Art. 28 werden die Beschlüsse mit der einfachen Mehrheit gefaßt. Wenn die Mehrheitsgruppe sich mit einer $^{2}/_{3}$-Mehrheit einverstanden erklärte, verzichtete sie auf den ihr aus Art. 28 zustehenden Vorteil. Dieser Verzicht sei angreifbar, weil seine Wirkung darin bestünde, daß die Minderheitsgruppe dauernd so gestellt werde, als hätte sie eine größere Stimmenmacht als ihr nach dem Proportionalitätsgesetz zustünde. Der Verzicht sei unwirksam, weil er nur der einzigen Minderheitsgruppe zugute kommen konnte.

Die Argumentation wirkt im ersten Augenblick überzeugend. Es entspricht nicht dem anonymen Charakter der Aktiengesellschaft, wenn einer genau bestimmten oder genau bestimmbaren Minderheit institutionell die Möglichkeit garantiert wird, sich gegen jeden Beschluß in der Generalversammlung zu sperren. Damit erhält die Ansehung der Person (intuitus personae) eine Bedeutung, die ihr nicht zukommt. Die Satzung der Aktiengesellschaft ist nach dem Willen des Gesetzgebers intuitu pecuniae aufzustellen. Darin unterscheidet sie sich von den Personengesellschaften.

Die Schlußfolgerung ist jedoch nicht zwingend. Die angefochtenen Satzungsbestimmungen regelten nicht die Beziehungen einer bestimmten Minderheitsgruppe zu einer bestimmten Mehrheitsgruppe, sondern waren abstrakt gefaßt. Es hätte genügt, daß innerhalb einer der Gruppen Uneinigkeit entstand oder daß eine der Gruppen einen Teil ihrer Aktien an gruppenfremde Personen veräußert hätte, denn in diesem Moment wäre das scheinbar institutionalisierte Machtverhältnis wieder »aufgetaut«. Es waren also nicht die streitigen Satzungsbestimmungen, sondern die tatsächlichen Umstände, die zu der unhaltbaren Situation führten.

Demgemäß hätten der klagenden Gruppe richtiger Ansicht nach zwei Möglichkeiten offengestanden: Sie hätte gegen die Minderheitsgruppe auf Zustimmung zu den im Gesellschaftsinteresse notwendigen Maßnahmen klagen können, weil die Weigerung, diesen Maßnahmen zuzustimmen, einen Machtmißbrauch der Minderheit (abus de minorité) darstellt[37]). Da die Unstimmigkeiten in der Generalversammlung und im Verwaltungsrat den Fortbestand der Gesellschaft gefährdeten, hätte die Mehrheitsgruppe aber auch gegen die Minderheitsgruppe auf Zustimmung zur Änderung der in concreto gefährlichen Satzungsbestimmungen klagen können, weil auch hier die Weigerung, zuzustimmen, rechtsmißbräuchlich gewesen wäre.

Der Erfolg der Klagen hätte natürlich davon abgehangen, ob das Verhalten der Bochumer Gruppe schuldhaft war. Wenn keine der antagonistischen Gruppen ein Verschulden traf, hätte schließlich noch die Möglichkeit

[37]) Siehe dazu Trib. com. Seine 12. Juli 1951, S. 1952,2,125 Anm. Houin; Besançon 5. Juni 1957, D. 1957,605 Anm. Dalsace.

bestanden, auf Auflösung der Gesellschaft wegen wichtigen Grundes (motif légitime, Art. 1871 c.civ.) zu klagen.

4) Mehrstimmrechtsaktien

Als das Gesetz vom 13. November 1933 erlassen wurde, gab es in Frankreich eine große Zahl von Gesellschaften, die Mehrstimmrechtsaktien ausgegeben hatten. Die Praxis der Mehrstimmrechtsaktien kam im Jahre 1911 auf[38]). Es scheint, daß sie aus Deutschland eingewandert sind[39]).

Das Gesetz vom 13. November 1933 beseitigte zwar grundsätzlich die bestehenden Mehrstimmrechtsaktien[40]), es läßt aber doch gewisse Ausnahmen zu. Art. 6 sieht vor, daß in zwei Fällen bestehende Mehrstimmrechtsaktien beibehalten werden können[41]).

»... in den Gesellschaften, deren Kapital aus Gründen des öffentlichen Interesses (pour un motif d'intérêt général) zum Teil dem Staat, den Départements, den Gemeinden oder anderen juristischen Personen des öffentlichen Rechts (établissements publics) gehört, ... wird das Stimmrecht weiterhin durch die Satzung geregelt, die am Tage der Verkündung dieses Gesetzes galt.«

Diese Ausnahme betrifft also die gemischtwirtschaftlichen Betriebe (sociétés d'économie mixte)[42]). Der Staat muß die Kapitalbeteiligung aus Gründen des öffentlichen Interesses halten. Ob das der Fall ist, ergibt sich meist aus dem Gesetz, durch das die Gründung der Gesellschaft angeordnet worden ist, so bei der Société Air France und der Cie. Générale Transatlantique[43]). Dort, wo die Mehrstimmrechtsaktien bei Verkündung des Gesetzes von 1933 noch nicht bestanden, wurden sie später verschiedentlich durch besondere gesetzliche Vorschrift eingeführt, so für die Messageries Maritimes durch Gesetz vom 28. Februar 1948[44]).

Der zweite Fall, in dem nach Art. 6 des Gesetzes vom 13. November 1933 die bei Verkündung des Gesetzes bestehenden Mehrstimmrechtsaktien beibehalten werden konnten, betrifft die Gesellschaften, die »... die Auswertung von staatlichen Konzessionen außerhalb Kontinentalfrankreichs (France métropolitaine) zum Gegenstand haben ...« Der Vorteil kommt also französischen Gesellschaften zugute, die von einer Behörde eine Konzession verliehen bekommen haben, die außerhalb Kontinentalfrankreichs belegen

---

[38]) Lesaché, Rapport fait au nom de la commission de législation..., J. soc. 1926,604.

[39]) Thaller, Traité, Nr. 594bis.

[40]) Übergangsvorschriften: vgl. Art. 3 des Gesetzes und Cheminais, La réglementation du droit de vote dans les assemblées d'actionnaires des sociétés par actions.

[41]) Vgl. Escarra et Rault, Traité, Nr. 1109f.; Hamel et Lagarde, Traité, Nr. 547; Ripert, Traité, Nr. 1162, 1164.

[42]) Näheres über die gemischtwirtschaftlichen Betriebe bei Hamel et Legarde, Traité, Nr. 930ff.

[43]) Escarra et Rault, Traité, Nr. 1109.

[44]) Hamel et Lagarde, Traité, Nr. 547.

ist[45]). Es handelt sich dabei meist um Gruben- oder Erdölgerechtsamen. Der Gesellschaftszweck muß die Auswertung der Konzession enthalten. Die Gesellschaften werden Konzessionsgesellschaften genannt (sociétés concessionnaires). Nicht erforderlich ist es, daß die Konzession in öffentlichem Interesse ausgewertet wird[46]). Der Zweck der Ausnahmebestimmung ist daher anders als bei den gemischtwirtschaftlichen Betrieben nicht unmittelbar der Schutz öffentlicher Interessen, sondern der Schutz gegen ausländischen Kapitaleinfluß[47]). Das Privileg gilt nur für Gesellschaften, die das Mehrstimmrecht schon vor Verkündung des Gesetzes vom 13. November 1933 eingeführt hatten[48]).

Französische Gesellschaften, die im Ausland eine Konzession erwerben wollen, werden oft nicht selbst die Erteilung der Konzession beantragen, sondern in dem betreffenden Land eine Tochtergesellschaft gründen, die die Nationalität des Landes besitzt und daher die Konzession leichter bekommt. Hier erhebt sich die Frage, ob die französische Muttergesellschaft Mehrstimmrechtsaktien beibehalten darf. Das Handelsgericht der Seine entschied am 8. Juni 1938[49]), daß die Ausnahmeregelung des Art. 6 Gesetz von 1933 auch für eine französische Erdölgesellschaft gilt, deren ausländische Tochtergesellschaften Industriekonzessionen auswerten, wenn die tatsächliche, technische und finanzielle Leitung der ausländischen Unternehmen bei der französischen Gesellschaft liegt. Das Vermögen der Gesellschaftsgruppe bestand im wesentlichen aus polnischen Erdölkonzessionen. Die Bilanz der Muttergesellschaft wies alle Posten der Bilanzen der Töchter aus. Die Tochtergesellschaften wurden von einem französischen Zentralbüro aus verwaltet. Das Gericht entschied, daß es sich bei der Gruppe um eine vermögensrechtliche Einheit handelte. Die eigene Rechtspersönlichkeit der Tochtergesellschaften sei lediglich eine »façade« (Fassade, Schein, Schleier). Es erklärte demgemäß einen Generalversammlungsbeschluß, der dank einiger Aktien mit zweihundertfachem Stimmrecht zustandegekommen war, für wirksam.

Die Entscheidung ist aus zweierlei Gründen interessant: Einmal zeigt sie, wie sich die französische Rechtsprechung dort, wo die Mitglieder der Gesellschaftsgruppe eng miteinander verbunden sind, über deren rechtliche Selbständigkeit mit der Theorie von der »société de façade« hinwegsetzt. Solche Entscheidungen sind nicht selten, sie beschäftigen sich aber meist mit der Haftung der einen Gesellschaft für die Schulden der anderen innerhalb oder außerhalb des Konkurses. Das besondere an dieser Entscheidung ist, daß hier einmal die »Fassadentheorie« nicht zu Lasten, sondern zu Gunsten der Obergesellschaft angewandt wurde.

Der Wert der Entscheidung wird etwas dadurch in Frage gestellt, daß das

---

[45]) Vgl. dazu Escarra et Rault, Traité, Nr. 1109f.; Hamel et Lagarde, Traité, Nr. 547; Ripert, Traité, Nr. 1164.
[46]) Escarra et Rault, Traité, Nr. 1109 m.w.N.
[47]) Ripert, Traité, Nr. 1164.
[48]) Escarra et Rault, Traité, Nr. 1110.
[49]) Gaz. Pal. 1938,2,874; J. soc. 1939,423.

Gericht sich offenbar stark von nationalen Erwägungen hat leiten lassen und rechtstheoretische Bedenken angesichts der »Überfremdungsgefahr« zurückgestellt hat. Escarra et Rault[50]) lehnen die Entscheidung mit dem Hinweis auf die rechtliche Selbständigkeit der Tochtergesellschaften ab.

5) Doppelstimmrechtsaktien

Die Mehrstimmrechtsaktien waren in Frankreich heftig umstritten. Copper-Royer[51]) bezeichnete sie als »logische Notwendigkeit« und kämpfte gegen die »Brutalität« derer, die sich für das Proportionalitätsgesetz einsetzten. Hémard[52]) wandte dagegen ein: »Le vote plural est la solution paresseuse de la gestion des sociétés«. Percerou[53]) sieht die Hauptgefahr der Mehrstimmrechtsaktien darin, daß Aktionäre, die kein Interesse an der Prosperität der Gesellschaft haben, mit wenigen Aktien den Gang der Geschäfte bestimmen können. Er räumt indes ein, daß die Mehrstimmrechtsaktien den Vorteil der Klarheit, Publizität und Sicherheit hätten. Viel gefährlicher sei die gruppenmäßige Verflechtung von Gesellschaften, weil sie nicht bekannt würde.

Lesaché[54]), der heftigste Feind der Mehrstimmrechtsaktien, erkennt deren Vorteil insoweit an, als sie gestatten, den Einfluß der ausländischen Konkurrenz in der Gesellschaft zu reduzieren.

Das Gesetz vom 13. November 1933, welches schließlich nach langen Diskussionen zustandekam, stellt einen Kompromiß dar. Nachdem es in Art. 1 Abs. 1 den Proportionalitätssatz aufstellt, bestimmt es in Art. 1 Abs. 2 weiter: »Folgenden Aktien kann ausnahmsweise ein Stimmrecht verliehen werden, welches im Verhältnis zum Kapitalanteil, den sie repräsentieren, doppelt so stark ist wie das der Inhaberaktien: einerseits durch die Statuten den Namensaktien, die von Anfang an voll eingezahlt sind, andererseits durch diese Statuten oder einen späteren außerordentlichen Generalversammlungsbeschluß allen voll eingezahlten Aktien, für die nachgewiesen wird, daß sie im Aktienbuch bereits seit mindestens zwei Jahren auf den Namen desselben Aktionärs eingetragen sind; unberührt bleiben die die ausländischen Aktionäre betreffenden Satzungsbestimmungen...«. Abs. 3 bestimmt weiter: »Dieses doppelte Stimmrecht endigt automatisch und ohne Rücksicht auf entgegenstehende Satzungsbestimmungen für alle Aktien, die auf den Inhaber umgeschrieben worden sind oder die durch Umschreibung auf einen anderen Berechtigten übergegangen sind. Jede

---

50) Traité, Nr. 1109,

51) Traité, Nr. 314.

52) Zitiert nach Bourcart, De l'intuitus personae dans les sociétés anonymes, J. soc. 1927. 530.

53) Rapport au congrès international de droi comparé de la Haye de 1932, Ann. dr. com. 1932,204f.

54) Rapport fait au nom de la commission de législation civile et criminelle, chargée d'examiner la proposition de loi de M. Lesaché et plusieurs de ses collègues tendant à modifier l'art. 34 du code de commerce (suppression des actions à vote plural), J. soc. 1926,618.

Umschreibung von einem Namen auf einen anderen auf Grund einer gesetzlichen oder testamentarischen Erbfolge oder der Teilung einer Gütergemeinschaft zwischen Eheleuten unterbricht die Zweijahresfrist nicht und läßt das erworbene Recht weiterbestehen. Die Vorschrift findet bei Schenkungen unter Lebenden zugunsten eines Ehegatten oder eines erbfähigen Verwandten entsprechende Anwendung.«

Art. 2 desselben Gesetzes lautet: »Jede Einberufung einer außerordentlichen Generalversammlung, die die Schaffung eines erhöhten Stimmrechts beschließen soll, muß eine Tagesordnung enthalten, aus der sich dieser Versammlungsgegenstand eindeutig ergibt; anderenfalls ist der Beschluß nichtig. Für die Beschlüsse dieser Versammlungen gelten insoweit die Vorschriften des Art. 31 Abs. 4 und 5 des Gesetzes vom 24. Juli 1867.«

Nach dem relativ komplizierten Gesetz lassen sich zwei Fälle unterscheiden:

Das doppelte Stimmrecht soll bereits bei Gründung der Gesellschaft gewährt werden. Hier müssen folgende Voraussetzungen erfüllt sein[55]): Die erste Gesellschaftssatzung muß das doppelte Stimmrecht ausdrücklich vorsehen. Das Privileg gilt nur für Aktien, die von Anfang an Namensaktien waren. Diese Aktien müssen vor Vollendung der Gründung voll eingezahlt sein. (Die Gründung ist nach Art. 25 Abs. 4 Ges.v. 1867 vollendet, wenn der erste Verwaltungsrat und die Prüfungskommissare ihr Amt gegenüber der Gründerversammlung angenommen haben.) Die Aktionäre erhalten das doppelte Stimmrecht nicht automatisch, sondern müssen es ausdrücklich verlangen. Für Ausländer oder ausländische Gesellschaften kann der Erwerb des doppelten Stimmrechts durch die Satzung erschwert oder ausgeschlossen werden. (Ob eine Gesellschaft inländisch oder ausländisch ist, richtet sich danach, wo ihr tatsächlicher Gesellschaftssitz liegt[56]). Das Doppelstimmrecht darf nicht einer bestimmten Aktionärsgruppe vorbehalten sein, weil damit der Gleichheitssatz verletzt würde[57]). Ebensowenig kann einer bestimmten Aktionärsgruppe verboten werden, die volle Einlage sofort zu leisten, damit sie das doppelte Stimmrecht nicht erhalte[58]). Der Gleichheitssatz gilt aber nur unter den ursprünglichen Aktionären. Später hinzukommenden, die im übrigen die gesetzlichen Bedingungen erfüllen, braucht das doppelte Stimmrecht nicht gewährt zu werden[59]).

Die Kapitalerhöhung ist der Gründung nicht gleichgestellt. Bei einer Kapitalerhöhung kann den neuen Aktionären also nicht sofort das doppelte Stimmrecht gegeben werden[60]).

---

[55]) Vgl. Copper-Royer, La loi du 13 Novembre 1933 et les actions à vote privilégié, p. 41ff.; Escarra et Rault, Traité, Nr. 1119ff.; Houpin et Bosvieux, Traité, Nr. 1184–VI und VII; Ripert, Traité, Nr. 1166ff.

[56]) Maurel, Le nouveau statut des actions à vote privilegié, p. 59.

[57]) Escarra et Rault, Traité, Nr. 1121; Houpin et Bosvieux, Traité, Nr. 1184–VI; a.A. Copper-Royer, La loi du 13 novembre 1933, p. 46.

[58]) Escarra et Rault, Traité, Nr. 1121; J. Tamboise, Le nouveau régime du droit de vote dans les sociétés par actions, p. 128.

[59]) Escarra et Rault, Traité, Nr. 1121; Houpin et Bosvieux, Traité, Nr. 1184–VI.

[60]) Escarra et Rault, Traité, Nr. 1120.

Wenn das doppelte Stimmrecht zu einem späteren Zeitpunkt eingeführt werden soll, müssen die nachstehenden Bedingungen erfüllt sein[61]): Das doppelte Stimmrecht muß in der ursprünglichen Satzung vorgesehen sein oder durch einen Beschluß der außerordentlichen Generalversammlung eingeführt werden. Dieser Beschluß ist nichtig, wenn die Tagesordnung das Beschlußthema nicht genau bezeichnet hatte. Das Privileg kann nur Namensaktien gewährt werden. Diese Aktien müssen im Moment der Gewährung des doppelten Stimmrechts voll eingezahlt sein. Das doppelte Stimmrecht wird nur den Aktionären gewährt, die nachweisen, daß die Aktien seit mindestens zwei Jahren im Register der Gesellschaft auf ihren Namen eingetragen sind (Namensaktien können im französischen Recht nicht durch Indossament übertragen werden, sondern nur durch Umschreibung im Aktienbuch, Décret vom 26. Oktober 1934). Die Zweijahresfrist kann durch die Satzung verlängert, aber nicht verkürzt werden[62]). Auch hier gilt der Gleichheitssatz. Das doppelte Stimmrecht kann nicht bestimmten Gruppen verweigert werden, insbesondere nicht der Gruppe der alten Aktionäre, wenn es gelegentlich einer Kapitalerhöhung eingeführt werden soll. Das folgt schon aus dem Wortlaut des Gesetzes: »à toutes les actions« (Art. 1 Abs. 2). Die Aktionäre müssen das doppelte Stimmrecht wieder ausdrücklich verlangen.

Der Gleichheitssatz wird nicht verletzt, wenn in der Satzung das doppelte Stimmrecht vorgesehen ist, bei einer Kapitalerhöhung aber für die neuen Aktien ausgeschlossen oder an erschwerte Bedingungen geknüpft wird[63]).

Das doppelte Stimmrecht gilt für alle Arten von Aktionärsversammlungen, also für die ordentliche und die außerordentliche Generalversammlung und auch für die Spezialversammlungen des Art. 34 Abs. 4 c.com. Die Satzung kann aber etwas anderes bestimmen[64]).

Das doppelte Stimmrecht, beziehungsweise die Anwartschaft darauf erlischt, wenn die Namensaktie auf den Inhaber gestellt wird. Es hängt von den Statuten ab, ob bei neuerlicher Umschreibung auf den Namen das doppelte Stimmrecht nach erneutem Ablauf der zweijährigen Frist wieder verlangt werden kann. Wenn die Statuten nichts anderes bestimmen, läuft die Frist von neuem[65]). Das doppelte Stimmrecht geht auch verloren, wenn das Eigentum an der Aktie durch Umschreibung im Aktienbuch übertragen wird. Auch die Übertragung des Miteigentums von einem Miteigentümer auf den anderen hat den Verlust zur Folge[66]). Eine Verpfändung der Aktie berührt dagegen das doppelte Stimmrecht nicht. Ob der Erwerber das

---

[61]) Vgl. Copper-Royer, La loi du 13 novembre 1933, p. 41ff.; Escarra et Rault, Traité, Nr. 1122; Houpin et Bosvieux, Traité, Nr. 1184-VII; Ripert, Traité, Nr. 1167.

[62]) Dalloz, Répertoire de droit commercial et des sociétés, T. III, V° Assemblées générales Nr. 214 m.w.N.; J. Tamboise, Le nouveau régime, p. 110.

[63]) Houpin et Bosvieux, Traité, Nr. 1184-VI.

[64]) Escarra et Rault, Traité, Nr. 1126; Houpin et Bosvieux, Traité, Nr. 1184-VI; Maurel, Le nouveau statut, p. 54; J. Tamboise, Le nouveau régime, p. 137.

[65]) Escarra et Rault, Traité, Nr. 1123; Houpin et Bosvieux, Traité, Nr. 1184-IX.

[66]) Copper-Royer, La loi du 13 novembre 1933, p. 51.

Doppelstimmrecht nach Ablauf einer neuen Zweijahresfrist verlangen kann, hängt wieder von der Satzung ab. Ist die Aktie mit einem Nießbrauch belastet und wird dann der Nießbrauch oder das Eigentum auf einen anderen übertragen, dann geht das doppelte Stimmrecht verloren, wenn der Inhaber des Stimmrechts wechselt[67]).

Das doppelte Stimmrecht geht nicht verloren bei gesetzlicher oder testamentarischer Erbfolge, bei güterrechtlicher Teilung, bei Vermächtnissen und bei Schenkungen zugunsten des Ehegatten oder eines erbfähigen Verwandten (vgl. dazu Art. 755 c.civ.).

Das doppelte Stimmrecht kann durch Beschluß der außerordentlichen Generalversammlung wieder entzogen werden. Wenn nur eine Aktionärskategorie das doppelte Stimmrecht hat oder dieses nur einer Aktionärskategorie entzogen werden soll, dann hat diese Kategorie gesondert zuzustimmen. Für diesen besonderen Beschluß gelten die Vorschriften des Art. 34 Abs. 4 und 5 c.com.[68]). Der Beschluß, der das doppelte Stimmrecht einführt oder wieder beseitigt, ist gemäß Art. 55, 59, 61 Gesetz von 1867 bei den Handelsgerichten, wo die Gesellschaft ihren Sitz hat, und dort, wo sie Zweigstellen unterhält, zu hinterlegen. Nach Art. 57 Ziff. 10 Gesetz von 1867 muß das Vorhandensein von Doppelstimmrechtsaktien bei der Gründungspublizität im Journal d'annonces légales angegeben werden. Werden Aktien der Gesellschaft an der Börse notiert, so ist das Vorhandensein von Doppelstimmrechtsaktien anzugeben[69]).

Das doppelte Stimmrecht dient der Stabilisierung der Machtverhältnisse in der Generalversammlung. Es hat den Zweck, die treuen Aktionäre an das Unternehmen zu binden. Die Klausel kommt jedoch nicht häufig vor, weil Gesellschaften selten mehr als 15–20% Namensaktien ausgegeben haben[70]). Aktien, die Minderjährigen gehören, müssen gemäß Art. 389 Abs. 7 c.civ. auf den Namen lauten.

Von dem Doppelstimmrecht profitieren hauptsächlich große Aktionäre, Mitglieder des Verwaltungsrates und Holding-, beziehungsweise Kontrollgesellschaften, denn sie erfüllen die Bedingungen am leichtesten[71]). Das doppelte Stimmrecht muß jedoch als zu schwach angesehen werden, um eine echte, wirtschaftliche Konzentration herbeizuführen. Wegen der langen Wartezeit von zwei Jahren stellt das Doppelstimmrecht auch keinen wirksamen Schutz gegen die Überfremdung durch Konkurrenzunternehmen dar[72]). Ein wirksames Mittel der Konzentration ist die Einführung von Doppelstimmrechtsaktien nur, wenn bei der Gründung nicht alle Aktien voll eingezahlt werden oder wenn nach der Einführung des Doppelstimm-

---

[67]) Dalloz, Rép. dr. com. et des soc., T. III, V° Assemblées générales Nr. 216 m.w.N.; siehe auch oben B II 6).

[68]) Escarra et Rault, Traité, Nr. 1124; Houpin et Bosvieux, Traité, Nr. 1184–VI, IX.

[69]) Escarra et Rault, Traité, Nr. 1125; Houpin et Bosvieux, Traité, Nr. 1184–VI.

[70]) Houpin et Bosvieux, Traité, Nr. 1184–VI; Ripert, Traité, Nr. 1166.

[71]) Vgl. Houpin et Bosvieux, Traité, Nr. 1184–VI; Vanhaecke, Les groupes de sociétés, p. 72.

[72]) Vgl. J. Percerou, Le régime juridique des sociétés par actions, Ann. dr. com. 1932, p. 208, Anm. 4, und p. 209, Anm. 9.

rechts das Kapital unter Ausschluß des Doppelstimmrechts für die neuen Aktien erhöht wird[73]).

Zuweilen kann das Doppelstimmrecht, wenn vorwiegend Namensaktien ausgegeben sind, zu einer unerwünschten Beherrschung des Unternehmens durch einzelne Aktionäre führen. Um das zu verhindern, bietet das Gesetz eine interessante Möglichkeit: Die Gesellschaft ist nicht gezwungen, entweder ein Doppelstimmrecht einzuführen oder es bei dem einfachen Stimmrecht zu belassen. Vielmehr sind alle Fraktionen zwischen dem einfachen und dem doppelten Stimmrecht zulässig. Es können also zum Beispiel zehn Aktien 15 Stimmen erhalten[74]).

Darüber hinaus ist weiter auch die Möglichkeit gegeben, die Stimmenmacht davon abhängig zu machen, wie viele Namensaktien in der Generalversammlung vertreten sind. Zur Erläuterung sei eine Klausel aus den Statuten der Banque de Paris et des Pays-Bas zitiert[75]): »Jeder Teilnehmer an einer ordentlichen oder außerordentlichen Generalversammlung verfügt uneingeschränkt über so viele Stimmen, wie er Aktien über NF 50,– besitzt oder vertritt. Jedoch gewähren die Namensaktien denjenigen Eigentümern, auf deren Namen sie seit mindestens zwei Jahren eingetragen sind, doppeltes Stimmrecht. Diese Erhöhung des Stimmrechts ermäßigt sich auf

$1\,^3/_4$ Stimmen, wenn der durch die Namensaktien vertretene Teil des Kapitals 35% des Aktienkapitals übersteigt,
$1\,^1/_2$ Stimmen, wenn dieser Teil 40% übersteigt,
$1\,^1/_4$ Stimmen, wenn dieser Teil 45% übersteigt,
1 Stimme, wenn dieser Teil 50% übersteigt.«

Gegen die Gültigkeit dieser Klausel könnten allenfalls wegen des Proportionalitätsgesetzes (Art. 1 Abs. 1 Gesetz vom 13. November 1933) Bedenken bestehen[76]). Dieses Gesetz wird aber nicht verletzt: Zwei Namensaktionäre mit gleich hohem Kapitalanteil haben in derselben Generalversammlung dieselbe Stimmenmacht. Mit sich erhöhendem Kapitalanteil erhöht sich auch die Stimmenmacht. Die Erhöhung ist auch proportional, selbst wenn der Proportionalitätsfaktor in verschiedenen Generalversammlungen verschieden hoch sein kann. Die Klausel ist daher wirksam.

6) Beschränkung der Stimmenzahl

Die strenge Durchführung des Proportionalitätsgesetzes würde dazu führen, daß die Zahl der Stimmen, über die ein Aktionär verfügt, sich nach der Höhe seines Kapitalanteils zu richten hat. Das Gesetz selbst schränkt diese strenge Proportionalität in einem weiteren Punkt ein: Die Stimmenzahl, über die ein Aktionär verfügt, kann nach oben hin begrenzt sein.

---

73) Houpin et Bosvieux, Traité, Nr. 1184-VII.
74) Vgl. Michel, Le régime légal du droit de vote dans les assemblées d'actionnaires, J.C.P. 1934, 132.
75) Vgl. Börsenzulassungsprospekt vom November 1960.
76) Vgl. oben B III 3).

Art. 1 Abs. 1 des Gesetzes von 1933 bestimmt: »In den Aktionärsversammlungen ist das mit den Aktien verbundene Stimmrecht zwingend proportional zum gezeichneten Kapitalanteil, welchen sie jeweils repräsentieren, ohne daß die durch Art. 27 und 31 des Gesetzes vom 24. Juli 1867 vorgesehene Beschränkung der Stimmenzahl, über die ein Mitglied der Versammlung verfügen kann, entgegensteht.«

Entsprechend heißt es in Art. 1 Abs. 4 Ziff. 1 des Gesetzes vom 13. November 1933: »Jede Aktie gewährt wenigstens eine Stimme in den Aktionärsversammlungen, ohne daß die durch Art. 27 und 31 des Gesetzes vom 24. Juli 1867 vorgesehene Beschränkung der Stimmenzahl, über die ein Mitglied der Versammlung verfügen kann, entgegensteht.«

In Art. 27 Abs. 2 Gesetz von 1867 heißt es: ». . . in den Generalversammlungen, die die Sacheinlagen zu prüfen, die ersten Verwaltungsratsmitglieder zu ernennen und die Richtigkeit (sincérité) der Erklärung der Gesellschaftsgründer, die durch Art. 24 Abs. 2 vorgeschrieben ist, zu überprüfen haben, kann jeder Aktionär ohne Rücksicht auf die Zahl seiner Aktien an den Beschlüssen mit der Zahl von Stimmen, die die Statuten bestimmen, teilnehmen, ohne daß diese höher als zehn sein kann.«

Aus dieser Vorschrift folgt also, daß die Statuten für die genannten Versammlungen eine Zahl von Stimmen festsetzen können, über die jeder Aktionär höchstens verfügt. In keinem Fall kann darüber hinaus ein Aktionär in diesen Versammlungen über mehr als zehn Stimmen verfügen. Für die außerordentliche Generalversammlung folgt die Möglichkeit zur statutarischen Festsetzung einer Höchststimmanzahl aus Art. 31 Abs. 2 Satz 2: »In diesen Versammlungen bestimmt sich das mit den Aktien verbundene Stimmrecht nach dem Gesetz vom 13. November 1933, ohne daß die durch Art. 27 dieses Gesetzes und durch die Satzung vorgesehene Beschränkung der Stimmenzahl, über die ein Mitglied der Versammlung verfügen kann, entgegensteht, unter der Bedingung, daß die statutarische Beschränkung gleichmäßig für alle Aktien gilt.« Die nochmalige Erwähnung des Art. 27 in dieser Vorschrift ist überflüssig und verwirrend. Sie erfolgte wohl deshalb, weil für die dort genannten Versammlungen die Quorums- und Mehrheitsvorschriften des Art. 31 gelten (vgl. Art. 31 Abs. 3).

Für die ordentliche Generalversammlung fehlt eine Vorschrift, die die Festsetzung einer statuarischen Höchststimmenzahl ausdrücklich zuließe[77]). Unstreitig besteht jedoch auch hier dieselbe Möglichkeit. Man folgert das aus der Formulierung des die ordentliche Generalversammlung regelnden Art. 27 Abs. 1 Gesetz von 1867: »Die Statuten setzen ... die Zahl der Stimmen fest, die jedem Aktionär mit Rücksicht auf die Zahl seiner Aktien zustehen[78]).

Die Höchststimmenzahl ist also eine Ausnahme vom Proportionalitätssatz. Der Zweck ihrer Einführung liegt darin, zu verhindern, daß die kleinen

---

[77]) Houpin et Bosvieux, Traité, Nr. 1184-IV.

[78]) Vgl. Leblond, La limitation des voix dans les assemblées générales, J. soc. 1956,6.

Aktionäre von den großen erdrückt werden[79]). Nach Ansicht von Houpin et Bosvieux[80]) besteht auch die Möglichkeit, durch die Satzung zu bestimmen, daß kein Aktionär mehr als eine bestimmte Fraktion aller Stimmen in der Generalversammlung ausüben darf. Dagegen bestehen keine Bedenken, weil die fraktionsmäßige Beschränkung leicht in eine zahlenmäßige Beschränkung umgerechnet werden kann.

In diesem Zusammenhang ist ein interessantes Beispiel zu erwähnen: Die Banque de France hatte vor ihrer Verstaatlichung 41.000 Aktionäre[81]). Art. 6 des Décret vom 13. August 1936 bestimmte, daß jeder Aktionär in der Generalversammlung über eine Stimme verfügte. Die Höchststimmenzahl war in diesem Fall also gesetzlich auf »eins« festgesetzt.

Die Höchststimmenzahl muß für alle Aktionärskategorien gleich sein. Art. 31 Abs. 2 Satz 2 bestimmt das für die außerordentliche Generalversammlung ausdrücklich. Für die übrigen Aktionärsversammlungen folgt es aus dem Proportionalitätsgesetz[82]). Nach Ansicht von Lyon-Caen[83]) können die Statuten eine degressive Stimmenzahl festsetzen. Die erste bis zehnte Aktie eines Aktionärs erhielte danach zum Beispiel je zehn Stimmen, die elfte bis 100. Aktie nur je eine Stimme. Diese Maßnahme ist jedoch mit dem heute geltenden Proportionalitätsgesetz nicht mehr vereinbar.

Wenn die Satzung eine Höchststimmenzahl eingeführt hat, dann verdoppelt sich diese nicht etwa für Aktionäre mit doppeltem Stimmrecht[84]).

Erinnert sei an die Vorschrift des Art. 13 Abs. 2 Satz 2, nach der die Ausübung fremden Stimmrechts im eigenen Namen unter Strafe gestellt wird[85]). Das Delikt wird häufig begangen, wenn die Statuten eine Höchststimmenzahl festsetzen. Die großen Aktionäre geben dann zur Abstimmung ihre überschüssigen Aktien an Freunde ab. Beide machen sich strafbar[86]). Der entsprechende Generalversammlungsbeschluß kann in diesem Fall für nichtig erklärt werden, und zwar ohne Rücksicht darauf, ob ohne die fehlerhaften Stimmen eine ausreichende Mehrheit zustandegekommen wäre, weil arglistige Mittel (manoeuvres frauduleuses) angewandt worden sind[87]). Fraus omnia corrumpit.

Wenn die Statuten eine Höchststimmenzahl festgesetzt haben, dann erhebt sich die Frage, über wie viele Stimmen ein Teilnehmer an der Generalversammlung verfügt, der die Vertretung von Aktionären übernommen hat. Die Höchststimmenzahl sei beispielsweise 30. Ein Aktionär erscheint

---

[79]) Ripert, Traité, Nr. 1180.

[80]) Traité, Nr. 1123.

[81]) Vgl. Rousseau, Le décret-loi du 31 août 1937, J.C.P. 1939, étude Nr. 118.

[82]) Vgl. Escarra et Rault, Traité, Nr. 1117; Houpin et Bosvieux, Traité, Nr. 1184–IV; Leblond, aaO, p. 7.

[83]) Traité, éd. 1929, Nr. 854.

[84]) Vgl. Maurel, Le nouveau statut des actions à vote privilégié, p. 60.

[85]) Vgl. oben B I 6) und B II 5).

[86]) Vgl. Hamel, Le droit pénal spécial des sociétés anonymes, p. 336 und 338; Cass. crim. 31. Dezember 1913, D.P. 1917,1,143.

[87]) Paris 22. Juli 1938, D.P. 1939,2,44; vgl. auch Wahl, Des mandataires aux assemblées générales dans les sociétés par actions, J. soc. 1905,103.

mit 20 eigenen Aktien und mit weiteren 40 Aktien als Stimmbeauftragter eines anderen Aktionärs. Verfügt er jetzt über 30, über 50 oder über 60 Stimmen, wenn jede Aktie eine Stimme gewährt?

Das Gesetz sagt, daß die Statuten die Zahl der Stimmen beschränken dürfen, über die ein »Versammlungsteilnehmer« (membre de l'assemblée) verfügen kann (vgl. Art. 31 Abs. 2 Satz 2 Gesetz von 1867; Art. 1 Abs. 1 und Abs. 4 Ziff. 1 Gesetz vom 13. November 1933). Ist man der Ansicht, daß Versammlungsteilnehmer nur der ist, der in Person in der Generalversammlung erscheint, dann kann keiner über mehr Stimmen als durch die Höchstzahl festgesetzt verfügen. Im obigen Beispiel würde der Teilnehmer also über 30 Stimmen verfügen. Diese Ansicht wird nur vereinzelt vertreten[88]). Versammlungsteilnehmer ist richtiger Ansicht nach auch der, der nicht in Person, sondern durch einen Vertreter an der Versammlung teilnimmt, weil die Rechtsfolgen dessen, was der Vertreter tut den Vertretenen treffen (Art. 1998 c.civ.). Die Berechnung der Stimmenzahl hat also für jeden Aktionär gesondert zu erfolgen. Im Falle der Stimmbeauftragung ist so zu verfahren, als ob die Auftraggeber selbst in der Versammlung erschienen wären[89]). Im oben genannten Beispiel verfügt also der erschienene Generalversammlungsteilnehmer über 50 Stimmen. Nicht etwa hat er 60 Stimmen. Er kann also, wenn er mit den eigenen Aktien die Höchststimmenzahl nicht erreicht, keine Aufstockung mit den überschüssigen fremden Aktien vornehmen[90])

Die hier aufgezeigte Regel ist nicht zwingend. Die Statuten können also etwas anderes bestimmen[91]). Die meisten Satzungen machen von dieser Möglichkeit Gebrauch, indem sie bestimmen, daß die Höchstzahl sowohl die eigenen als auch die vertretenen Aktien umfaßt[92]). Die Satzung kann auch die Höchststimmenzahl für eigene Aktien und für fremde Aktien verschieden festsetzen[93]).

Wenn die Statuten, wie zulässig, die Zahl der Stimmen, die im eigenen Namen abgegeben werden können, beschränken, aber ausdrücklich bestimmen, daß eine solche Beschränkung für die Abstimmung im fremden Namen nicht gelte, dann ist damit eine bequeme Möglichkeit geschaffen, die Verwaltungsvorschläge immer durchzusetzen[94]). Da die Aktionäre, die nicht selbst in der Generalversammlung erscheinen, meist den Verwaltungsrat mit ihrer Vertretung betrauen, verfügt dieser bei einer solchen Regelung

---

[88]) Vgl. Leblond, La limitation des voix dans les assemblées générales, J. soc. 1956,7.

[89]) Copper-Royer, Traité, Nr. 545; Dalsace, L'actionnaire et l'assemblée générale de la société anonyme, Rev. soc. 1960,261; Houpin et Bosvieux, Traité, Nr. 1223 Anm. 3; Ripert, Traité, Nr. 1180; Wahl, Des mandataires aux assemblées générales, J. soc. 1905, 153 und 195; Paris 23. Februar 1954, D. 1958, I, 135 Anm. Goré.

[90]) Wahl, aaO, p. 195.

[91]) Copper-Royer, Traité, Nr. 545; Wahl, aaO, p. 154.

[92]) Houpin et Bosvieux, Traité, Nr. 1223.

[93]) Houpin et Bosvieux, Traité, Nr. 1184–IV; Cass. req. 29. Oktober 1902, D. 1904,1,49; S. 1905,1,89.

[94]) Houpin et Bosvieux, Traité, Nr. 1273.

über viel mehr Stimmen als alle übrigen persönlich anwesenden Versammlungsteilnehmer.

Problematisch wird die Festsetzung einer Höchststimmenzahl für fremde Aktien dann, wenn die Statuten gleichzeitig den Zugang zur Generalversammlung vom Besitz einer bestimmten Zahl von Aktien abhängig machen[95]). Damit kann es den kleinen Aktionären praktisch unmöglich gemacht werden, sich vertreten zu lassen. Wahl[96]) hält diese Kombination von Satzungsbestimmungen daher für unzulässig. Richtiger wird man darauf abstellen müssen, ob sich die kleinen Aktionäre wirklich nicht vertreten lassen konnten. In diesem Fall wäre der entsprechende Generalversammlungsbeschluß gegebenenfalls nichtig.

---

[95]) Vgl. oben B I 2).
[96]) AaO, p. 197.

C. DIE STIMMRECHTSAUSÜBUNG

I. Einschränkung der Stimmrechtsausübung

1) Das Prinzip der freien Ausübung des Stimmrechts in der Rechtsprechung vor 1937

Normalerweise kann der Aktionär in der Generalversammlung sein Stimmrecht frei ausüben. Die Freiheit der Stimmrechtsausübung (libre exercice du droit de vote) ist eines der wesentlichen Prinzipien des französischen Aktienrechts. Das Prinzip hat seine gesetzliche Definition aber erst im Jahre 1937 gefunden. Vorher waren es hauptsächlich die Gerichte, die den Grundsatz nach und nach ausformten.

»Jedes Mitglied der Generalversammlung oder dessen Vertreter muß seine Stimme persönlich und in voller geistiger Unabhängigkeit abgeben, nachdem die gemeinsame Beratung über die Gesellschaftsangelegenheiten beendet ist«[1]). An diesem Postulat hat die Rechtsprechung sich bei der Prüfung, inwieweit eine Stimmrechtsbindung zulässig ist, orientiert.

Philonenko[2]) hat in einer gründlichen Studie nachgewiesen, daß das Prinzip der Freiheit der Stimmrechtsausübung sich nicht aus allgemeinen Gesetzesvorschriften ableiten läßt, und seine Schlußfolgerung in dem berühmt gewordenen Satz zusammengefaßt: »Le vice de l'aveuglement n'est pas un vice légal« (Kurzsichtigkeit begründet nicht die Fehlerhaftigkeit eines Rechtsgeschäftes)[3]). Nach seiner Ansicht folgt aus der Definition der Abstimmung, daß ihr eine Diskussion vorauszugehen hat, und daß Versammlungsteilnehmer sich erst auf Grund der Diskussion entscheiden dürfen, in welchem Sinne sie ihre Stimme abgeben wollen[4]). Er zog daraus den Schluß[5]), daß alle Stimmrechtsbindungen vor der Beratung (conventions préalables au vote) nichtig seien.

Bemerkenswert ist die Gegenmeinung von Copper Royer[6]), der jede Vereinbarung über das Stimmrecht unter Berufung auf die Vertragsfreiheit für wirksam hielt: »Et s'il me plaît, à moi actionnaire, d'aliéner ma liberté au profit d'une personne que je considère comme plus capable que moi de mener la barque sociale, s'il me plaît, à moi actionnaire, d'aimer le despotisme

---

[1]) Houpin et Bosvieux, Traité, 1935, Nr. 1178.
[2]) Les conventions sur le vote dans les sociétés anonymes, Rec. jur. soc. 1932,174ff.
[3]) AaO, p. 176.
[4]) AaO, p. 179.
[5]) AaO, p. 182.
[6]) Traité, 4e éd. 1931, Nr. 381bis.

et de le préférer à la démagogie, on ne voit pas bien pour quelles raisons de protectionnisme outrancier cette aliénation de ma liberté sera réputé illégale.« ... »Une assemblée générale d'actionnaires n'est pas un sacrément. C'est un acte commercial.«

Die Rechtsprechung, die im folgenden untersucht werden soll, ist sehr viel differenzierter[7]): In einer ersten Gruppe lassen sich die Entscheidungen zusammenfassen, die sich mit der Frage befassen, ob es zulässig ist, sich zu verpflichten, in einem bestimmten Sinne abzustimmen. Hierbei sind allgemeine und spezielle Verpflichtungen zu unterscheiden.

Das Handelsgericht Lyon[8]) stellte zum erstenmal den Satz auf, es sei verboten, daß Aktionäre sich verpflichteten, eine bestimmte Zeitlang in allen Fragen so abzustimmen, wie es die Mehrheit einer Aktionärsgruppe, der sie angehören, oder gar der Verwaltungsrat vorher beschlossen hatte. Das folge daraus, daß jeder Aktionär ein »vote personnel« (persönliches Votum) abzugeben habe. Der dem Gericht vorliegende Sachverhalt ließ aber eine Verpflichtung der Aktionäre nicht erkennen. Vielmehr hatte der Verwaltungsrat lediglich eine bestimmte Zahl von Aktionären befragt, ob sie einer Kapitalherabsetzung zustimmen würden, um festzustellen, ob die erforderliche Mehrheit für diese Maßnahme zusammenkommen würde. Die Nichtigkeitsklage gegen den entsprechenden Generalversammlungsbeschluß wurde demgemäß abgewiesen. In ähnlicher Weise sprach sich das Handelsgericht der Seine[9]) aus: »Die Begründung einer Gruppe, die sich zur Regel macht, einstimmig nach einem vorher getroffenen Mehrheitsbeschluß abzustimmen«, ist verboten. Auch hier wurde die Klage auf Nichtigerklärung der Generalversammlung abgewiesen, weil die beklagte Gesellschaft nachwies, daß keine »allgemeine« Verpflichtung vorlag und daß darüber hinaus jeder Aktionär in der Generalversammlung so gestimmt hatte, wie es ihm gut schien. Der Fall ist interessant, weil er zeigt, wie Stimmrechtsbindungsverträge zustande kommen können. Es war eine außerordentliche Generalversammlung einberufen worden, die über die vorzeitige Auflösung der Gesellschaft und den Verkauf aller Aktiva beschließen sollte, um deren Erwerb sich zwei Interessentengruppen bemühten. Die Einberufung der Versammlung war nicht formgerecht; ein Beschluß fand deshalb nicht statt. Der Präsident des Verwaltungsrates lud darauf die anwesenden Aktionäre in ein anderes Lokal ein und ließ sie dort eine Erklärung unterschreiben, nach der sie sich verpflichteten, in einer später zu wiederholenden Generalversammlung den Verkauf der Aktiva an eine der beiden Interessentengruppen zu beschließen, gleichgültig, welche anderen Vorschläge sonst noch ge-

---

[7]) Vgl. für die Rechtsprechung vor 1937 auch H. Bosvieux, Des conditions restrictives de la liberté du droit de vote dans les sociétés commerciales par actions, J. soc. 1939, 65 ff.; Cheminais, Le placement français à l'étranger, p. 245; Freyria, Etude de la jurisprudence sur les conventions portantes atteinte à la liberté du vote dans les sociétés, Rev. trim. dr. com. 1951, 419 ff.

[8]) Trib. com. Lyon 20. Oktober 1902, J. soc. 1903, 67.

[9]) Trib. com. Seine 9. Dezember 1920, J. soc. 1924, 516 Anm. Cordonnier.

macht werden würden. Demgemäß beschloß die später formfehlerfrei zustandegekommene Generalversammlung. Die Nichtigkeitsklage wurde darauf von den Mitgliedern der anderen Interessentengruppe, die Aktionäre der Gesellschaft waren, erhoben.

Anders entschieden die Gerichte, wenn die Stimmrechtsbindung speziell, also auf einen bestimmten Punkt der Tagesordnung beschränkt war. So erklärte das bereits zitierte Handelsgericht der Seine[10]), es sei zulässig, wenn sich die Mitglieder einer Aktionärsgruppe im voraus verpflichteten, über eine bestimmte Frage in einem bestimmten Sinne abzustimmen. Cordonnier führt in einer Anmerkung zu dieser Entscheidung aus[11]), daß die Verpflichtung, in einem bestimmten Punkt in einem bestimmten Sinne zu stimmen, deshalb erlaubt sei, weil hier nicht eine Willensaufgabe des Aktionärs vorliege. Vielmehr bleibe sein Wille frei und komme lediglich durch Antizipation zum Ausdruck. Auch handele der Aktionär hier »en connaissance de cause« (in Kenntnis der Sachlage).

Ebenso entschied das Appelationsgericht Rennes[12]). Hier war die Verpflichtung zur Abstimmung in einem bestimmten Sinne nicht einer Aktionärsgruppe oder der Gesellschaft gegenüber abgegeben worden, sondern gegenüber einer dritten gesellschaftsfremden Person. Der Präsident des Verwaltungsrates, der gleichzeitig eine Kapitalmehrheit von zwei Dritteln besaß, verkaufte einem Dritten den Betrieb der Gesellschaft (Hotel mit Kundenstamm). Im Vertrag verpflichtete er sich, diesen Verkauf durch die Generalversammlung genehmigen zu lassen und selber in diesem Sinne abzustimmen. Bei der angesetzten Versammlung verließen die übrigen Aktionäre, als sie die Einzelheiten erfuhren, unter Protest das Lokal. Da seinerzeit für einen derartigen Beschluß ein Quorum von drei Vierteln des Gesellschaftskapitals vorgeschrieben war[13]), konnte der Beschluß nicht zustande kommen, und der Verkauf mußte unterbleiben. Der kaufwillige Dritte klagte auf Schadensersatz wegen Nichterfüllung. Der Verkäufer wandte ein, der Kaufvertrag sei nichtig, weil er eine Stimmrechtsbindungsklausel enthalte. Das Gericht gab der Klage statt. Es führt aus: Ein Aktionär könne sich verpflichten, in einem bestimmten Sinne bei einer Frage abzustimmen, die er vorher geprüft habe. Cordonnier bemerkt zu dieser Entscheidung[14]), daß eine mit der notwendigen Unabhängigkeit der Abstimmung nicht zu vereinbarende blinde Unterwerfung unter einen fremden Willen hier nicht vorläge.

Die Fallgruppe der speziellen Verpflichtungen weist eine Untergruppe auf, die anders zu beurteilen ist. Es handelt sich um den sogenannten Stimmenkauf, also das Versprechen, in einem bestimmten Sinne gegen Gewährung eines finanziellen Vorteils abzustimmen[15]). Ausdrücklich verbietet

---

[10]) 9. Dezember 1920, aaO.
[11]) AaO.
[12]) 28. Oktober 1931, S. 1932,2,20; J. soc. 1932,275 Anm. Cordonnier.
[13]) Art. 31 a.F. des Gesetzes von 1867.
[14]) aaO.
[15]) Decugis, Les modifications apportées au régime des sociétés par actions par les articles 4 et suivants du décret du 31 août 1937, J. soc. 1938,86.

kein Gesetz den Stimmenkauf. Das Handelsgericht der Seine[16]) befaßte sich mit einem Fall, wo die ausscheidenden Mitglieder des Verwaltungsrates sich von dem Mehrheitsaktionär versprechen ließen, daß er für ihre Entlastung stimmen würde. Als Gegenleistung überließen sie ihm eine bestimmte Anzahl von Aktien. Das Gericht stellte fest, daß die Entlastung hier zum Schaden der Minderheit erteilt worden war. Der Mehrheitsaktionär ist für eine etwaige fehlerhafte Geschäftsführung durch die Aktien entschädigt worden, während die Minderheit leer ausging. Es erklärte den Stimmrechtsbindungsvertrag, in dem es fälschlich eine Zession des Stimmrechts sah[17]), für nichtig. Die Begründung, die es dafür gab, geht viel zu weit: Nach Ansicht des Gerichts ist es verboten, daß ein Aktionär sich vor der Beschlußfassung verpflichtet, in einem bestimmten Sinne abzustimmen, weil das gegen die Freiheit und Persönlichkeit der Abstimmung verstoße. Das Gericht erwähnt, daß die Vereinbarung nach Art. 1131 in Verbindung mit 1133 c.civ. für nichtig zu erklären sei. Nach diesen Vorschriften ist ein Rechtsgeschäft nichtig, wenn die erwartete Gegenleistung (cause) gegen den ordre public verstößt.

Ebenfalls hatte sich das Appellationsgericht Lyon[18]) mit einem Stimmenkauf zu befassen. Hier war zwischen dem Präsidenten des Verwaltungsrates und einem Direktor (administrateur-délégué) einerseits und mehreren Mitgliedern des Verwaltungsrates andererseits vereinbart worden, daß der Präsident und der Direktor der Generalversammlung die Entlastung der Verwaltungsratsmitglieder vorschlagen und selbst für die Entlastung stimmen würden. Als Gegenleistung verpflichteten sich die Mitglieder des Verwaltungsrates, ihr Amt zur Verfügung zu stellen und sowohl ihre Aktien der Gesellschaft als auch ihre Guthaben bei dieser Gesellschaft auf den Präsidenten zu übertragen. Das Gericht sah in dem Vertrag wiederum eine unzulässige Beschränkung der Freiheit und Unabhängigkeit der Stimmabgabe. Die Stimmrechtsbindung sei nichtig, weil die unzulässigerweise versprochene Gegenleistung einen Verstoß »gegen die fundamentalen Prinzipien des Gesellschaftsrechts« darstelle (Art. 1131 c.civ.). Das Gericht erklärte die Vereinbarung für nichtig. Die Nichtigkeit sei zwingend, unheilbar, von Amts wegen zu beachten, unverjährbar und jedermann könne sich darauf berufen.

Eine zweite Gruppe bilden die Fälle, wo sich Aktionäre verpflichten, nicht zu stimmen oder nicht in einem bestimmten Sinne zu stimmen. Im ersten Fall handelt es sich um einen Verzicht auf die Ausübung des Stimmrechts. Die Entscheidung des Appellationsgerichts Paris vom 11. November 1908[19]) ist bereits oben[20]) besprochen worden. Das Gericht entschied, daß ein von einem Aktionär gegenüber der Gesellschaft abgegebener Verzicht

---

[16]) Trib. com. Seine 8. März 1928, Rec. jur. soc. 1929,48.
[17]) Vgl. oben B II 4).
[18]) 26. November 1931, J. soc. 1932,410.
[19]) J. soc. 1913,56 Anm. C. Houpin.
[20]) B II 4).

auf die Ausübung des Stimmrechts für die Dauer von 10 Jahren unter gleichzeitiger Einräumung einer Option zugunsten der Gesellschaft auf die betreffenden Aktien wirksam sei. Die herrschende Meinung hatte damals der Entscheidung zugestimmt, weil der Verzicht »zwar allgemein, aber doch zeitlich begrenzt« gewesen sei[21]). Heute dürfte anders zu entscheiden sein[22]).

Um eine zeitlich unbegrenzte Verpflichtung, nicht in einem bestimmten Sinne zu stimmen, ging es bei der Entscheidung des Appellationsgerichts Paris vom 22. Februar 1933[23]), welche bereits oben[24]) besprochen worden ist. Die klagenden Minderheitsaktionäre behaupteten, die Mehrheitsaktionäre hätten sich ihnen gegenüber verpflichtet, eine satzungsmäßig festgelegte Höchststimmenzahl[25]) immer in der Satzung zu belassen und niemals dafür zu stimmen, daß diese aus der Satzung entfernt würde. Als die Satzung abgeändert wurde, klagten die Minderheitsaktionäre auf Nichtigerklärung des Beschlusses. Das Gericht wies die Klage ab, ohne über die Behauptung der Kläger Beweis zu erheben, weil es die Klausel für nichtig hielt. Das allgemeine Interesse der Gesellschaft verlange, daß der Aktionär in voller Freiheit abstimme, nachdem er durch die Diskussion in der Generalversammlung aufgeklärt (éclairé) worden sei und sich ein Bild über die Bedeutung, Nützlichkeit und mögliche Auswirkung der vorgeschlagenen Maßnahme gemacht habe. Es sei unzulässig, daß ein Aktionär für alle Zukunft auf sein Recht und besonders auf seine Pflicht zur Prüfung in der Generalversammlung verzichte und sich im voraus und für immer ohne Rücksicht auf die möglichen Folgen seiner Abstimmung verpflichte, in diesem oder in jenem Sinne zu stimmen oder nicht zu stimmen.

Eine dritte Gruppe von Entscheidungen betrifft die vorherige Konsultation oder offiziöse Befragung. Hierher gehört die bereits in der ersten Gruppe genannte Entscheidung des Handelsgerichts Lyon vom 20. Oktober 1902[26]). Aus der Entscheidung folgt, daß eine unverbindliche Besprechung oder Befragung vor der Abstimmung jederzeit zulässig ist. Dasselbe besagt die ebenfalls bei der ersten Gruppe besprochene Entscheidung des Handelsgerichts der Seine vom 9. Dezember 1920[27]).

Zusammengefaßt lassen sich nach der Rechtssprechung von vor 1937 folgende Feststellungen treffen:

Es ist verboten, sich für eine bestimmte Zeit in allen Fragen einer fremden

---

[21]) C. Houpin, Anmerkung zu der genannten Entscheidung, aaO; Cordonnier, Anmerkung zu Cass. civ. 7. April 1932, D.P. 1933,1,153; Freyria, Etude p. 422; a.A. nur Wahl, Des restrictions statutaires apportées à la désignation des administrateurs ou des commissaires de surveillance et au droit de voter dans les assemblées des sociétés anonymes, J. soc. 1913,359.

[22]) Vgl. Ripert, Traité, Nr. 1319; Solus, La réforme du droit des sociétés, p. 290 und unten C I 4), oben B II 4).

[23]) J. soc. 1934,223.

[24]) Unter B II 4).

[25]) Vgl. oben B III 6).

[26]) J. soc. 1903.

[27]) J. soc. 1924,516 Anm. Cordonnier.

Entscheidung, sei es der einer Aktionärsgruppe, des Verwaltungsrates, der Gesellschaft oder einer dritten Person zu unterwerfen. Erst recht ist es dann aber auch verboten, eine solche Verpflichtung für eine unbegrenzte Zeit einzugehen. Weiter ist es untersagt, sich für unbegrenzte Zeit zu verpflichten, in einer bestimmten Frage immer in einem bestimmten, bereits von Anfang an festgelegten Sinne oder umgekehrt, nie in einem bestimmten Sinne zu stimmen. Dann ist es aber erst recht nicht erlaubt, sich für unbegrenzte Zeit zu verpflichten, überhaupt nicht zu stimmen, also endgültig auf das Stimmrecht zu verzichten. Schließlich ist der Stimmenkauf oder -verkauf verboten.

Es ist dagegen erlaubt, sich in Kenntnis der Sachlage zu verpflichten, bei einem bestimmten Punkt der Tagesordnung in einem bestimmten Sinne zu stimmen. Nach der Rechtsprechung ist es ferner erlaubt, sich zu verpflichten, eine bestimmte Zeitlang überhaupt nicht zu stimmen (sehr fragwürdig). Schließlich ist es erlaubt, eine vorherige Befragung oder unverbindliche Beratung durchzuführen.

2) Art. 10 des Décret-Loi vom 31. August 1937 und seine Rechtsfolgen

Durch Art. 10 des Décret-Loi (Verordnung von Gesetzesrang) vom 31. August 1937 erhielt Art. 4 Abs. 2 des Gesetzes vom 13. November 1933 folgende Fassung:

»Klauseln, die die freie Ausübung des Stimmrechts in den Generalversammlungen der Handelsgesellschaften einschränken oder eine solche Einschränkung bezwecken, sind in ihren Haupt- und Nebenbestimmungen nichtig.«

Art. 4 Abs. 1 des Gesetzes vom 13. November 1933 lautet:

»Die Beschlüsse, die ... unter Verletzung dieses Gesetzes gefaßt werden, sind nichtig ...«

Das Gesetz richtet sich gegen die »Einschränkung der freien Ausübung des Stimmrechts« (atteinte au libre exercice du droit de vote). Wann eine solche Einschränkung gegeben ist, sagt das Gesetz nicht[28]). Lehre und Rechtsprechung haben sich daher nicht immer von der etwas brutal anmutenden Formulierung beeinflussen lassen und legen den Text oft restriktiv oder zumindest elastisch aus[29]). Es scheint, daß das Décret nur eine Regel bestätigt hat, die vorher schon bestand[30]). Die Gerichte prüfen nach wie vor den Grad der Einschränkung der Abstimmungsfreiheit und die Interessenlage[31]). Deshalb sind trotz der allgemeinen Fassung bei weitem nicht alle Stimm-

---

[28]) Freyria, Etude de la jurisprudence sur les conventions portantes atteinte à la liberté du vote dans les sociétés, Rev. trim. dr. com. 1951,430.

[29]) Freyria, aaO, p. 430; Hamel et Lagarde, Traité, Nr. 533; Ripert, Traité, Nr. 1219; Tunc, Les conventions relatives au droit de vote, Rev. gén. dr. com. 1942,108.

[30]) Hamel et Lagarde, Traité, Nr. 533.

[31]) Ripert, Traité, Nr. 1219.

rechtsbindungen oder -beschränkungen für nichtig erklärt worden. Manche Autoren halten das Décret daher sogar für sinnlos[32]).

Die Vorschrift ist zu eng gefaßt. Sie handelt nur von Generalversammlungen, so daß es fraglich bleibt, was im Verwaltungsrat zu gelten hat[33]). Der Ausdruck »Generalversammlungen« könnte den Irrtum hervorrufen, daß in den Spezialversammlungen (Art. 34 Abs. 4 und 5 c.com.) jede Einschränkung der Abstimmungsfreiheit möglich wäre[34]). Der Text spricht von den Generalversammlungen der »Handelsgesellschaften«. Hier liegt ein Redaktionsfehler vor, weil die Vorschrift nur für Aktiengesellschaften und Kommanditgesellschaften auf Aktien gilt[35]).

Nach dem Gesetz ist die Rechtsfolge einer unzulässigen Stimmrechtsbindung Nichtigkeit. Es handelt sich um eine absolute Nichtigkeit zwingenden Rechts[36]). Die Stimmrechtsbindung findet sich meist nicht isoliert, sondern innerhalb einer Vereinbarung, die eine größere Zahl von Gegenständen umfaßt. In diesem Fall erfaßt die Nichtigkeit zunächst die Klausel selbst. Zu Unrecht meint Rousseau[37]), die Nichtigkeit ergreife darüber hinaus die ganze Vereinbarung. Richtig ist, daß die Nichtigkeit die ganze Vereinbarung treffen kann. Ob das der Fall ist, richtet sich nicht nach dem Décret-Loi von 1937, sondern nach den allgemeinen Vorschriften des Code civil[38]). Nach Art. 1172 c.civ. zieht die Nichtigkeit eines Vertragsteiles die Nichtigkeit des ganzen Vertrages nach sich, wenn der fragliche Teil determinierend für den Vertragsschluß war, das heißt, wenn die nichtige Klausel als eine Hauptverpflichtung des ganzen Vertrages anzusehen ist. Die Gerichte haben ebenso entschieden:

In einem vom Kassationsgerichtshof[39]) entschiedenen Fall hatte ein Aktionär einen Teil seiner Aktien verkauft. Der Käufer verpflichtete sich bei Zahlung einer Vertragsstrafe, in der Generalversammlung und im Verwaltungsrat dafür zu stimmen, daß der Verkäufer Präsident der Gesellschaft werde und immer dafür zu sorgen, daß er dieses Amt behalte. Generalversammlung und Verwaltungsrat beriefen später den Verkäufer, nachdem er zunächst Präsident geworden war, jeweils mit den Stimmen des Käufers von seinem Amt ab. Der Verkäufer klagte darauf gegen den Käufer gemäß Art. 1184 c.civ. auf Aufhebung des Kaufvertrages wegen Nichterfüllung und Rückgewährung der Aktien. Das Gericht, das die Stimmrechtsbindung für nichtig ansah, wies die Klage ab. Nach der Vorstellung der Parteien sei die

---

[32]) Decugis, Les modifications apportées au régime des sociétés par actions par les articles 4 et suivants du décret du 31 août 1937, J. soc. 1938, p. 83 und 87; Tunc, aaO, p. 144.

[33]) Freyria, aaO, p. 430; Hamel, Traité, Nr. 533.

[34]) Hamel et Lagarde, Traité, Nr. 533.

[35]) Hamel et Lagarde, Traité, Nr. 533.

[36]) Saint-Alary in J.-Cl. Soc., fasc. 1939, Nr. 97.

[37]) Le décret-loi du 31 août 1937, J.C.P. 1939 étude 118, Nr. 30.

[38]) Bosvieux, De la validité de clauses tendant à harmoniser les rapports entre groupes d'actionnaires, J. soc. 1963,70; Hamel et Lagarde, Traité, Nr. 533; Ripert, Traité, Nr. 1218; Saint-Alary, aaO, Nr. 98; Solus, La réforme du droit des sociétés, p. 284; Tunc, aaO, p. 106.

[39]) Cass. com. 14. März 1950, J. soc. 1952,2,203; J.C.P. 1950,2,5694 Anm. Bastian.

Stimmrechtsbindung nicht so wesentlich gewesen, daß damit der ganze Vertrag stehe oder falle, weil sie eine Vertragsstrafe für den Fall der Nichterfüllung vereinbart hätten.

In einer anderen Entscheidung[40]) hatte das Kassationsgericht sich mit einem Verkauf von Aktien im Rahmen einer Sanierungsvereinbarung zu befassen. Der Verkäufer ließ sich von der Käuferin versprechen, daß er zum directeur général (Geschäftsführender Direktor) gewählt werden würde. Er erhielt diesen Posten, wurde aber kurze Zeit darauf wieder abberufen. Darauf klagt er gemäß Art. 1184 auf Aufhebung der gesamten Vereinbarungen und Rückgewähr der Aktien. Das Gericht sah die Stimmrechtsbindung wiederum für nichtig an, wies aber die Klage ab, weil die Stimmvereinbarung nur einen sekundären Platz in der Gesamtvereinbarung einnahm.

Hingegen wurde der gesamte Vertrag, und zwar der Gesellschaftsvertrag einer GmbH in einer Entscheidung des Appellationsgerichtes Paris[41]) für nichtig erklärt. In einer Aktiengesellschaft, die 60.000 Aktien ausgegeben hatte, standen sich zwei feindliche Gruppen gegenüber, die je 27.000 Aktien besaßen. Die eine Gruppe wurde von zwei Brüdern gebildet. 3.000 der nicht gruppenmäßig gebundenen Aktien gehörten dem dritten Bruder, der sich nach Gutdünken mal für die eine und mal für die andere Gruppe entschied. Um den dritten endgültig an sich zu binden, brachten die beiden Brüder in eine kleine GmbH je 2.000 Aktien ein und überredeten ihren Bruder, auch 2.000 Aktien einzubringen. Alle drei Brüder wurden Geschäftsführer. Der Gesellschaftsvertrag der GmbH sah vor, daß ein Geschäftsführer sofort abzuberufen sei, wenn er eine Entscheidung gegen den Willen der übrigen Geschäftsführer treffen sollte. Damit hatten die beiden Brüder die Mehrheit in den Generalversammlungen der Aktiengesellschaft erreicht. Der dritte Bruder klagte auf Nichtigerklärung der GmbH. Er legte ein Schreiben vor, aus dem sich ergab, daß die GmbH »zur Selbstverteidigung« gegen die andere Gruppe gegründet worden war, um in der Aktiengesellschaft »die absolute Mehrheit zu bekommen«. Das Gericht untersuchte den Zweck der GmbH, der in der Satzung mit »Verwaltung von Industrieunternehmen und Beteiligung an allen Arten von Gesellschaften etc.« angegeben war. Es kam zu dem Schluß, daß dieser Gesellschaftszweck nur vorgetäuscht worden sei (objet dissimulé et non réel, objet fictif). Der wirkliche Gesellschaftszweck (objet réel) sei verboten gewesen, weil er eine Einschränkung der freien Ausübung des Stimmrechts zum Gegenstand gehabt habe. Die Stimmrechtsbeschränkung habe in der Verpflichtung, immer im Sinne der Mitgeschäftsführer zu handeln, gelegen und darüber hinaus auch in der moralischen Verpflichtung, mit den nicht in die GmbH eingebrachten Aktien im gleichen Sinne zu stimmen. Demgemäß erklärte das Gericht die GmbH für nichtig.

Das Appellationsgericht Marseille[42]) hatte über eine Vereinbarung zu

---

[40]) Cass. com. 24. April 1950, unveröffentlicht resumiert in J.-Cl. Soc. fasc. 139, Nr. 88.

[41]) 21. November 1951, Rev. soc. 1952,169; S. 1952,2,105 concl. Gegout.

[42]) 28. März 1952, unveröffentlicht, resümiert in Gaz. Pal. 1952, Som. 16 und Rev. trim. dr. com. 1953,133.

entscheiden, nach der zwei Aktionäre, die zusammen die Mehrheit in der Generalversammlung hatten, sich verpflichteten, 30 Jahre lang nur einstimmig in allen Punkten der Tagesordnung abzustimmen. Zur Sicherung dieser Vereinbarung blockierten sie ihre Aktien, indem sie sie bei einem gemeinsamen Verwahrer hinterlegten (syndicat de blocage). Der Verwahrer erhielt von beiden Vollmacht und Weisung, wie er zu stimmen hatte. Das Gericht erklärte den ganzen Vertrag einschließlich der Hinterlegungsvereinbarung für nichtig, weil diese nur der Sicherung der Stimmbindung habe dienen sollen.

Auch Generalversammlungsbeschlüsse können wegen unzulässiger Beschränkung der freien Ausübung des Stimmrechts nichtig sein. Diese Nichtigkeit folgt aber nicht aus dem Décret-Loi vom 31. August 1937, sondern aus Art. 4 Abs. 1 des Gesetzes vom 13. November 1933. Daraus ist zu schließen, daß diese Nichtigkeit keinen absoluten Charakter hat, vielmehr von den Aktionären durch eine gegen die Gesellschaft zu richtende Nichtigkeitsklage geltend zu machen ist[43]). Nach allgemeinen Grundsätzen wird die Nichtigkeit nicht ausgesprochen, wenn auch nach Abzug der fehlerhaften Stimmen noch eine ausreichende Mehrheit vorhanden ist[44]).

Finden sich schließlich nichtige Klauseln in der Satzung der Aktiengesellschaft, so sind im allgemeinen nur diese, nicht aber die ganze Gesellschaft nichtig.

Die Strafvorschrift des Art. 4 Abs. 1 gilt auch bei Verletzungen des Art. 10 des Décret-Loi vom 31. August 1937. Mit einer Geldstrafe von 360,– bis 3.600,– F. können danach die Mitglieder des Verwaltungsrates belegt werden, die zur Zeit des Verstoßes im Amt waren[45]).

Für Stimmrechtsvereinbarungen, die vor Erlaß des Décret-Loi von 1937 getroffen worden waren, gilt Art. 4 Abs. 3 des Gesetzes vom 13. November 1933. Durch diese Vorschrift wurden die betreffenden Klauseln aufgehoben. Die Parteien erhielten gleichzeitig das Recht, Aufhebung des ganzen Vertrages zu verlangen.

3) Die Rechtsprechung zur Wirksamkeit von Stimmrechtsbindungsverträgen

Die Rechtsprechung zu Art. 10 Décret-Loi von 1937 läßt im Gegensatz zur Rechtsprechung vor 1937 nur schwer klare Prinzipien erkennen.

Als Teilergebnis der Rechtsprechung vor 1937 wurde gezeigt[46]), daß es verboten war, sich für eine bestimmte Zeit oder zeitlich unbegrenzt in allen Fragen einer fremden Entscheidung, sei es der einer Aktionärsgruppe, des

---

[43]) So schon Paris 22. Februar 1933, J. soc. 1934,223; Saint-Alary, aaO, Nr. 101.
[44]) Rousseau, aaO, Nr. 32; Saint-Alary, aaO, Nr. 101; Solus, aaO, p. 285; Tunc, aaO, p. 106.
[45]) Vgl. Saint-Alary, aaO, Nr. 102.
[46]) Vgl. oben C I 1).

Verwaltungsrates, der Gesellschaft oder einer dritten Person, zu unterwerfen. An diesem Prinzip hält die Rechtsprechung weiter fest. So erklärte das Appellationsgericht Marseille[47]) eine Vereinbarung zwischen den beiden größten Aktionären einer Gesellschaft, nach der sich beide verpflichteten, 30 Jahre lang einstimmig über alle Punkte der Tagesordnung abzustimmen, für nichtig.

Da die Rechtsprechung Verträge für nichtig erklärte, deren Zweck darin bestand, für eine lange Zeit eine in allen Fragen einheitliche Stimmabgabe zu erzielen, wurde verschiedentlich versucht, auf Umwegen zum gleichen Ziel zu kommen. So meinten einige Aktionäre, daß sie dem Verbot entgehen würden, wenn sie eine Gesellschaft mit eigener Rechtspersönlichkeit, also zum Beispiel eine GmbH (S.A.R.L.) gründeten und ihre Aktien in diese Gesellschaft einbrachten. Die Rechtsprechung reagierte sehr heftig gegen diese Umgehungsversuche. Es ist bereits oben[48]) erwähnt worden, wie das Appellationsgericht Paris[49]) eine GmbH für nichtig erklärt hatte, deren einziger Zweck es war, die von den Gesellschaftern eingebrachten Aktien zusammenzufassen und eine stets einheitliche Stimmabgabe für diese Aktien herbeizuführen.

In einem vergleichbaren Fall entschied das Kassationsgericht ebenso[50]). Zwei Aktionärsgruppen in einer Aktiengesellschaft, die zusammen die Mehrheit des Gesellschaftskapitals besaßen, bestellten je einen Vertreter. Beide brachten die Aktien in eine GmbH ein, von der jeder die Hälfte der Geschäftsanteile erhielt. Beide wurden Geschäftsführer. Nach dem Gesellschaftsvertrag waren sie verpflichtet, sich in allen Fragen zu einigen, damit eine einheitliche Entscheidung beider Aktionärsgruppen gewährleistet war. Das Gericht hielt nicht nur die Vereinbarungen zwischen den beiden Aktionärsgruppen wegen Verstoßes gegen das Décret-Loi von 1937 für nichtig, sondern auch die GmbH. Es habe sich um eine fiktive Gesellschaft gehandelt. Die Aktien seien nur zum Schein eingebracht worden, in Wahrheit aber im Eigentum der Aktionäre geblieben. Zweck der GmbH-Gründung sei nur die Herbeiführung einer einheitlichen Entscheidung der beiden Gruppen gewesen.

Die Rechtsprechung vor 1937 hatte sich noch nicht mit dem Problem beschäftigt, ob die Unterwerfung für eine bestimmte oder unbestimmte Zeit unter eine fremde Entscheidung in einem bestimmten Fragenkomplex (also nicht in allen Fragen) rechtlich zulässig ist. Die Rechtsprechung nach 1937 hat auch in diesen Verträgen einen Verstoß gegen das Décret-Loi gesehen, wenn nicht ganz besondere Umstände hinzutraten:

Das Handelsgericht der Seine[51]) hatte über einen Fall zu entscheiden, wo die vier Hauptaktionäre der Zeitung »L'Œuvre« einen Stimmrechtsbin-

---

47) unveröffentlicht, resumiert in Rev. trim. dr. com. 1953,133.
48) C. I 2).
49) 21. November 1951, Rev. soc. 1952,169; S. 1952,2,105 concl. Gegout.
50) Cass. com. 10. Juni 1960, D. 1961, Som. 18 (1); J.C.P. éd. C.I. Nr. 69218.
51) Trib. com. Seine 11. Januar 1938, S. 1938,2,124, Anm. H. Rousseau, J. soc. 1938,301, Anm. Bosvieux, Rec. jur. soc. 1938,742, Anm. J. Rault.

dungsvertrag geschlossen hatten. Die Klausel lautete: »Die Leitung und Verwaltung der Zeitung erfolgen durch die verschiedenen notwendigen Organe, die in Übereinstimmung der Vertragspartner ausgewählt werden. Alle diesbezüglichen Entscheidungen werden einstimmig getroffen, wobei jeder Vertragspartner ein Vetorecht hat.« Einer der Vertragspartner klagte auf Nichtigerklärung der Klausel. Das Gericht legte die Vereinbarung dahingehend aus, daß die Parteien sich verpflichteten, das, was der Generalversammlung zur Entscheidung vorzulegen wäre, vorher im kleinen Kreis geprüft und beschlossen werden sollte. Falls in dieser vorhergehenden Besprechung keine Einigung zustande kommen sollte, so würde jeder Vertragspartner das Recht haben, in der Generalversammlung nach Gutdünken zu stimmen. Die Parteien sollten also nur, wenn sie in der vorherigen Besprechung einig waren, verpflichtet sein, auch in diesem Sinne in der Generalversammlung abzustimmen. Das Gericht hielt die Klausel für wirksam und wies die Klage ab. Es war der Ansicht, bei der Vereinbarung habe es sich nicht um eine Stimmrechtsbindung »in der Generalversammlung« gehandelt. Es sei im Interesse des Unternehmens oft zweckmäßig, daß die Hauptinteressenten vor der Generalversammlung beschließen, welche Gesellschaftsorgane zur Wahl vorgeschlagen werden sollen. Die Vereinigung wäre nur dann nichtig gewesen, wenn ein in der vorherigen Besprechung überstimmter Aktionär verpflichtet gewesen wäre, im Sinne der Mehrheit der Gruppe in der Generalversammlung abzustimmen. Die Freiheit der Stimmrechtsausübung sei hier aber durch das Vetorecht garantiert worden. Die Entscheidung, der im Ergebnis zuzustimmen ist, weist im letzten Punkt einen logischen Fehler auf. Gewiß waren die Mitglieder der Gruppe in der Ausübung des Stimmrechts frei, wenn in der Vorbesprechung keine Einigung zustandegekommen war; wenn sie sich jedoch geeinigt hatten, waren sie auch verpflichtet, in diesem Sinne in der Generalversammlung zu stimmen. Sie durften also nicht – wenn sie etwa unter dem Eindruck der Diskussionsbeiträge in der Generalversammlung ihre Meinung geändert hatten – später abweichend stimmen[52]).

Um eine ähnliche Vereinbarung handelt es sich in dem berühmten Fall »Rothschild c. Blum et S.A. Immobilière Construction de Paris«[53]). In früherer Zeit hatte Rothschild die Kapitalmehrheit, Blum jedoch die Stimmenmehrheit in der Generalversammlung. Als die Mehrstimmrechtsaktien durch das Gesetz vom 3. November 1933 beseitigt wurden, übertrug R. an B. soviele Aktien, daß beide eine genaue gleichgroße Zahl hatten. In einer weiteren Vereinbarung übertrug R. an B. den Nießbrauch an einer Aktie für 20 Jahre. Das Stimmrecht in der Generalversammlung war satzungsgemäß vom Nießbraucher auszuüben[54]). Damit hatte B die Mehrheit in der Generalversammlung. Die Nießbrauchsübertragung erfolgte unter der auflösenden Bedingung, daß R. während der Dauer des Nießbrauches bestimmen

---

[52]) Vgl. die Anmerkungen Bosvieux, J. soc. 1938,301 und Rousseau, S. 1938,2,124.
[53]) Trib. com. Seine 12. Juli 1951, S. 1952,2,125 Anm. Houin.
[54]) Vgl. oben B II 6).

könnte, wer zum Prüfungskommissar (commissaire aux comptes) bestellt würde und daß B. insoweit den Weisungen des R. Folge zu leisten habe. Ferner sollten die Mitglieder des Verwaltungsrates nur im gegenseitigen Einverständnis bestellt werden. Zur Sicherung dieser Vereinbarung hinterlegte B. eine Aktie bei einem Notar, die an R. auszuliefern war, wenn die Generalversammlung nicht im Sinne der Vereinbarung stimmte. R. klagte gegen B. auf Nichtigerklärung der Vereinbarungen und gegen die Gesellschaft auf Nichtigerklärung zweier Generalversammlungen. Das Gericht wies die Klagen ab. Es sei durchaus üblich, daß die Großaktionäre sich vor der Generalversammlung besprächen und sich über die Wahl der Mitglieder des Verwaltungsrates einigten. Die Freiheit der Stimmrechtsausübung sei auch für B. nicht aufgehoben worden. Er habe vielmehr die Möglichkeit behalten, gegen die von R. vorgeschlagenen Prüfungskommissare zu stimmen, wenn er damit auch automatisch den Nießbrauch an der einen Aktie verlor. Verboten seien nur Vereinbarungen, nach denen jemand gezwungen sei, gegen seinen Willen in einem bestimmten Sinne zu stimmen. Houin wendet sich in einer Anmerkung zu dieser Entscheidung[55]) gegen die Auffassung des Gerichtes, weil nach seiner Ansicht die allgemeine Fassung des Gesetzes derartig subtile Unterscheidungen nicht erkennen lasse.

In zweiter Instanz kam der vorgenannte Rechtsstreit vor das Appellationsgericht Paris[56]). R. berief sich dort nicht mehr auf die Nichtigkeit der dem Nießbrauch zugrundeliegenden Vereinbarungen, sondern auf die Nichtigkeit der Nießbrauchsübertragung selbst wegen Verstoßes gegen das Décret-Loi von 1937. Das Gericht erklärte, es sei ein normales Mittel, die Stimmenmacht durch den Erwerb des Eigentums oder Nießbrauchs an Aktien zu vergrößern und wies die Klage ab.

An dritter Stelle war aus der Rechtsprechung vor 1937 abgeleitet worden, daß es verboten war, sich für unbegrenzte Zeit zu verpflichten, in einer bestimmten Frage immer in einem bestimmten, bereits von Anfang an festgelegten Sinne zu stimmen. Das Kassationsgericht hielt diesen Grundsatz in zwei kurz nacheinander ergangenen Entscheidungen aufrecht.

Die Entscheidung vom 14. März 1950[57]) beschäftigte sich mit einer Vereinbarung, nach der der Erwerber eines Aktienpaketes dem Veräußerer versprach, daß er in der Generalversammlung und im Verwaltungsrat zum Präsidenten der Gesellschaft gewählt werden würde. Der Erwerber versprach, selbst in diesem Sinne zu stimmen und auch dafür zu sorgen, daß der Veräußerer den Posten als Präsident behalten würde. Die Entscheidung läßt nicht erkennen, für wie lange die Verpflichtung eingegangen war oder ob sie zeitlich überhaupt begrenzt war. Jedenfalls sollte sie aber nicht nur für eine, sondern für mehrere Generalversammlungen gelten. Der Veräußerer bekam zunächst den Präsidentenposten. Später wurde ihm jedoch durch

---

[55]) AaO.

[56]) Paris 1. Juli 1953, J. soc. 1953,193.

[57]) Cass. com. 14. März 1950, J. soc. 1952,203; J.C.P. 1950,2,5694 Anm. Bastian; S. 1950, 1,174; Rev. trim. dr. com. 1950,426; teilweise bereits oben, C I 1), besprochen.

einen Beschluß der Generalversammlung und einen entsprechenden Beschluß des Verwaltungsrates das Amt wieder entzogen. Der Aktienerwerber hatte bei beiden Beschlüssen für die Abberufung gestimmt. Das Gericht war der nicht näher begründeten Ansicht, daß die Vereinbarung den Aktienerwerber als Aktionär in seiner Stimmfreiheit beschränke. Es sah die Vereinbarung, soweit sie die Stimmverpflichtung in der Generalversammlung betraf, daher für nichtig an. Die Verpflichtung des Aktienerwerbers, »als Verwaltungsratsmitglied« für den Veräußerer zu stimmen, hielt das Gericht hingegen für wirksam. Darin, daß der Aktienerwerber im Verwaltungsrat gegen den Veräußerer gestimmt hatte, sah das Gericht jedoch keine Vertragsverletzung, weil der Beschluß des Verwaltungsrates nicht für die Abberufung kausal geworden sei. Nachdem die Generalversammlung den Präsidenten abberufen habe, sei dem Verwaltungsrat keine andere Wahl geblieben, weil die Generalversammlung in der Gesellschaftshierarchie über dem Verwaltungsrat steht (»... le conseil d'administration n'a fait qu'appliquer comme il en avait le devoir stricte, la décision prise par l'assemblée, organisme statutaire hiérarchiquement supérieur, en sorte que le vote du cessionnaire au conseil s'est trouvé indifférent.«).

Um einen ähnlichen Fall handelt es sich bei der bereits genannten Entscheidung[58]) des Kassationsgerichtes vom 24. April 1950[59]). Dort hatte sich der Verkäufer von Aktien von der Käuferin versprechen lassen, daß er zum directeur général (geschäftsführender Direktor) gewählt werden würde. Auch diese Entscheidung läßt nicht erkennen, für wie lange die Verpflichtung eingegangen war oder ob sie zeitlich überhaupt begrenzt war. Auf jeden Fall sollte sie aber nicht nur für eine Generalversammlung gelten. Der Aktienveräußerer erhielt zunächst den Posten, wurde aber später wieder abberufen. Das Gericht hielt die Stimmverpflichtung für unwirksam.

Die Rechtsprechung zum Décret-Loi von 1937 hat sich bisher kaum mit der Frage befaßt, ob die Verpflichtung, in einem bestimmten Punkt der Tagesordnung in einem bestimmten Sinne zu stimmen, wirksam sei. Für die Wirksamkeit spricht, daß das Handelsgericht der Seine[60]) es für zulässig hielt, daß die Hauptaktionäre sich vor der Generalversammlung darüber einigen, wer zur Wahl in den Verwaltungsrat vorgeschlagen werden soll. In die gleiche Richtung weist eine spätere Formulierung desselben Gerichtes[61]):

»Attendu en effet qu'il est de bonne administration et de pratique courante qu'avant les assemblées générales les principaux associés se consultent et s'entendent sur la désignation des administrateurs et des commissaires aux comptes à proposer au vote de l'assemblée des actionnaires...«. (Tatsächlich entspricht es einer guten Verwaltung und allgemeiner Übung, daß die Hauptaktionäre sich vor der Generalversammlung über die Auswahl

---

58) Oben C I 2).
59) Cass. com. 24. April 1950, unveröffentlicht, resumiert in J.-Cl. Soc. fasc. 139, Nr. 88.
60) Trib. com. Seine 11. Januar 1938, S. 1938,2,124.
61) Trib. com. Seine 12. Juli 1951, S. 1952,2,125.

der Mitglieder des Verwaltungsrates und der Prüfungskommissare beraten und verständigen, die der Versammlung zur Ernennung vorgeschlagen werden sollen...).

Das Kassationsgericht hätte in seiner Entscheidung vom 10. Juni 1960[62]) die Gelegenheit zu einer grundsätzlichen Stellungnahme gehabt. Die Kassationsklage richtete sich gegen eine Entscheidung des Appellationsgerichtes Paris[63]). Nach den Feststellungen dieses Gerichtes sollte die außerordentliche Generalversammlung einer Bergwerksgesellschaft, die in Liquiditätsschwierigkeiten geraten war, über die Ermächtigung zur Kapitalerhöhung durch den Verwaltungsrat beschließen. Zwei Mitglieder des Verwaltungsrates, denen über ein Drittel der Aktien gehörten, hielten diese Maßnahme für unzweckmäßig. Um den Beschluß zu verhindern, erschienen sie nicht zur Versammlung. Die Versammlung war daher mangels Quorum[65]) nicht beschlußfähig. Der übrige Verwaltungsrat betraute darauf die Banque d'Indochine mit der Vertretung seiner Interessen gegenüber den beiden Mitgliedern des Verwaltungsrates. Deren Interessen wurden von der Banque Industrielle de Monaco vertreten. Die beiden Banken verhandelten und kamen zu einer Übereinkunft, nach der die Indochinabank der Bank von Monaco alle im Falle der Kapitalerhöhung entstehenden Bezugsrechte der beiden Verwaltungsratsmitglieder zu einem Vorzugspreis von je 700 F abkaufte. (Die Bezugsrechte wurden später zu einem Preis von 200 bis 320 F gehandelt.) Sie machte aber zur ausdrücklichen Bedingung, daß mit den Aktien der beiden Mitglieder des Verwaltungsrates für die Ermächtigung zur Kapitalerhöhung gestimmt würde, und daß der entsprechende Beschluß zustande kommen würde. Es fand darauf eine zweite außerordentliche Generalversammlung statt, in der die Ermächtigung einstimmig mit den Stimmen der beiden Verwaltungsratsmitglieder erteilt wurde. Die Indochinabank überwies der Bank von Monaco darauf den Kaufpreis. Die Vollziehung der Kapitalerhöhung gelang jedoch nicht, weil sich nicht genügend Interessenten für die Zeichnung der neuen Aktien meldeten. Die Grubengesellschaft verzichtete deshalb auf die Kapitalerhöhung und meldete Konkurs an. Nunmehr klagte die Indochinabank gegen die Bank von Monaco auf Rückzahlung des Kaufpreises. Die Beklagte wandte ein, ein Rückforderungsanspruch bestünde nicht, weil es sich um ein »Zufallsgeschäft« (contrat aléatoire, Art. 1964, 1235 Abs. 2 c.civ.) gehandelt habe, da es für die Vertragspartner völlig ungewiß gewesen sei, ob bei der ungünstigen Geschäftslage der Grubengesellschaft eine Kapitalerhöhung zustande kommen würde. Demgemäß wies das Appellationsgericht die Klage ab. Obwohl es feststellte, daß Vertragsgegenstand nicht nur der Erwerb der Bezugsrechte, sondern auch das Versprechen, der Kapitalerhöhung zuzustimmen, gewesen war, ging es nicht auf die Frage ein, ob der Vertrag nicht überhaupt wegen Verstoßes gegen Art. 10 des Décret-Loi von 1937 nichtig war. In

---

[62]) Cass. com. 10. Juni 1960, S. 1961,42 Anm. Autesserre, Rev. soc. 1961,34.
[63]) Paris 19. März 1957, S. 1958,130 Anm. Autesserre, D. 1958,234.
[65]) Vgl. oben B III 1) und Art. 31 Ges. von 1867.

diesem Falle hätte es der Klägerin einen Rückforderungsanspruch (action en répétition de l'indu, Art. 1235 Abs. 1) zusprechen müssen.

Im Kassationsverfahren rügte die Klägerin (Indochinabank), das Apellationsgericht habe nicht beachtet, daß der Vertrag wegen Art. 10 Décret-Loi von 1937 nichtig gewesen sei. Das Kassationsgericht wies die Klage ab. Es beschränkte sich auf die lakonische Feststellung, das Berufungsgericht habe berücksichtigt, daß es der Gegenstand der Vereinbarung gewesen sei, von der Monacobank eine Befürwortung der Kapitalerhöhung zu erreichen: »... la cour d'appel, qui s'est bornée à analyser le contrat qui lui était soumis, sans faire apparaître l'existence d'une convention de vote prohibée, n'a donc point encouru les critiques formulées par le moyen...« (das Appellationsgericht, das sich darauf beschränkt hat, den ihm vorgelegten Vertrag zu analysieren, ohne die Existenz einer verbotenen Stimmbindungsvereinbarung aufzudecken, unterliegt daher nicht der im Antrag formulierten Kritik).

Es ist bedauerlich, daß das Kassationsgericht lediglich in einem Nebensatz feststellt, eine verbotene Stimmbindung sei nicht ersichtlich. Man muß aber daraus schließen, daß es die Vereinbarung für wirksam hielt. Anderenfalls hätte es das Urteil kassieren müssen, weil das Appellationsgericht die Nichtigkeit des Art. 10 Décret-Loi von 1937 auch von Amts wegen hätte beachten müssen. Bemerkenswert ist, daß die Parteien, ebenso wie bei dem Fall Rothschild c. Blum[66]), die Wirksamkeit des ganzen Vertrages von der Einhaltung der Stimmvereinbarung abhängig gemacht hatten. Die Entscheidung des Obergerichtes ist angreifbar, weil es die Vereinbarung für wirksam hielt, obwohl sie einen regelrechten Stimmenkauf darstellte. Die Indochinabank zahlte für die Bezugsrechte, die später mit 200 bis 320 F gehandelt wurden, 700 F. 380 bis 500 F zahlte sie also dafür, daß mit den entsprechenden Aktien für die Kapitalerhöhung gestimmt würde. Dies ist um so bedenklicher, als die beiden Mitglieder des Verwaltungsrates vorher klar zum Ausdruck gebracht hatten, daß nach ihrer Meinung eine Kapitalerhöhung nicht im Interesse der Gesellschaft lag.

In einem anderen Fall, der dem Kassationsgericht vorlag[67]), hatte das Appellationsgericht den Mitgründer einer Aktiengesellschaft, der einem Dritten vor Gründung der Gesellschaft versprochen hatte, daß er zum Präsidenten des Verwaltungsrates gewählt würde, auf dessen Klage zum Schadensersatz wegen Nichterfüllung verurteilt. Das Kassationsgericht bestätigte die Entscheidung. Die Verpflichtung des Mitgründers war wirksam, weil er der Gesellschaft gegenüber die Aktienübernahme an die Bedingung hätte knüpfen können, daß der Dritte durch die Satzung zum ersten Präsidenten bestellt würde. Es handelt sich hier jedoch um einen ganz speziellen Fall: Art. 25 Abs. 3 des Gesetzes von 1867 sieht nämlich vor, daß der erste Verwaltungsrat durch die Statuten bestimmt werden kann, ohne daß eine Bestätigung durch die Generalversammlung erforderlich ist.

---

[66]) Trib. com. Seine 12. Juli 1951, S. 1952,2,125.
[67]) Cass. com. 21. Februar 1949, Bull. Cass. 1949, II, 156.

Freyria[68]) kritisiert die Entscheidung. Der Gründer habe sich nicht als Gründer, sondern als Aktionär verpflichtet. Die Verpflichtung sei daher unwirksam.

Zur Abgrenzung von Stimmrechtsbindungsverträgen gegenüber andersartigen Verträgen sei eine Entscheidung des Kassationsgerichtes vom 2. März 1955 genannt[69]). Hier hatten sich die Mitglieder einer Aktionärsgruppe verpflichtet, ihre Aktien bei einem Notar oder einer Bank zu hinterlegen (convention de blocage) und sich gegenseitig eine Option auf diese Aktien eingeräumt. Die Vereinbarung sollte dazu dienen, der Gruppe immer die Mehrheit in den Generalversammlungen zu garantieren. Im Gegensatz zu den Vorderrichtern[70]) hielt das Kassationsgericht die Vereinbarung für wirksam, weil nur die Aufrechterhaltung der Mehrheit der Gruppe, nicht aber die einheitliche Stimmabgabe gewährleistet werden sollte.

Ob Stimmrechtsbindungsverträge im Verwaltungsrat unter das Décret-Loi von 1937 fallen, ist fraglich. Jedenfalls wenden die Gerichte aber die dazu herausgearbeiteten Grundsätze entsprechend an. Das Appellationsgericht Amiens[71]) sprach einem Präsidenten des Verwaltungsrates, dem ein Verwaltungsratsmitglied (eine Aktiengesellschaft!) versprochen hatte, er werde den Posten für längere Zeit erhalten, mit deren Stimme er dann aber in einer Verwaltungsratsversammlung wieder abberufen worden war, Schadensersatz wegen Nichterfüllung zu (Art. 1184 c.civ.). Das Gericht sah den Vertrag für wirksam an, weil dem Präsidenten der Posten nur unter der Bedingung garantiert wurde, daß er seine Funktion in normaler Weise ausübte und ihm keine Fehler in der Geschäftsführung vorzuwerfen wären. Dagegen erklärte das Appellationsgericht Paris[72]) eine Vereinbarung, nach der sich zwei Mitglieder des Verwaltungsrates gegenseitig versprachen, daß sie immer abwechselnd zum Präsidenten gewählt würden, für nichtig. Nach dieser Entscheidung läuft es »den fundamentalen Regeln der Aktiengesellschaft völlig zuwider, wenn sich Mitglieder des Verwaltungsrates im voraus und unwiderruflich für eine unbestimmte Zeit in Unkenntnis und unter Mißachtung eventuell hinzukommender neuer und unvorhersehbarer Beurteilungselemente« zur Stimmabgabe in einem bestimmten Sinne verpflichten. Der Grund dafür ist darin zu sehen, daß eine solche Verpflichtung den Gesellschaftsinteressen entgegenstehen und der Gesellschaft schaden kann[73]).

[68]) Etude, p. 433.
[69]) Cass. com. 2. März 1955, J.C.P. 1955,2,8823.
[70]) Marseille 28. März 1952, Gaz. Pal. 1952, Som. 16; Rev. trim. dr. com. 1953,133.
[71]) Amiens 4. April 1951, Gaz. Pal. 1951,1,353.
[72]) Paris 4. Mai 1960, D. 1960,637 Anm. Dalsace.
[73]) Trib. com. Seine 9. Januar 1961, J.spéc. des soc. vom 1. Juni 1961.

4) Lehrmeinungen zur Wirksamkeit von Stimmrechtsbindungsverträgen

In der Lehre herrscht angesichts der allgemein gehaltenen Fassung des Art. 10 Décret-Loi vom 31. August 1937 Unsicherheit in der Beurteilung der Frage, ob und inwieweit Stimmrechtsbindungsverträge zulässig sind.

Einigkeit besteht darüber, daß Aktionäre keine Vereinbarung treffen dürfen, nach der sie sich für eine bestimmte oder unbestimmte Zeit allgemein über die den Generalversammlungen vorgelegten Fragen dem vorher ermittelten Willen der Mehrheit einer von ihnen gebildeten Gruppe unterwerfen[74]). Ebenso unstreitig ist es den Aktionären verboten, sich für eine bestimmte oder unbestimmte Zeit zu verpflichten, immer der Weisung eines Dritten, sei es der Gesellschaft, des Verwaltungsrates oder einer gesellschaftsfremden Person, zu folgen[75]). Für nichtig wird auch der zeitlich begrenzte oder unbegrenzte Verzicht auf die Ausübung des Stimmrechts angesehen[76]). Der Verzicht verstößt aber bereits gegen das Verbot der Spaltung von Vermögens- und Verwaltungsrechten[77]). Ebenso wird das Versprechen, das Stimmrecht nur mit der Erlaubnis eines Dritten auszuüben, für nichtig angesehen[78]). Die Abtretung des Stimmrechts halten einige Autoren für unvereinbar mit der Freiheit der Stimmrechtsausübung[79]). Aber auch die Nichtigkeit der Abtretung des Stimmrechts folgt bereits aus dem Verbot der Spaltung von Vermögens- und Verwaltungsrechten[80]).

Die Frage, ob es zulässig ist, daß Aktionäre sich verpflichten, in einem bestimmten Punkt der Tagesordnung in einem bestimmten Sinne zu stimmen, wird verschieden beantwortet. Viele Autoren halten die Vereinbarung für unwirksam[81]). Als Begründung wird meistens angegeben, daß das gesetzliche Verbot allgemein gehalten sei und keine Ausnahmen vorsehe. Decugis[82]) hält die Vereinbarung für nichtig, weil bei einer vorherigen Bindung die Abstimmung nicht in »völliger geistiger Unabhängigkeit« (toute

---

[74]) Bastian, Anm. zu Cass. com. 24. April 1950, J.-Cl. Soc. fasc. 139, Nr. 85; Dalloz, Répertoire de droit commercial et des sociétés Bd. III, V° Assemblées générales, Nr. 199; Decugis, Les modifications apportées au régime des sociétés, p. 85; Hamel et Lagarde, Traité, Nr. 533; Ripert, Traité, Nr. 1219; Saint-Alary, J.-Cl. Soc. fasc. 139, Nr. 92; Tunc, Les conventions relatives au droit de vote, p. 137f.

[75]) Houin, Anm. zu Trib. com. Seine 12. Juli 1951, S. 1952,2,125; Ripert, Traité, Nr. 1219; Tunc, aaO, p. 138.

[76]) Ripert, Traité, Nr. 1219; Solus, La réforme, p. 290.

[77]) Vgl. oben B II 4).

[78]) Ripert, Traité, Nr. 1219.

[79]) Decugis, aaO, p. 86; Ripert, Traité, Nr. 1218f.; Solus, aaO, p. 289.

[80]) Vgl. oben B II 4).

[81]) Autesserre, Anm. zu Paris 19. März 1957, S. 1958,130 und zu Cass. com. 10. Juni 1960, S. 1961,42; Bastian, Anm. zu Cass. com. 24. April 1950, J.-Cl. Soc. fasc. 139, Nr. 85; Bosvieux, Anm. zu Trib. com. Seine 11. Januar 1938, J. soc. 1938,301; Decugis, aaO, p. 86; Houin Anm. zu Trib. com. Seine 12. Juli 1951, S. 1952,2,125; H. Rousseau, Anm. zu Trib. com. Seine 11. Januar 1938, S. 1938,2,124; Saint-Alary, J.-Cl. Soc. fasc. 139, Nr. 92; Solus, La réforme du droit des sociétés, p. 291; Tunc, aaO, p. 130.

[82]) AaO. p. 86.

indépendance d'esprit) stattfinde. Bastian[83]) beruft sich darauf, daß in Frankreich eine Information der Aktionäre nur in der Generalversammlung erfolge. Deshalb sei ein »aufgeklärtes Votum in Kenntnis der Sachlage« (vote éclairé et en connaissance de cause) nur nach der Teilnahme an der Beratung möglich. Eine Abstimmung im Sinne einer vorherigen Bindung erfülle diese Voraussetzung nicht. Die Stimmrechtsbindung sei deshalb nichtig. Bosvieux[84]) hält die Stimmrechtsbindung für nichtig, weil die Diskussion in der Generalversammlung sinnlos werde, wenn die Aktionäre schon gebunden seien. Nach H. Rousseau[85]) ist die Freiheit der Stimmabgabe aufgehoben, wenn die Diskussion, die der Stimmabgabe vorausgeht, keine Meinungsänderung mehr zur Folge haben kann. Tunc[86]) ist der Ansicht, der Sinn des Décret-Loi sei es, die Gleichgültigkeit der Aktionäre zu bekämpfen. Wer sich aber verpflichte, in einem bestimmten Punkt der Tagesordnung in einem bestimmten Sinne abzustimmen, der interessiere sich auch für die Sache, sei also nicht gleichgültig. Die Verpflichtung geschehe auch »in Kenntnis der Sachlage« (en connaissance de cause) und führe zu einem »aufgeklärten Votum« (vote éclairé). Jedenfalls sei dieses Votum ebenso »aufgeklärt« wie das der meisten Aktionäre. Dennoch meint Tunc[87]), daß die Vereinbarung wegen der allgemeinen Fassung des Décret-Loi nichtig sei. Er bedauert dies besonders in den Fällen, wo die Vereinbarung zwischen dem Verwaltungsrat und einigen Großaktionären abgeschlossen wird. Es sei gut und vernünftig, daß der Verwaltungsrat sich für Geschäfte, die seine Rechtsmacht überschreiten, im voraus die Zustimmung einiger Großaktionäre einhole[88]).

Dagegen wird in der Encyclopédie Dalloz[89]) die Ansicht vertreten, es sei durchaus erlaubt, daß ein Aktionär oder eine Aktionärsgruppe sich verpflichtet, über eine bestimmte Frage in diesem oder jenem Sinne abzustimmen. Hamel et Lagarde[90]) halten die Vereinbarung für wirksam, wenn sie »in voller Kenntnis der Sachlage über einen genau bestimmten Gegenstand« (en pleine connaissance de cause sur un objet bien déterminé) geschlossen wird. Nach Houpin et Bosvieux[91]) ist ein Vertrag, nach dem ein Aktionär sich vor der Generalversammlung verpflichtet, eine bestimmte Maßnahme zu billigen oder abzulehnen, wirksam. Ripert[92]) hält solche Vereinbarungen nur dann für wirksam, wenn dem Aktionär nach der Vereinbarung noch eine gewisse Wahl bleibt. (Hier ist zum Beispiel die Verpflichtung zu nennen, nur Personen aus der von einer Aktionärsgruppe aufgestellten Liste in den Verwaltungsrat zu wählen, weil dann noch eine gewisse Auswahl-

---

[83]) Anm. zu Cass. com. 24. April 1950, J.-Cl. Soc. fasc. 139, Nr. 85.
[84]) Anm. zu Trib. com. Seine 11. Januar 1938, J. soc. 1938,301.
[85]) Anm. zu Trib. com. Seine 11. Januar 1938, S. 1938,2,124.
[86]) AaO, p. 129.
[87]) AaO, p. 130.
[88]) AaO, p. 111.
[89]) T. III Sociétés, V° Assemblées générales, Nr. 199.
[90]) Traité, Nr. 533.
[91]) Traité, Nr. 1178.
[92]) Traité, Nr. 1219.

möglichkeit bleibt.) An anderer Stelle[93]) stellt Ripert jedoch resignierend fest, daß die Gerichte das gesetzliche Verbot mehr und mehr aushöhlen.

Da es in Frankreich keine Vorschrift gibt, die den Stimmenkauf ausdrücklich verbietet, wird die Frage nach seiner Wirksamkeit meist nicht klar herausgearbeitet oder isoliert betrachtet, sondern unter einem anderen Aspekt gewürdigt: In den Fällen, wo Stimmenkäufe vorgekommen waren, wurde den Aktionären ein finanzieller Vorteil dafür gewährt, daß sie für die Entlastung des Verwaltungsrates stimmten[94]). Decugis[95]) ist der Ansicht, daß eine Vereinbarung, in der sich ein Aktionär zur Abgabe seiner Stimme in einem bestimmten Sinne gegen Gewährung eines finanziellen Vorteils verpflichtet, nichtig sei, weil er damit seine »geistige Unabhängigkeit« (indépendance d'esprit) verliere. Nach Kayser[96]) verstößt das Versprechen, gegen Bezahlung für die Entlastung des Verwaltungsrates zu stimmen, gegen den ordre public und die guten Sitten (Art. 1131, 1133 c.civ.), weil die Minderheit damit hintergangen würde[97]). Die Vereinbarung sei deshalb nichtig. Rousseau[98]) hält es dagegen für inkonsequent, wenn die Rechtsprechung verbiete, sich gegen Geld zur Erteilung der Entlastung zu verpflichten. Die Rechtsprechung verlange nur »ein Einzelvotum in Kenntnis der Sachlage« (un vote spécial en connaissance de cause). Beides sei gegeben. Decugis dagegen[99]) hält es überhaupt für unsittlich, wenn Mitglieder des Verwaltungsrates sich die Entlastung versprechen lassen, wenn noch keine Rechnungslegung erfolgt ist und eventuelle Fehler in der Geschäftsführung noch nicht entdeckt sind, gleichgültig ob sie dafür einen finanziellen Vorteil gewähren oder nicht. Ebenso halten es Hamel et Lagarde[100]) für verboten, daß Aktionäre überhaupt eine Vereinbarung über die Entlastung der Verwaltungsratsmitglieder treffen[101]).

Houin[102]), der der Ansicht ist, daß eine Einigung der Aktionäre kurz vor der Generalversammlung über die Abstimmung in einzelnen Punkten nichtig ist, meint, es möge noch hingehen, wenn diese sich vorher über die Wahl der Mitglieder des Verwaltungsrates einigten. Nach Rault[103]) muß man bei den Vereinbarungen über die Wahl in den Verwaltungsrat zwei Fälle unterscheiden: Verboten sei es, sich vorher über die Ernennung (nomination) der Verwaltungsratsmitglieder zu einigen. Hingegen sei es erlaubt, sich darüber (mit dem Verwaltungsrat) zu einigen, welche Personen zur Wahl in den Verwaltungsrat ausgewählt und vorgeschlagen würden.

---

[93]) Aspects juridique du capitalisme moderne, p. 102.
[94]) Vgl. Trib. com. Seine 8. März 1928, Rec. jur. soc. 1929,48 und Lyon 26. November 1931, J. soc. 1932,410.
[95]) AaO, p. 85.
[96]) Les syndicats de blocage de titres au porteur, J. soc. 1935,574.
[97]) Vgl. »besondere Vorteile«, § 299 AktG.
[98]) Le décret-loi du 31 août 1937, J.C.P. 1939, Etude Nr. 118.
[99]) AaO, p. 85.
[100]) Traité, Nr. 533.
[101]) Unter Berufung auf Lyon 26. November 1931, aaO.
[102]) Anm. zu Trib. com. Seine 12. Juli 1951, S. 1952,2,125.
[103]) Anm. zu Trib. com. Seine 11. Januar 1938, Rec. jur. soc. 1938,742.

Bei der Vereinbarung über die Auswahl (choix) handele es sich nicht um eine Bindung der Stimmabgabe »in der Generalversammlung«. Nach Kayser[104]) ist eine Vereinbarung, die die Nichtabberufbarkeit der Mitglieder des Verwaltungsrates zum Gegenstand hat, nichtig, weil diese nach zwingender gesetzlicher Vorschrift (Art. 22 Ges. von 1867) jederzeit frei abberufbar (révocable ad nutum) sind.

Dalsace[105]) will die Frage nach der Wirksamkeit von Stimmrechtsbindungsverträgen verschieden beurteilen, je nachdem, ob es sich um eine Verpflichtung, selbst in einem bestimmten Sinne zu stimmen oder um ein Einstehen dafür, daß andere in diesem Sinne stimmen werden, handelt. Im ersten Fall sei die Vereinbarung nichtig. Im zweiten Fall handele es sich jedoch um einen Gewährvertrag (convention de porte-fort, Art. 1120 c.civ.). Die Freiheit der Stimmrechtsausübung des Gewährsmannes (porte-fort) sei nicht beeinträchtigt. Er habe nur eine Entschädigung für den Fall versprochen, daß ein dritter eine bestimmte Willenserklärung nicht abgebe. Die Freiheit der Stimmrechtsausübung des Dritten sei ebenfalls nicht beeinträchtigt. Die Entscheidung des Appellationsgerichts Paris vom 4. Mai 1960[106]) hat einen solchen Gewährvertrag allerdings ausdrücklich ebenfalls für nichtig erklärt.

Einigkeit besteht darüber, daß die offiziösen Befragungen und das nicht bindende gentlemens agreement mit dem Décret-Loi nicht zu bekämpfen sind, weil sie trotz ihrer Gefährlichkeit rechtlich nicht faßbar sind[107]). Tatsächlich macht eine vorherige Beratung unter den Hauptaktionären es der Opposition in der Generalversammlung fast unmöglich, Kritik an einem vorgeschlagenen Projekt im ganzen anzubringen, weil sie dafür keine Unterstützung mehr findet. Sie kann höchstens noch in Detailfragen eine Änderung erzwingen. Die Wirkung ist die gleiche wie beim Fraktionszwang in politischen Versammlungen.

Über die Wirksamkeit von Stimmrechtsbindungsverträgen im Verwaltungsrat werden ebenso verschiedene Meinungen wie über die Stimmrechtsbindungsverträge in der Generalversammlung vertreten[108]).

5) Zweck, Form und Wirkung der Stimmrechtsbindungsverträge

Bei Stimmrechtsbindungsverträgen sind Leistungsaustauschverträge (conventions individuelles) und Vereinbarungen gesellschaftsrechtlicher Natur zu unterscheiden. Die Einzelvereinbarungen bezwecken meist die Wahl

---

104) AaO, p. 575.

105) Anm. zu Paris 4. Mai 1960, D. 1960,637.

106) D. 1960,637, Stimmrechtsbindung im Verwaltungsrat.

107) H. Bosvieux, Des conditions restrictives du droit de vote, p. 73, 75; Encyclopédie Dalloz, V° Assemblées générales, Nr. 199; Decugis, aaO, p. 86; Tunc, aaO, p. 130; vgl. auch Saint-Alary, J.-Cl. Soc. fasc. 139, Nr. 92.

108) Vgl. Freyria, Etude de la jurisprudence sur les conventions portantes atteinte à la liberté du vote, Rev. trim. dr. com. 1951,430; Hamel et Lagarde, Traité, Nr. 533; Dalsace, Anm. zu Paris 4. Mai 1960, D. 1960,637 m.w.N.

bestimmter Personen in den Verwaltungsrat oder zum Prüfungskommissar. Sind sie für längere Zeit abgeschlossen, so dienen sie der Kontinuität in der Gesellschaftsleitung[109]). Sie erscheinen meistens als Teil umfassenderer Vereinbarungen. So sichern sich oft Veräußerer von größeren Aktienpaketen einen Sitz im Verwaltungsrat. Häufig kommt es auch vor, daß Darlehensgeber, insbesondere Banken, sich einen Sitz im Verwaltungsrat versprechen lassen[110]). Umgekehrt kann die Vereinbarung auch die Abberufung bestimmter Personen aus dem Verwaltungsrat zum Gegenstand haben[111]). Schließlich läßt sich die Gesellschaftsleitung häufig von Großaktionären im voraus die Zustimmung zu Geschäften versprechen, die ihre Rechtsmacht übersteigen. Diese Geschäfte werden dann unter der aufschiebenden Bedingung abgeschlossen, daß die Generalversammlung zustimmt[112]). Sofern es sich um Stimmrechtsbindungen handelt, die nur einen Punkt einer Tagesordnung betreffen, sind sie wirksam[113]). Soll die Bindung für eine längere Zeit eingegangen werden, dann besteht die Gefahr der gerichtlichen Nichtigerklärung nur dann nicht, wenn die gesamte Vereinbarung unter die auflösende Bedingung der Erfüllung des Stimmversprechens gestellt wird[114]) oder wenn für den Fall des Hinzutretens neuer Beurteilungselemente eine andersartige Abstimmung vorbehalten bleibt[115]).

Die Vereinbarungen gesellschaftsrechtlicher Natur werden als »conventions syndicales« bezeichnet (Schutzgemeinschaftsverträge, Stimmkonsortien, Pool-Verträge, Syndikate, Voting Trusts). Sie sollen hier nach der französischen Übung als Syndikate (syndicats) bezeichnet werden. Nach ihrem Zweck sind Mehrheitssyndikate (syndicats de majorité), Kontrollsyndikate (syndicats de contrôle), Verteidigungssyndikate (syndicats de défense), Quorumsyndikate (syndicats de quorum) und Hinterlegungssyndikate (syndicats de blocage) zu unterscheiden.

Das Mehrheitssyndikat (syndicat de majorité) soll einer Aktionärsgruppe die Mehrheit in der Generalversammlung sichern. Die Mitglieder wollen gemeinsame Ansichten durchsetzen und die Verzettelung ihrer Stimmen verhindern[116]). Es kann dem Ausgleich der verschiedenen Interessenrichtungen verschiedener Großaktionäre dienen[117]). Das Ziel des Mehrheitssyndikats ist zuweilen auch, die Gesellschaft in Abhängigkeit zu einer ande-

---

109) Freyria, Etude de la jurisprudence sur les conventions portantes atteinte à la liberté du vote dans les sociétés, Rev. trim. dr. com., p. 433; Hamel et Lagarde, Traité, Nr. 533.

110) Picard, Note sur la définition des filiales, in Etudes de droit civil à la mémoire de Henry Capitant, p. 621.

111) Tunc, Les conventions relatives au droit de vote, Rev. trim. dr. com. 1942, p. 111.

112) Tunc, aaO, p. 111.

113) Siehe oben C I 1), 3) und 4).

114) Vgl. Trib. com. Seine 12. Juli 1951, S. 1952,2,125 und oben C I 3).

115) Vgl. Amiens 4. April 1951, Gaz. Pal. 1951,1,353; Paris 4. Mai 1960, D. 1960,637.

116) Bosvieux, Des conditions restrictives de la liberté du droit de vote, J. soc. 1939,74; Houpin et Bosvieux, Traité, Nr. 1178.

117) Lagarde, Des clauses réservant l'agrément d'un tiers pour la cession de droits, Rev. crit. 128,116.

ren Gesellschaft zu bringen[118]). Mit dem Mehrheitssyndikat ist das Kontrollsyndikat (syndicat de contrôle) verwandt. Damit wird die Kontrolle über die Besetzung der Gesellschaftsleitung und eine Stabilisierung der Macht der Mehrheitsaktionäre bezweckt[119]). Die Mehrheits- oder Quorumsyndikate sind häufig, treten aber selten erkennbar in Erscheinung, weil sie meist nur von wenigen Großaktionären gebildet werden[120]). Es sind drei verschiedene Typen zu unterscheiden: 1) Die Aktionäre verpflichten sich, immer so in der Generalversammlung zu stimmen, wie es die Mehrheit unter ihnen vorher beschlossen hat. Dieses Syndikat ist nichtig[121]). 2) Wirksam ist dagegen die Vereinbarung, immer dann nach dem vorher gefaßten Beschluß zu stimmen, wenn dieser einstimmig gefaßt worden ist[122]). 3) Die Mehrheits- oder Quorumsyndikate kommen auch in der Form vor, daß die Mitglieder der Syndikatsleitung widerrufliche oder unwiderrufliche Vollmacht erteilen. Die Wirksamkeit dieses Syndikats ist sehr streitig. Es kommt dabei auf die Wirksamkeit des erteilten Stimmauftrages an[123]). Aus der Natur der Mehrheits- oder Kontrollsyndikate folgt, daß sich in ihnen meist Mitglieder des Verwaltungsrates finden.

Die Verteidigungssyndikate (syndicats de défense) fassen eine größere Zahl von meist kleineren Aktionären zusammen. Sie dienen der Durchsetzung ihrer Interessen gegenüber den Großaktionären und der Geschäftsleitung. Sie verschicken Rundschreiben, erbitten Informationen und führen Prozesse gegen die Gesellschaft[124]). Ihr wahrer Zweck liegt häufig darin, einen Druck auf die Geschäftsleitung auszuüben. In Frankreich haben die Minderheitsaktionäre nicht das Recht, einen Minderheitenvertreter in den Verwaltungsrat zu entsenden[125]). Die Mehrheit bestimmt vielmehr allein, wer in den Verwaltungsrat kommt (Art. 28 Ges.v. 1867). Die Verteidigungssyndikate versuchen demgemäß, die Wahl eines Minderheitenvertreters zu erzwingen[126]). Soweit im Verteidigungssyndikat ein Stimmrechtsbindungsvertrag geschlossen wird, beurteilt sich dessen Wirksamkeit nicht anders als bei den Mehrheits- oder Kontrollsyndikaten.

Das Quorumsyndikat (syndicat de quorum) dient allein dem Zweck, in den Generalversammlungen das Quorum zusammenzubekommen[127]). Die Mitglieder erteilen der Syndikatsleitung Stimmvollmacht für längere Zeit, behalten sich aber vor, das Stimmrecht auch gegebenenfalls selbst auszu-

---

[118]) Kayser, Les syndicats de blocage de titres au porteur, J. soc. 1935,583.
[119]) Bosvieux, aaO, p. 74; Escarra et Rault, Traité, Nr. 1241; Freyria, aaO, p. 432; vgl. Trib. com. Seine, 11. Januar 1938, S. 1938,2,124.
[120]) Tunc, aaO, p. 121.
[121]) Vgl. oben C I 1) und 3); Bosvieux, aaO, p. 74; Escarra et Rault, Traité, Nr. 1241.
[122]) Trib. com. Seine 11. Januar 1938, S. 1938,2,124 und oben C I 1).
[123]) Einzelheiten siehe unten C II 5).
[124]) Bosvieux, aaO, p. 74; Tunc, aaO, p. 121.
[125]) Vgl. Escarra, Cours de droit commercial, Nr. 861; Hamel, La protection des minorités dans les sociétés anonymes, Rev. int. dr. comp. 1951,680; Percerou, Le régime juridique des sociétés par actions, Ann. dr. com. 1932,223.
[126]) Tunc, aaO, p. 121.
[127]) Vgl. oben B III 1).

üben. Die Aktien werden beim Syndikat hinterlegt und auf Verlangen wieder herausgegeben. Dieses Syndikat ist wirksam[128]), wenn nicht unter besonderen Umständen der erteilte Stimmauftrag unwirksam ist[129]).

Beim Hinterlegungssyndikat (syndicat de blocage) verpflichten sich die Mitglieder, ihre Aktien oder einen Teil davon im Safe der Syndikatsleitung oder einer Bank zu hinterlegen (blockieren)[130]). Es dient nur der Sicherung anderer Vereinbarungen, so der Sicherung von Vorkaufsrechten, der Stützung der Börsenkurse (syndicat de soutien) oder der Erreichung des Quorums (syndicat de quorum). Das Hinterlegungssyndikat kommt aber besonders auch als Mehrheits-, Kontroll- oder Verteidigungssyndikat vor. In diesen Fällen, die hier allein interessieren, werden die Aktien der Mitglieder zur Sicherung des unter ihnen geschlossenen Vertrages bei der Syndikatsleitung oder einer Bank hinterlegt. Die Mitglieder verzichten für eine bestimmte Zeit auf die Verfügung über die beim Syndikat hinterlegten Aktien oder hinterlegen sie bei einer Bank auf den Namen der Syndikatsleitung. Die Syndikatsleitung übt das Stimmrecht für die Mitglieder als Stimmbeauftragter aus. Wie abgestimmt werden soll, wird vorher unter den Mitgliedern abgesprochen, oder es entscheidet die Syndikatsleitung allein. Im ersten Fall hängt die Wirksamkeit des Syndikats von der Wirksamkeit der Stimmvereinbarung ab. Es gilt also das oben zum Mehrheits- und Kontrollsyndikat Gesagte. Im zweiten Fall hängt sie von der Gültigkeit des erteilten Stimmauftrages ab[131]).

Damit, daß die Stimmrechtsvereinbarungen gesellschaftsrechtlicher Natur als Syndikate bezeichnet werden, ist noch nicht viel über ihre Rechtsform gesagt[132]). Große Bedeutung hat diese Frage allerdings deshalb nicht, weil die Rechtsprechung nicht auf die Rechtsform, sondern auf den Grad der Bindungswirkung abstellt.

Nach Ansicht von Houpin et Bosvieux[133]) ist das einzig wirksame Mittel, auf die Dauer eine übereinstimmende Stimmrechtsausübung der Aktionäre einer Gruppe zu erzielen, eine Vereinbarung, nach der diese Aktionäre entweder das Eigentum oder den Nießbrauch für eine bestimmte Zeit in eine von ihnen zu bildende Gesellschaft einbringen. Letzterenfalls und vorausgesetzt, daß die Statuten die Anwesenheit des Nießbrauches in der Generalversammlung zulassen, wird das Stimmrecht von den Syndikatsleitern ausgeübt, ohne daß die Aktionäre das Eigentum an ihren Aktien verlieren[134]). Diese Aussage bedarf der Erklärung und Einschränkung.

---

[128]) Mutignon, La représentation des actionnaires, p. 265; Tamboise, La stabilité du du contrôle dans les sociétés par actions, p. 359f., 373.

[129]) Einzelheiten vgl. unten C II 5).

[130]) Kayser, Les syndicats de blocage de titres au porteur, J. soc. 1935,567; Lagarde, aaO, p. 116; Ripert, Traité, Nr. 1220; Marseille 28. März 1952, Gaz. Pal. 1952, Som. 16, Rev. trim. dr. com. 1953,133 Anm. Rault, und auf Kassationsklage: Cass. com. 2. März 1955, J.C.P. 1955,2,8823.

[131]) Vgl. dazu unten C II 5).

[132]) Kayser, Les syndicats de blocage de titres au porteur, J. soc. 1935,583.

[133]) Traité, Nr. 1178.

[134]) Vgl. auch Rousseau, Le décret-loi du 31 août 1937, J.C.P. 1939, étude 118, Nr. 24.

Im französischen Gesellschaftsrecht herrscht Typenzwang[135]). Alle Gesellschaften, seien es Zivil- oder Handelsgesellschaften, mit Ausnahme der Stillen Gesellschaft, unterliegen der gesetzlichen Definition des Art. 1832 c.civ.: »Die Gesellschaft ist ein Vertrag, in dem zwei oder mehrere Personen vereinbaren, etwas zu vergemeinschaften, um den daraus entstehenden Gewinn zu teilen.« Die Handelsgesellschaften, einschließlich der Aktiengesellschaft und der GmbH, aber mit Ausnahme der Stillen Gesellschaft, sind Gesellschaften im Sinne des Art. 1832 c.civ. kraft ausdrücklicher Verweisung durch die Vorschriften der Art. 18 c.com. und 1873 c.civ. Alle diese Gesellschaften, einschließlich der Zivilgesellschaft, der Offenen Handelsgesellschaft und der Kommanditgesellschaft, aber mit Ausnahme der Stillen Gesellschaft, besitzen eine eigene Rechtspersönlichkeit und ein eigenes Vermögen. Das folgt aus Art. 529 c.civ.[136]).

Ein Personenverband, dessen Zweck nicht die Gewinnerzielung und dessen Verteilung ist, ist keine Gesellschaft im Sinne des Art. 1832 c.civ. [137]). Die Stimmrechtssyndikate erstreben aber normalerweise keinen Gewinn und haben auch keinen zu verteilen. Deshalb können sie in der Regel nicht als Gesellschaft (société) qualifiziert werden[138]).

Ein Stimmrechtssyndikat könnte höchstens die Form der Zivilgesellschaft oder einer Handelsgesellschaft annehmen, wenn diese Gesellschaft nicht nur als Stimmrechtssyndikat, sondern wenigstens daneben auch zum Zwecke der Gewinnerzielung und dessen Verteilung gebildet würde. Beispiele dafür finden sich in den bereits besprochenen[139]) Entscheidungen des Appellationsgerichts Paris vom 21. November 1951[140]) und des Kassationsgerichts vom 10. Juni 1960[141]). In beiden Fällen hatten Aktionäre untereinander eine GmbH (S.A.R.L.) gebildet, in die sie Aktien einbrachten, für die sie eine Stimmbindung wünschten. In der Pariser Entscheidung wurde ausdrücklich hervorgehoben, daß der satzungsmäßig angegebene Gesellschaftszweck der GmbH in der »Verwaltung von Industrieunternehmen, der Beteiligung an allen Arten von Gesellschaften etc.« bestand. Es handelte sich also formell um den klassischen Fall der erlaubten Beteiligungsgesellschaft.

Die Einbringung in eine Gesellschaft im Sinne des Art. 1832 c.civ. führt nun, wie Houpin et Bosvieux[142]) richtig bemerken, dazu, daß das Stimmrecht einheitlich für die eingebrachten Aktien ausgeübt wird, weil das Eigentum (oder der Nießbrauch) an den Aktien in das Vermögen der Gesellschaft fällt und das Stimmrecht daraus nicht von den Gesellschaftern, sondern von der Gesellschaftsleitung wahrgenommen wird. Dennoch wird durch die

---

[135]) Vgl. Ripert, Traité, Nr. 691.
[136]) Vgl. Ripert, Traité, Nr. 654.
[137]) Vgl. Hamel et Lagarde, Traité, Nr. 401; Ripert, Traité, Nr. 642, 655 ff. und 1013; Cass. civ. 11. März 1914, D. 1914,1,257.
[138]) Vgl. Mutignon, La représentation des actionnaires, p. 265.
[139]) Vgl. oben C I 2) und 3).
[140]) Rev. soc. 1952,169.
[141]) D. 1961, Som. 18.
[142]) Traité, Nr. 1178.

Einbringung der Aktien in eine Gesellschaft allein noch keine Stimmrechtsbindung erzielt, weil die Gesellschaftsleitung in der Generalversammlung nach Gutdünken stimmen kann. Deshalb müßte im Gesellschaftsvertrag des Syndikats noch eine besondere Klausel hinzukommen, die die Stimmrechtsbindung herbeiführt. In den genannten Entscheidungen waren alle Gesellschafter durch den Gesellschaftsvertrag zu Geschäftsführern bestellt worden. Sie hatten die Geschäfte in dem dem Pariser Gericht vorliegenden Fall im Sinne der Mehrheit der Geschäftsführer und im Fall, der dem Kassationsgericht vorlag, übereinstimmend zu führen. Da in beiden Fällen feststand, daß die GmbH nur den Zweck hatte, auf lange Zeit eine einheitliche Stimmabgabe für die eingebrachten Aktien zu erzwingen, erklärten die Gerichte die Gesellschaft für nichtig, weil es sich in Wahrheit nicht um eine Gesellschaft mit beschränkter Haftung, sondern um ein verbotenes Stimmrechtssyndikat gehandelt hatte. Zu beachten ist aber, daß das Vermögen der Gesellschaften in beiden Fällen fast ausschließlich aus den Aktien bestand, hinsichtlich derer das Stimmrecht gebunden werden sollte. Anderenfalls hätten die Gerichte vermutlich nur die fraglichen Klauseln der Satzung, und auch nur soweit sie die Stimmrechtsausübung durch die Geschäftsführer betrafen, für nichtig erklärt.

Die Rechtsform, die für das Stimmbindungssyndikat am besten geeignet ist, ist die Stille Gesellschaft (association en participation)[143]). Obwohl das Gesetz sie in Art. 42 c.com. als »association« (Verein) bezeichnet, handelt es sich um eine Gesellschaft; für sie gilt Art. 1832 c.civ. allerdings nicht[144]). Die Stille Gesellschaft hat keine Rechtspersönlichkeit (Art. 44 Abs. 4 c.com.) und kein Vermögen. Das Vermögen gehört den Gesellschaftern oder wird auf den Leiter (exploitant, gérant) übertragen. Auch die Begründung von Miteigentum (copropriété) ist denkbar[145]). Die Miteigentümer können aber jederzeit Auseinandersetzung verlangen. Die Auseinandersetzung kann für höchstens fünf Jahre vertraglich ausgeschlossen werden (Art. 815 c.civ.). Gesamthandseigentum kennt das französische Recht überhaupt nicht. Charakteristisch für die Stille Gesellschaft ist, daß die Beziehungen der Gesellschafter zueinander nach außen nicht in Erscheinung treten (Art. 44 Abs. 1 c.com.). Der Gesellschaftsvertrag unterliegt keinerlei Formalitäten und keiner Publizität. Das ist der Hauptgrund, weshalb Mehrheits- oder Kontrollsyndikate meist die Form der Stillen Gesellschaft annehmen[146]). Die Stille Gesellschaft endet mit dem Ablauf der Zeit, für die sie eingegangen wurde, oder durch Kündigung eines Gesellschafters, wenn sie für unbestimmte Zeit eingegangen wurde, oder auch durch den Tod eines Gesell-

---

[143]) Kayser, Les syndicats de blocage de titres au porteur, J. soc. 1935,583; Lescot, De l'intervention d'une association en participation dans la constitution et le fonctionnement d'une société par actions, Rec. jur. soc. 1930,84; Mutignon, La représentation des actionnaires, p. 265; Tchernoff, Les syndicats financiers, p. 121.

[144]) vgl. Hamel et Lagarde, Traité, Nr. 505ff.; Ripert, Traité, Nr. 865ff.

[145]) Vgl. Tchernoff, Les syndicats financiers, p. 124.

[146]) Kayser, aaO, p. 583; Lescot, aaO, p. 84.

schafters, wenn nichts Gegenteiliges bestimmt wurde[147]). Für die im Rahmen einer Stillen Gesellschaft abgeschlossenen Stimmrechtsbindungsverträge gilt das Gesagte. Insbesondere ist es verboten, die Stimmrechtsausübung von einem Mehrheitsbeschluß abhängig zu machen.

Das Syndikat kann weiter die Form des nicht-rechtsfähigen Vereins (association) annehmen[148]). »Der Verein ist eine Vereinbarung, nach der zwei oder mehrere Personen für längere Zeit ihre Kenntnisse oder ihre Tätigkeit vergemeinschaften, ohne eine Gewinnteilung zu bezwecken.« (Art. 1 Satz 1 Gesetz vom 1. Juli 1901). Der Verein wird also dadurch charakterisiert, daß die Mitglieder keine Gewinnerzielung erstreben[149]). Das unterscheidet ihn im wesentlichen von der Gesellschaft. Wird der Verein für unbestimmte Zeit gegründet, so kann jedes Mitglied jederzeit austreten, nachdem es die laufenden Beiträge bezahlt hat, ohne daß der Verein dadurch sein Ende fände (Art. 4 Ges.v. 1901). Im übrigen gilt das zur Stillen Gesellschaft Gesagte.

Verteidigungssyndikate haben im Gegensatz zu den Mehrheits- oder Kontrollsyndikaten ein Interesse daran, nach außen in Erscheinung zu treten und bekannt zu werden, um möglichst viele Mitglieder zu bekommen. Sie wählen daher meist die Form des rechtsfähigen Vereins (association déclaré, Art. 5 Ges.v. 1. Juli 1901)[150]). Für die Stimmrechtsausübung gilt das bereits Gesagte auch hier.

Auf die Erfüllung von Stimmrechtsbindungsverträgen kann nicht geklagt werden. Kein Aktionär kann also verurteilt werden, seine Stimme so abzugeben, wie er es versprochen hat[151]). Das französische Recht unterscheidet gemäß Art. 1101 c.civ. Zahlungs- und Lieferungsverpflichtungen (dare) und die Verpflichtung, etwas zu tun (facere) oder nicht zu tun (non facere). Nach Art. 1142 c.civ. löst die Nichterfüllung einer Verpflichtung, entweder etwas zu tun oder nicht zu tun, nur Schadensersatzansprüche aus (»Toute obligation de faire ou de ne pas faire se résout en dommages et intérêts, en cas d'inexécution de la part du débiteur«). Im Stimmrechtsbindungsvertrag verpflichten sich aber die Aktionäre, etwas zu tun oder nicht zu tun.

Stimmrechtsbindungsverträge können die Generalversammlung nicht binden[152]), weil es sich um res inter alios acta handelt (Art. 1165 c.civ.). Wenn der Aktionär seine Verpflichtung nicht einhält, bleibt seine Stimmabgabe doch wirksam; die Folge ist lediglich, daß er seinem Vertragspartner gemäß Art. 1146ff. zum Ersatz des daraus entstehenden Schadens verpflichtet ist[153]).

Die Gerichte haben verschiedentlich Schadensersatz wegen Nichterfüllung von Stimmrechtsbindungsverträgen zugesprochen. Das Appellationsgericht

---

147) Vgl. Ripert, Traité, Nr. 875.
148) Copper-Royer, Traité, Nr. 381; Mutignon, aa,O p. 285.
149) Vgl. Ripert, Traité, Nr. 655 ff.
150) Vgl. Kayser, aaO, p. 583.
151) Houin, Anm. zu Trib. com. Seine 12. Juli 1951, S. 1952,2,125.
152) Ripert, Traité, Nr. 1232; Hamel et Lagarde, Traité, Nr. 635; Paris 13. Juli 1948, Gaz. Pal. 1948,2,95.
153) Kayser, aaO, p. 575.

Rennes[154]) verurteilte einen Aktionär, der einem Dritten das Unternehmen der Gesellschaft verkauft und versprochen hatte, daß die Generalversammlung mit seinen Stimmen und den Stimmen anderer Aktionäre den Verkauf ratifizieren würde, zum Schadensersatz wegen Nichterfüllung, weil der Generalversammlungsbeschluß nicht zustandekam. Das Kassationsgericht[155]) entschied, daß ein Gesellschaftsgründer, der einem Dritten versprochen hatte, ihn zum Präsidenten zu wählen und wählen zu lassen, schadensersatzpflichtig sei, wenn die Generalversammlung dann einen anderen zum Präsidenten wählte. Ebenso entschied das Appellationsgericht Amiens[156]). Hier ließ sich ein Präsident versprechen, daß sein Vertragspartner in den Sitzungen des Verwaltungsrates dafür sorgen werde, daß er seinen Posten behalte. Trotzdem rief der Verwaltungsrat den Präsidenten von seinem Amt ab. Das Gericht sprach ihm Schadensersatz wegen Nichterfüllung zu.

6) Satzungsmäßige Beschränkung der Stimmrechtsausübung

Die Freiheit der Stimmrechtsausübung kann auch durch die Satzung eingeschränkt sein. Nach einhelliger Meinung ist Art. 10 des Décret-Loi vom 31. August 1937 daher auch auf Satzungsbestimmungen anwendbar[157]). Es sind direkte und indirekte Beschränkungen der Freiheit der Stimmrechtsausübung zu unterscheiden. Eine indirekte Beschränkung stellen die Satzungsbestimmungen dar, die den Zugang der Aktionäre zur Generalversammlung einschränken. Hier sind die Fälle der »exeptio non adimpleti contractus«, der »clause de stage«, der »clause d'agrément« und der »clause de dépôt« zu nennen[158]). Es ist anzuerkennen, daß ein Aktionär, der nicht zur Generalversammlung zugelassen wird, auch an der freien Ausübung seines Stimmrechts behindert wird. Insofern sind diese Satzungsklauseln auch nach dem Décret-Loi von 1937 zu beurteilen. Es ist aber[159]) bereits herausgestellt worden, daß die Aktionäre grundsätzlich ein Recht auf ungehinderten Zugang zur Generalversammlung haben. Insofern gibt das Décret-Loi für diese Satzungsbestimmungen keine neuen Beurteilungselemente. Es sollen daher an dieser Stelle nur noch die Fälle untersucht werden, in denen den Aktionären zwar der Zugang zur Generalversammlung gewährt wird, ihre Stimmrechtsausübung aber in anderer Weise eingeschränkt ist.

---

[154]) 28. Oktober 1931, S. 1932,2,20; J. soc. 1932,2,75 Anm. Cordonnier.
[155]) Cass. com. 21. Februar 1949, Bull. Cass. 1949, II, 156.
[156]) 4. April 1951, Gaz. Pal. 1951,1,353.
[157]) Bosvieux, Des conditions restrictives de la liberté du droit de vote, J. soc. 1939,74; Encyclopédie Dalloz, T. III, V° Assemblées générales, Nr. 200; Decugis, Les modifications apportées au régime des sociétés par actions, J. soc. 1938, 84f.; Freyria, Etude de la jurispurdende sur les conventions portantes atteinte à la liberté du vote dans les sociétés, Rev. trim. dr. com. 1951,431f.; Hamel et Lagarde, Traité, Nr. 533; Ripert, Traité, Nr. 1219; Rousseau, Le décret-loi du 31 août 1937, J.C.P. 1939, étude 118, Nr. 16 und 19; Tunc, Les conventions relatives au droit de vote, Rev. gén. dr. com. 1942,141ff.
[158]) Vgl. oben B I 3) und 4).
[159]) Oben B I 1).

Es handelt sich um Satzungsbestimmungen, die die Wahl in den Verwaltungsrat betreffen. An erster Stelle ist die Bestimmung des Art. 25 Abs. 3 des Gesetzes von 1867 zu nennen. Danach können die Mitglieder des ersten Verwaltungsrates durch die Satzung bestimmt werden, ohne daß die konstituierende Generalversammlung gesondert zuzustimmen hätte[160]). Sie können durch die Satzung für eine Dauer von höchstens drei Jahren bestellt werden. Von den in normaler Weise gewählten Mitgliedern unterscheiden sie sich nur durch den Bestellungsakt. Im übrigen sind sie wie alle Verwaltungsratsmitglieder jederzeit auch während der drei Jahre ohne Angabe von Gründen abberufbar (Art. 22 Gesetz von 1867).

Später können die Mitglieder des Verwaltungsrates nur noch durch die Generalversammlung bestellt werden. Ein Entsendungsrecht für bestimmte Aktionäre oder die Inhaber bestimmter Aktienkategorien kann nicht durch die Satzung eingeführt werden. Es gibt jedoch Satzungen, die eine ähnliche Wirkung dadurch erzielen, daß sie die Wählbarkeit in den Verwaltungsrat an bestimmte Voraussetzungen knüpfen. Insbesondere kann die Satzung Bedingungen hinsichtlich des Alters, der Erfahrung, der Befähigung, des Berufes oder der Nationalität aufstellen[161]). Entscheidend bei diesen Satzungsbestimmungen ist, daß den Aktionären noch eine gewisse Wahl bleibt[162]). Ihnen können also nicht eine oder mehrere bestimmte Personen aufgedrängt werden, und die Beschränkung der Wählbarkeit findet auf alle Aktionäre ohne Unterschied Anwendung[163]).

In einem Fall, der dem Appellationsgericht Paris[164]) vorlag, wurde ein Grundstück von einer zu diesem Zweck gegründeten Aktiengesellschaft (société immobilère) bebaut. Die Aktien zerfielen in zwei Kategorien: Die der einen Kategorie verbrieften ein Recht auf je eine der zu erbauenden Wohnungen, die der anderen auf je eine der zu erbauenden Garagen. Die Aktionäre, die ein Anrecht auf den Bezug der Garagen hatten, besaßen die Mehrheit in der Generalversammlung. Nach einer Kapitalerhöhung, die stattfand, als die Garagen schon gebaut waren, wurde eine Klausel in die Satzung aufgenommen, wonach von den vier Mitgliedern des Verwaltungsrates drei aus der Reihe derjenigen Aktionäre zu wählen waren, die ein Wohnungsanrecht hatten, während ein Verwaltungsratsmitglied von der Generalversammlung aus der Reihe der Garagenbezieher zu wählen war. Die Mitglieder der Mehrheitsgruppe, also die Garagenbezieher, klagten auf Nichtigerklärung der fraglichen Satzungsbestimmung. Das Gericht wies die Klage ab, weil die Klausel im wohlverstandenen Interesse der Minderheitsgruppe läge. Die Wohnungen der Minderheitsaktionäre waren noch nicht

---

[160]) Vgl. Hamel et Lagarde, Traité, Nr. 636; Ripert, Traité, Nr. 1232.

[161]) Vgl. Encyclopédie Dalloz, T. III, V° Assemblées générales, Nr. 200.

[162]) Escarra et Rault, Traité, Nr. 1365; Ripert, Traité, Nr. 1219; Wahl, Des restrictions statutaires apportées à la désignation des administrateurs ou des commissaires de surveillance et au droit de vote dans les assemblées de sociétés anonymes, J. soc. 1913, 341 ff.

[163]) Paris 17. Dezember 1954, Gaz. Pal. 1955,1,149 concl. Av. gén. Lancien; J.C.P. éd. C.I. 1955, Nr. 55126; J. soc. 1955,338, Anm. Plaisant.

fertiggestellt, während die Mehrheitsgruppe ihre Garagen schon bezogen hatte. Deshalb hätte die Satzungsklausel nur dem verschieden großen Risiko Rechnung getragen, dem die beiden Gruppen ausgesetzt waren. Die Freiheit der Stimmrechtsausübung sei nicht beschränkt worden, weil der Generalversammlung nicht bestimmte Personen aufgedrängt worden seien. Durch die Klausel seien nur die berechtigten Interessen der Minderheitsaktionäre geschützt worden.

Ebenso erklärte das Appellationsgericht Douai[165]), es sei prinzipiell erlaubt, Klauseln in die Statuten aufzunehmen, die die Ernennung der Verwaltungsratsmitglieder von bestimmten Bedingungen abhängig machen. Die Begrenzung dürfe nur nicht dazu führen, daß der Generalversammlung keine Wahl mehr bliebe. Das Gesellschaftskapital wurde in dem zu entscheidenden Fall zu 40% von einer Aktionärsgruppe und zu 60% von einer anderen gehalten. Die Gruppe, die 40% des Gesellschaftskapitals besaß, bestand aus 4 Aktionären. Die Satzung sah vor, daß der Verwaltungsrat aus einer geraden Zahl von Personen zu bilden war, und zwar aus mindestens vier und höchstens zwölf. Mindestens die Hälfte der Verwaltungsratsmitglieder war weiter aus der Gruppe von Aktionären zu wählen, die 40% der Aktien hielten. Die Generalversammlung wählte acht Personen in den Verwaltungsrat. Die Gruppe, der 60% der Aktien gehörte, klagte auf Nichtigerklärung der fraglichen Satzungsbestimmungen. Das Gericht gab der Klage statt. Da acht Personen in den Verwaltungsrat gewählt worden seien, sei die Generalversammlung praktisch gezwungen gewesen, alle vier Mitglieder der Gruppe, die 40% der Aktien besaß, in den Verwaltungsrat zu wählen. Die Freiheit der Stimmrechtsausübung sei deshalb in unzulässiger Weise eingeschränkt worden. Die Entscheidung ist falsch. Die Generalversammlung hätte sich auch, wie satzungsmäßig vorgesehen, mit weniger als acht Verwaltungsratsmitgliedern zufrieden geben können. Dann hätte eine gewisse Auswahl bestanden. Deshalb wäre es allenfalls vertretbar gewesen, wenn das Gericht die Wahl des Verwaltungsrates für nichtig erklärt hätte. Die Satzungsbestimmung als solche stellte keine Einschränkung der Stimmfreiheit dar[166]).

Die genannten Beschränkungen für die Wahl in den Verwaltungsrat können durch die Satzung auch für die Wahl zum Prüfungskommissar eingeführt werden[167]).

---

[164]) 17. Dezember 1954, aaO.
[165]) 24. Mai 1962, J.C.P. 1962,2,12871 Anm. D. Bastian; der Fall ist bereits oben B III 3) besprochen.
[166]) Vgl. die Anmerkung von D. Bastian, aaO.
[167]) Vgl. Wahl, aaO, p. 352ff.

II. Die Stimmrechtsausübung durch einen Stellvertreter

1) Das Mandat

Es wurde bereits gezeigt, daß es im französischen Aktienrecht nicht statthaft ist, fremdes Stimmrecht im eigenen Namen, sei es für eigene oder fremde Rechnung, auszuüben oder als Treuhänder in der Generalversammlung zu erscheinen[1]). Wer mit fremden Aktien abstimmen will, kann daher nur unmittelbarer Stellvertreter (représentant) sein. Auf die Vertretung (représentation) des Aktionärs finden die allgemeinen Regeln des Zivilrechts Anwendung. Diese sind hier kurz darzustellen: Der Code civil von 1804 kennt keine zusammenhängende Regelung der Stellvertretung. Der Begriff ist verhältnismäßig jung und erst von der Lehre herausgearbeitet worden[2]). Danach ist Stellvertretung das rechtsgeschäftliche Handeln im Namen des Vertretenen (représenté) derart, daß die Wirkungen des Rechtsgeschäftes unmittelbar in dessen Person eintreffen[3]). Der Vertreter weist sich in der Regel durch eine Vollmachtsurkunde (procuration) aus.

Die Erteilung (habilitation) der Vertretungsmacht (pouvoir) an den Vertreter (fondé de pouvoir) erfolgt durch Gesetz, gerichtliche Entscheidung oder durch Vertrag. Im einzelnen interessiert hier nur der letzte Fall. Der Code civil regelt in Art. 1984ff. diesen als Mandat (mandat) bezeichneten Vertrag: Das Mandat ist ein Vertrag, durch welchen der Mandant (mandant) einen anderen, den Mandatar (mandataire), damit betraut, ein oder mehrere Rechtsgeschäfte in seinem Namen zu tätigen[4]).

In der Lehre und Rechtsprechung werden die angeführten Begriffe, insbesondere »représentation, procuration, pouvoir« und »mandat« ständig vertauscht oder als gleichbedeutend verwendet. Der Code civil selbst bezeichnet den Mandatsvertrag zu Unrecht wahlweise auch als »procuration« (Art. 1984). Es wird hier den von Ripert et Boulanger[5]) gegebenen Begriffsbestimmungen gefolgt. Die Begriffsvertauschung erklärt sich daraus, daß das Mandat wesensnotwendig die Stellvertretung zum Gegenstand hat[6]) und daß es keine Vollmacht gibt, der nicht ein Mandatsvertrag zugrunde läge[7]).

Das Mandat ist ein unentgeltlicher Vertrag, wenn nichts anderes vereinbart worden ist (Art. 1986 c.civ.). Es handelt sich um einen an keine bestimmte Form gebundenen Konsensualvertrag (Art. 1985 c.civ.), der auch stillschweigend abgeschlossen werden kann[8]). Entscheidend für die Wirksamkeit der Vollmacht ist aber immer, daß ihr ein wirksamer Mandatsver-

---

1) Oben B II 5).
2) Vgl. Ripert et Boulanger, Traité, T. 2, Nr. 206.
3) Ripert et Boulanger, Traité, T. 2, aaO.
4) Vgl. Mazeaud, Leçons, T. 2, Nr. 150, T. 3, Nr. 1384 und Ripert et Boulanger, Traité, T. 3, Nr. 2131.
5) Traité, T. 2, Nr. 206ff. und T. 3, Nr. 2131ff.
6) Mazeaud, Leçons, T. 3, Nr. 1382.
7) Ripert et Boulanger, Traité, T. 2, Nr. 2136.
8) Mazeaud, Leçons, T. 3, Nr. 1391; Ripert et Boulanger, Traité, T. 2, Nr. 2147.

trag zugrunde liegt[9]). Auch wird der Mandant durch ein Rechtsgeschäft des Mandatars insoweit nicht gebunden, als er seine durch das Mandat übertragene Vertretungsmacht überschreitet (dépassement de pouvoir, Art. 1989 c.civ.). Im einen wie im anderen Fall können aber dem Dritten die Regeln der Anscheinsvollmacht (mandat apparent) zu Hilfe kommen. Wenn sich der Dritte in einem unüberwindlichen Irrtum (erreur invincible) über das Vorhandensein des Mandats, beziehungsweise den Umfang der Vollmacht befand, muß der Vertretene das Geschäft gegen sich gelten lassen[10]). Ebenso verhält es sich, wenn ein dem Vertretenen vorwerfbares Verhalten (faute) einen entschuldbaren Irrtum (erreur excusable) bei dem Dritten hervorgerufen hat[11]). Das ist besonders dann oft der Fall, wenn die Vollmachtsurkunde ungeschickt gefaßt ist.

Die Regeln der Anscheinsvollmacht kommen aber dann nicht zum Zuge, wenn der Mandatsvertrag etwa wegen Irrtums, arglistiger Täuschung, Drohung oder mangelnder Geschäftsfähigkeit des Mandanten fehlerhaft war[12]). Die mangelnde Geschäftsfähigkeit des Mandatars hat auf die Wirksamkeit des Mandatsvertrages keinen Einfluß, nur kann er durch das Mandat nicht persönlich verpflichtet werden[13]).

Wenn der Vertreter ohne Vertretungsmacht gehandelt hat oder seine Vertretungsmacht überschritten hat, kann der Vertretene das Geschäft mit rückwirkender Kraft genehmigen (ratifier, Art. 1998 c.civ.). Auch ohne Genehmigung ist das Geschäft darüber hinaus nach den Regeln der Geschäftsführung ohne Auftrag (gestion d'affaires, Art. 1372ff. c.civ.) für den Vertretenen verpflichtend, wenn das Tätigwerden des Geschäftsführers opportun war und er das Geschäft in einer für den Geschäftsherren nützlichen Weise geführt hat[14]).

Der Mandatar haftet dem Mandanten gemäß Art. 1992 c.civ. wie ein »bon père de famille« (culpa levis in abstracto), wenn das Mandant entgeltlich war; anderenfalls nur für die Sorgfalt in eigenen Angelegenheiten (culpa levis in concreto)[15]). Der Mandatar haftet, wenn ihm Unterbevollmächtigung (substitution) erlaubt war, nur für culpa in eligendo (Art. 1994 Abs. 1). Ohne ausdrückliche Erlaubnis darf der Bevollmächtigte keine Untervollmacht erteilen. Der häufigste Fall der erlaubten Unterbevollmächtigung ist der, wo der Mandant dem Mandatar Blankovollmacht (pouvoir en blanc, procuration en blanc) erteilt. Der Mandant gibt hier dem Mandatar die Weisung oder gestattet ihm, einen Substituten auszuwählen (mandat en blanc). Die Blankovollmacht kann auch in der Weise erteilt werden, daß der Mandant den Gegenstand der Bevollmächtigung völlig offen läßt und

---

[9]) Mazeaud, Leçons, T. 3, Nr. 1391; Ripert et Boulanger, Traité, T. 2, Nr. 2136 und 2158

[10]) Mazeaud, Leçons, T. 2, Nr. 150.

[11]) Mazeaud, Leçons, T. 3, Nr. 1391 und 1414.

[12]) Vgl. Mazeaud, Leçons, T. 3, Nr. 1414.

[13]) Ripert et Boulanger, Traité, T. 2, Nr. 2134.

[14]) Cass.civ. 28. Oktober 1942, D.C. 1943, 1, 29.

[15]) Vgl. Mazeaud, Leçons, T. 3, Nr. 1402.

dem Mandatar freistellt, die Urkunde auch insofern selbständig auszufüllen[16]).

Das Mandat und damit auch die Vollmacht enden mit Zeitablauf, mit dem Tod, dem Eintritt der Geschäftsunfähigkeit und mit dem Konkurse des Mandanten oder des Mandatars, ferner durch Entziehung des Mandats oder durch Mandatsniederlegung (Art. 2003 c.civ.). Die Entziehung (révocation) oder Niederlegung (renonciation) des Mandats ist jederzeit möglich (Art. 2004 und 2007). Das gilt nicht nur für das unentgeltliche, sondern auch für das entgeltliche Mandat[17]). Dritten, die die Beendigung des Mandatsvertrages in anderer Weise als durch Zeitablauf nicht positiv kannten, kann sie nicht entgegengesetzt werden (Art. 2005 und 2009 c.civ.). Obwohl es sich hier um eine Art Anscheinsvollmacht handelt, sind die Anforderungen nicht so streng wie sonst.

Wenn auch das Mandat jederzeit frei widerruflich ist, kann doch seine Unwiderruflichkeit vereinbart werden. Unwirksam wäre nur eine zeitlich unbeschränkte Generalvollmacht[18]). Die Unwiderruflichkeit des Mandats wird auch dann meist von den Parteien gewollt sein, wenn das vom Mandatar zu tätigende Rechtsgeschäft im beiderseitigen Interesse (intérêt commun), also im Interesse nicht nur des Mandanten, sondern auch des Mandatars lag[19]). Das ist zum Beispiel dann der Fall, wenn ein Miteigentümer dem anderen Vollmacht zur Verwaltung des gemeinsamen Gutes gibt.

Für die Stimmrechtsausübung des Aktionärs durch Stellvertreter gelten die dargestellten allgemeinen Regeln mit einigen Besonderheiten. Jeder Aktionär kann sich durch einen anderen Aktionär oder Nichtaktionär vertreten lassen. Die Vollmachten unterliegen keiner besonderen Formvorschrift; der Verwaltungsrat kann aber eine Form bestimmen[20]). Die Vollmacht kann sogar mündlich erteilt werden[21]), aber das ist aus Beweisgründen nur dann praktisch, wenn der Mandant an der Generalversammlung teilnimmt. Houpin et Bosvieux[22]) meinen, daß bei Inhaberaktien eine schriftliche Vollmacht nicht erforderlich sei. Das ist unzutreffend, wenn der Mandant nicht ebenfalls in der Generalversammlung anwesend ist oder das Mandat nicht der Gesellschaftsleitung erteilt wird. Der Mandatar, der ohne Vollmachtsurkunde erscheint, wird nicht zur Generalversammlung zugelassen, es sei denn, er verschweigt, daß er nur Stellvertreter ist. In diesem Fall gibt er sich als Aktieneigentümer aus (vgl. Art. 2279 c.civ.) ohne es zu sein und macht sich daher gemäß Art. 13 Abs. 2 Gesetz von 1867 strafbar[23]). Auch der Vertreter des Eigentümers von Inhaberaktien braucht daher in der Regel eine schriftliche Vollmacht[24]).

---

16) Vgl. Mazeaud, Leçons, T. 3, Nr. 1390.
17) Cass. req. 9. Juli 1885, S. 1887,1,478.
18) Mazeaud, Leçons, T. 3, Nr. 1419.
19) Mazeaud, Leçons, T. 3, Nr. 1421.
20) Houpin et Bosvieux, Traité, Nr. 1139.
21) Vgl. Alger 26. Juni 1946, S. 1948,2,65 Anm. Delaume, J. soc. 1949,402.
22) Traité, Nr. 1139.
23) Vgl. oben B I 6).
24) Mutignon, La représentation des actionnaires, p. 65f.

Durch den Stimmauftrag wird normalerweise die Freiheit der Stimmrechtsausübung nicht berührt, weil das Mandat grundsätzlich jederzeit frei widerruflich ist und weil der Mandatar im Namen des Mandanten stimmt[25]). Auch aus dem Gesichtspunkt der Untrennbarkeit von Vermögens- und Mitverwaltungsrecht erscheint der Stimmauftrag unproblematisch, weil der Mandatar, wenn auch nicht immer im alleinigen Interesse, so doch zumindest auch im Interesse des Mandanten handelt[26]).

Die Gesellschaften verschicken an ihre Aktionäre in der Regel vorgedruckte Vollmachtsformulare. Diese enthalten dann meist die Aufforderung, vor die Unterschrift handschriftlich die Worte »bon pour pouvoir« (gut als Vollmacht) zu setzen. Der Brauch erklärt sich aus Art. 1326 c.civ. Nach dieser Vorschrift hat der Unterzeichner eines einseitigen, privatschriftlichen Versprechens zur Zahlung einer bestimmten Summe von Geld oder anderen Gegenständen das Versprechen mit der Hand zu schreiben oder wenigstens vor seine Unterschrift handschriftlich die Worte »bon« oder »approuvé« und die Summe oder Menge des Versprochenen zu setzen. Obwohl eine Vollmacht kein solches Versprechen enthält, hat sich die überflüssige Übung erhalten, auch hier eine entsprechende handschriftliche Formel vor die Unterschrift zu setzen. Eine Vollmacht, bei der nur die Unterschrift handschriftlich erfolgt oder bei der die Formel »bon pour pouvoir« überhaupt fehlt, ist voll beweisktäftig.

Die schriftliche Bevollmächtigung unterliegt einer Stempelsteuer[27]). Das folgt aus Art. 879 Code général des impôts. Die Steuer wird in der Form erhoben, daß auf jedes Formular eine Steuermarke (timbre) zu kleben ist. Da die Höhe der Steuer sich nach der Größe des Formulars richtet, wird die Stempelmarke als »timbre de dimension« bezeichnet. Für das kleinste Blatt von der Größe 21 x 27 cm (etwas kürzer als DIN-A 4) beträgt der Steuersatz 2,50 F (Art. 876 C.G.I.). Steuerschuldner ist der Mandant.

Der Arrêté du directeur général des impôts vom 25. Februar 1950 (C.G.I. Annexe IV, Art. 93 A-G) sieht ein besonders vereinfachtes Verfahren vor. Die Steuerschuld aller Aktionäre, die nicht persönlich in der Generalversammlung erscheinen, kann auf einmal nach einer Aufstellung der vertretenen Aktionäre (sur état) von der Gesellschaft bezahlt werden. Voraussetzung ist, daß die Gesellschaft vorher bei der Steuerbehörde eine Genehmigung einholt und sich verpflichtet, die Steuerschulden der Mandanten zu übernehmen. Die Schuld kann dann innerhalb von 20 Tagen nach Abhaltung der Generalversammlung bezahlt werden. Berechnungsgrundlage ist die Anwesenheitsliste (Art. 28 Ges. von 1867). Die Vollmachtsformulare erhalten dann keine Steuermarke, sondern den Aufdruck »Timbre payé sur état«. Die Steuerbehörde hat ein Nachprüfungsrecht. Deshalb muß die

---

[25]) Freyria, Etude de la jurisprudence sur les conventions portantes atteinte à la liberté du vote dans les sociétés, Rev. trim. dr. com. 1951,423 und 430; Tunc, Les conventions relatives au droit de vote, Rev. gen. dr. com. 1942,289.

[26]) Cordonnier, L'actionnaire peut-il céder son droit de vote?, J. soc. 1927,29.

[27]) Houpin et Bosvieux, Traité, Nr. 1138; Joly, Dictionnaire du droit des sociétés anonymes et en commandite par actions T 1, Serie A, V° Assemblée d'actionnaires Nr. 25.

Gesellschaft die Anwesenheitsliste und die Vollmachtsformulare drei Jahre lang aufheben.

Nichtbezahlung der Stempelsteuer hat auf die Wirksamkeit der Bevollmächtigung und erst recht auf die der Generalversammlung keinen Einfluß.

2) Die Teilnehmerliste

Aus der Teilnehmerliste (feuille de présence) ergibt sich, welche Aktionäre an der Generalversammlung teilgenommen haben. Art. 28 Abs. 2 des Gesetzes von 1867 bestimmt: »Es ist eine Teilnehmerliste zu führen; sie enthält die Namen und den Wohnort der Aktionäre und die Zahl der Aktien, die jeder besitzt (dont chacun est porteur)«. In Absatz 3 heißt es: »Die Teilnehmerliste wird, nachdem sie von den anwesenden Aktionären oder ihren Mandataren abgezeichnet und ihre Richtigkeit vom Versammlungsbüro bescheinigt worden ist, am Gesellschaftssitz hinterlegt und ist jedem, der es wünscht, vorzulegen«. Die Aktionäre würden ohne die Teilnehmerliste die Namen der Besitzer von Inhaberaktien nicht immer erfahren können[28]), schon gar nicht, wenn diese sich in der Generalversammlung vertreten lassen. Die Teilnehmerliste beurkundet bis zum Beweis ihrer Unrichtigkeit, wie hoch die in der Generalversammlung vertretene Kapitalfraktion war[29]). Damit wird es auch möglich festzustellen, ob das Quorum erreicht worden ist.

Die Abzeichnung der Teilnehmerliste durch die Aktionäre oder ihre Vertreter ist keine wesentliche Formalität. Unterbleibt sie daher, so sind die Generalversammlungsbeschlüsse dennoch wirksam[30]).

Unstreitig sind die Namen der persönlich in der Generalversammlung erschienenen Aktionäre in der Teilnehmerliste aufzuführen. Über die Frage, ob auch die Namen der vertretenen Aktionäre in der Teilnehmerliste enthalten sein müssen oder ob es genügt, daß die Aktionäre, die andere vertreten[31]), in der Liste erscheinen, herrschte bis vor kurzem keine Einhelligkeit in der Rechtsprechung. Das Kassationsgericht[32]) hob heraus, daß eine Generalversammlung wirksam abgehalten war, deren Teilnehmerliste die Namen der anwesenden und der vertretenen Aktionäre enthielt. Daraus läßt sich schließen, daß das Gericht es für erforderlich hält, daß die Namen der vertretenen Aktionäre in der Liste erscheinen.

Das Appellationsgericht Paris[33]) entschied hingegen, daß eine Teilnehmerliste, in der die Namen der vertretenen Aktionäre nicht enthalten waren, fehlerfrei sei, wenn die übrigen Erfordernisse des Art. 28 gegeben waren. Das entspricht etwa der früheren Ansicht, nach der die Teilnehmerliste noch

---

[28]) Ripert, Traité, Nr. 1189.

[29]) Trib. civ. d'Alençon 13. Juni 1933, Gaz. Pal. 1933,2,748.

[30]) Trib. civ. d'Alençon 13. Juni 1933, aaO; Ripert, Traité, Nr. 1189.

[31]) So gut wie alle Satzungen französischer Gesellschaften schließen die Vertretung durch Nichtaktionäre aus.

[32]) Cass. com. 14. März 1950, J. soc. 1952,205, S. 1950,1,74.

[33]) 23. Februar 1957, D. 1958, J, 135 Anm. Goré.

fehlerfrei ist, wenn die in ihr enthaltenen Angaben erlauben, die Zahl der anwesenden und vertretenen Aktionäre und die Höhe der in der Versammlung vertretenen Kapitalfraktion festzustellen[34]): Nochmals im gleichen Sinne entschied das Appellationsgericht Paris[35]). Es hielt eine Teilnehmerliste für fehlerfrei, die nur die Namen der anwesenden Aktionäre und die Zahl der Aktien, die sie einerseits als eigene und andererseits als Stimmbeauftragte besaßen, aufgeführt hatte. Nach Ansicht des Gerichts verlangt Art. 28 Ges.v. 1867 nur, daß die Namen der Aktionäre einzutragen sind, die im eigenen oder fremden Namen abstimmen, nicht jedoch die Namen der vertretenen Aktionäre.

Nunmehr hat das Appellationsgericht Paris[36]) jedoch seine Ansicht aufgegeben. In einer Strafsache gegen die Leiter des Warenhauses »Au bon Marché« entschied es, daß die Bestimmung des Art. 28 Ges.v. 1867 verletzt sei, wenn die Teilnehmerliste nur die Namen und Adressen der anwesenden Aktionäre und die der Aktionärsvertreter, nicht aber die der vertretenen Aktionäre enthielt. Die Strafvorschrift des Art. 35 Abs. 5 Ges.v. 1867 sei dadurch aber nicht verletzt.

Entsprechend entschied das Handelsgericht der Seine[37]) auf eine gegen die Gesellschaft »Au bon Marché« gerichtete Klage, daß die Teilnehmerliste die Namen und Adressen auch der vertretenen Aktionäre enthalten müsse[38]). Es erklärte die fehlerhaften Generalversammlungen demgemäß für nichtig.

Das Appellationsgericht Paris[39]) bestätigte diese Rechtsprechung, nach der die Teilnehmerliste die Personalien aller Aktionäre, ob persönlich anwesend oder vertreten, enthalten muß. Es machte jedoch eine wichtige Einschränkung, indem es erklärte, die Generalversammlung sei nur dann nichtig, wenn bewiesen werde, daß die Unvollständigkeit der Liste irgendeinen Einfluß auf das Abstimmungsergebnis gehabt habe. Diese Einschränkung ist abzulehnen, weil damit die Vorschrift des Art. 28 Ges.v. 1867 praktisch jeder Sanktion entbehren würde.

Die Vorschrift des Art. 28 Abs. 3 ist zu weit gefaßt. Nicht »jedem, der es wünscht« (tout requérant) ist die Liste vorzulegen, sondern nur den Aktionären. Das ergibt sich aus Art. 35 Abs. 3 Ges.v. 1867. Danach kann jeder Aktionär entweder persönlich oder durch Vertreter bis zum Ablauf von drei Jahren Einsicht in jedes Dokument und Abschrift davon nehmen, welches der Generalversammlung vorgelegen hat. Die Teilnehmerliste ist eines der in Art. 35 Abs. 3 erwähnten Dokumente[40]).

---

[34]) Rennes, 5. März 1908, J. soc. 1908,447; Goré Anm. zu Paris 23. Februar 1957, aaO; Lyon-Caen et Renault, Traité, Nr. 850; Houpin et Bosvieux, Traité, Nr. 1188 Anm. 7.
[35]) 16. Mai 1958, J. soc. 1958,198, ablehnende Anmerkung J.L.
[36]) 12. Juni 1959, D. 1959, J, 322.
[37]) Trib. com. Seine 16. Dezember 1960, J. soc. 1961,5; Rev. soc. 1961,326 Anm. Autesserre.
[38]) Zustimmend: Dalsace, L'actionnaire et l'assemblée générale de la société anonyme, Rev. soc. 1960,265; ebenso Mutignon, La représentation des actionnaires, p. 66; contra: Cottin, La feuille de présence dans l'assemblée d'actionnaires, Rev. soc. 1963,373 ff.
[39]) 3. Juli 1961, J. soc. 1961,202, S. 1961,304 Anm. Autesserre.
[40]) Vgl. Paris 16. Mai 1958, J. soc. 1958,198.

Durch die Vorschriften über die Teilnehmerliste und durch die strafrechtlich sanktionierte Bestimmung (Art. 13 Ges.v. 1867), daß niemand sich als Aktionär ausgeben darf, der es nicht ist, wird erreicht, daß kein Aktionär in unnachprüfbarer Weise seine Macht in der Generalversammlung ausüben kann[41]).

3) Das gegenständlich unbestimmte Mandat und das Imperativmandat (mandat général, mandat impératif)

Der Code civil unterscheidet in Art. 1987 das Spezialmandat (mandat spécial) vom Generalmandat (mandat général). Durch das erste wird der Mandatar berechtigt, ein oder mehrere bestimmte Rechtsgeschäfte zu erledigen, während er mit dem zweiten alle Angelegenheiten des Mandanten besorgen kann.

Darüber hinaus kennt der Code civil in Art. 1988 das in allgemeinen oder ungenauen Worten abgefaßte Mandat (mandat conçu en termes généraux). Dieses Mandat berechtigt nur zu Geschäften, die der Erhaltung oder Verwaltung dienen, nicht aber zu Veräußerungen und Belastungen[42]).

Im Aktienrecht kommt ein Mandat vor, welches zur Teilnahme an der Abstimmung »über alle Punkte der Tagesordnung« berechtigt, ohne daß diese einzeln im Vollmachtsformular aufgeführt sind[43]). Es handelt sich um ein Mandat im Sinne des Art. 1988 c.civ.[44]). Es wird in der Literatur häufig zu Unrecht als Generalmandat (mandat général) bezeichnet. Seine Wirksamkeit ist unstreitig[45]). Der Mandatar stimmt so ab, wie er es für richtig hält. Er ist nicht verpflichtet, die Interessen des Mandanten besonders zu berücksichtigen[46]).

Auch wenn das Vollmachtsformular die Punkte der Tagesordnung enthält, ohne daß der Mandant bestimmte Weisungen hinsichtlich der Art der Abstimmung gibt, handelt es sich um ein Mandat im Sinne des Art. 1988 c.civ. Dies ist die im Aktienrecht übliche Art des Mandats. Meist verteilen die Gesellschaften entweder direkt oder über die Banken an ihre Aktionäre vorgedruckte Formulare, die die Tagesordnung der Generalversammlung enthalten. Es gelten die gleichen Regeln wie für das Mandat ohne Angabe der Tagesordnung.

Kann das Mandat in der Weise gegeben werden, daß der Mandatar verpflichtet ist, in einem bestimmten Sinn abzustimmen, darf also der Mandant Weisungen geben? Die Frage ist streitig. Nach den allgemeinen Regeln des Zivilrechts (Art. 1998 c.civ.) wäre dieses als Imperativmandat (mandat impératif) bezeichnete Mandat ohne weiteres zulässig. Ohne Angabe von

---

41) Vgl. oben B I 6), B II 5).
42) Vgl. Mazeaud, Leçons, T. 3, Nr. 1386.
43) Cordonnier, L'usage des pouvoirs en blanc dans les sociétés, J. soc. 1934,418f.
44) Houpin et Bosvieux, Traité, Nr. 1139; a.A. Cordonnier, aaO, p. 422, der ein Mandat im Sinne des Art. 1987 annimmt.
45) Cordonnier, aaO, p. 427; Houpin et Bosvieux, Traité, Nr. 1139.
46) Wahl, Des mandataires aux assemblées générales dans les sociétés par actions, J. soc. 1905,193.

Gründen erklären Copper-Royer[47]), Houpin et Bosvieux[48]) und Wahl[49]) das Imperativmandat auch im Aktienrecht für zulässig[50]). Dolbeau et Cantenot[51]) halten das Imperativmandat für erlaubt, weil die Stimmfreiheit des Mandanten nicht eingeschränkt wird. Auf die Freiheit des Mandatars komme es nicht an.

Philonenko[52]) hält das Imperativmandat für unzulässig. Er folgert dies aus einer Analogie zu den Regeln über den Familienrat. Dagegen ist einzuwenden, daß die Mitglieder des Familienrates anders als die Aktionäre nicht im eigenen Interesse abstimmen[53]).

Mutignon[54]) grenzt das Imperativmandat von dem Mandat ab, bei dem der Mandatar in einer veränderten Situation von den gegebenen Weisungen abweichen darf (mandat ein sens déterminé). Das Imperativmandat im engeren Sinn ist nach seiner Ansicht verboten, weil hier eine vernünftige Diskussion keinen Einfluß auf die Art der Abstimmung haben kann und damit die Rolle der Generalversammlung sinnlos wird.

Ebenso entschied das Handelsgericht der Seine[55]). Wenn der Mandatar gezwungen sei, gegen seine Überzeugung von dem, was dem Gesellschaftsinteresse entspricht abzustimmen, dann sei die Freiheit der Stimmrechtsausübung nicht gewährleistet und damit das Décret-Loi vom 31. August 1937 verletzt.

Richtig gesehen handelt es sich beim Imperativmandat um einen Stimmrechtsbindungsvertrag. Deshalb kann sich der Mandatar nicht verpflichten, allen Weisungen des Mandanten zu folgen. Zulässig ist es jedoch, daß er sich in voller Kenntnis der Sachlage verpflichtet, bei einem bestimmten Punkt der Tagesordnung in einem bestimmten Sinn abzustimmen, also eine bestimmte Maßnahme zu billigen oder zu mißbilligen. Dolbeau er Cantenot ist zu entgegnen, daß das Décret-Loi von 1937 nicht die Freiheit der Stimmrechtsausübung der Aktionäre, sondern die Freiheit der Stimmrechtsausübung »in den Generalversammlungen« gewährleistet. Deshalb muß auch der Mandatar frei sein, zumal er so gut wie immer selbst Aktionär ist und mit den eigenen Aktien nicht anders stimmen kann als mit den fremden[56]).

Wenn dem Mandatar die Möglichkeit gelassen wird, bei veränderter Sachlage anders abzustimmen, als er vorher mit dem Mandanten verabredet hatte, dann ist er nicht gezwungen, gegen seine Überzeugung abzustimmen. Die Freiheit der Stimmrechtsausübung ist gewährleistet. Mutignon ist darin zuzustimmen, daß das »mandat en sens déterminé« wirksam ist.

Wenn im Einzelfall das Imperativmandat zulässig ist, erhebt sich die

---

47) Traité, Nr. 546.
48) Traité, Nr. 1139.
49) AaO, p. 193.
50) Ebenso Alger 26. Juni 1946, S. 1948,2,65 Anm. Delaume, J. soc. 1949,402.
51) Réformes de la législation des sociétés, Supplément, p. 55.
52) Les conventions sur le vote dans les sociétés anonymes, Rec. jur. soc. 1932,174ff.
53) Mutignon, La représentation des actionnaires, p. 220.
54) AaO. p. 212ff.
55) Trib. com. Seine 12. Juli 1951, S. 1952,2,125 Anm. Houin.
56) Vgl. dazu den Schluß dieses Abschnitts.

Frage, ob die unter Verletzung der Weisung abgegebene Stimme wirksam ist. Das richtet sich nach den Regeln über das Mandat. Kannte die Gesellschaft den imperativen Charakter des Mandats nicht, dann ist die Stimmabgabe wirksam[57]). Anderenfalls ist sie als Enthaltung zu zählen[58]).

Das Appellationsgericht Alger[59]) hatte über die Nichtigkeitsklage eines Mehrheitsaktionärs zu entscheiden, der dem Präsidenten ein Mandat zur Abstimmung in der Generalversammlung gegeben hatte. Die Versammlung beschloß eine Kapitalherabsetzung und ermächtigte den Verwaltungsrat zur Kapitalerhöhung. Der Kläger wies nach, daß er dem Präsidenten ein Imperativmandat gegeben hatte, wonach dieser nur einer Kapitalherabsetzung, nicht aber einer Kapitalerhöhung zustimmen durfte. Ohne sich näher mit der Wirksamkeit des Imperativmandats zu beschäftigen, erklärte das Gericht den Generalversammlungsbeschluß für nichtig, weil die Geschäftsleitung die Beschränkung des Mandats gekannt hatte. Das Kassationsgericht bestätigte die Entscheidung, ebenfalls ohne auf die Problematik des Imperativmandats einzugehen[60]).

Die Beweislast für die Limitierung des Mandats trägt der Mandant[61]).

Die Frage, ob der Mandatar von verschiedenen Mandanten abweichende Weisungen entgegennehmen kann, oder mit den eigenen Aktien anders als mit den fremden stimmen darf, stellt sich in der Praxis nicht. Jeder Versammlungsteilnehmer erhält für alle Aktien, aus denen er das Stimmrecht ausübt, nur je einen Stimmzettel für jeden Punkt der Tagesordnung[62]).

Es muß aber auch als unzulässig angesehen werden, daß ein Mandatar mit verschiedenen Aktien in verschiedener Weise abstimmt. Seine Stimmabgabe wäre fehlerhaft, weil niemand zugleich zwei widersprüchliche Willenserklärungen abgeben kann. Widersprüchliche Willenserklärungen könnte nur ein Bote übermitteln. Die Abstimmung durch Übermittlungsboten ist aber unzulässig, weil nach Art. 27 Abs. 1 Satz 1 Gesetz von 1867 nur die Aktionäre und deren Mandatare Zugang zur Generalversammlung haben. Auch aus einer Analogie zum Verbot der Briefabstimmung läßt sich herleiten, daß die Abstimmung durch Boten unstatthaft ist.

4) Das zeitlich unbegrenzte und das unwiderrufliche Mandat (mandat permanent, mandat irrévocable)

In zeitlicher Hinsicht kann das Mandat verschiedene Fassungen erhalten. Es ist nicht notwendig, daß der Aktionär seinem Mandatar für jede Generalversammlung ein neues Mandat erteilt. Das Mandat kann so abgefaßt werden, daß es für mehrere Versammlungen, also gegebenenfalls mehrere Jahre lang gültig ist.

---

[57]) Houpin et Bosvieux, Traité, Nr. 1139; Wahl, aaO, p. 199.
[58]) Wahl, aaO, p. 199.
[59]) 26. Juni 1946, S. 1948,2,65 Anm. Delaume.
[60]) Cass. com. 14. März 1951, S. 1951,1,185; Rev. soc. 1951,394; S. 1951,1,185.
[61]) Houpin et Bosvieux, Traité, Nr. 1138f.; Ripert et Boulanger, Traité, T. 2, Nr. 3028.
[62]) Mutignon, aaO, p. 69.

Aus den zivilrechtlichen Vorschriften ergeben sich auch keine Bedenken gegen ein Mandat ohne jede zeitliche Begrenzung (mandat permanent, mandat perpétuel)[63]). Im Aktienrecht könnte Art. 10 Décret-Loi vom 31. August 1937 entgegenstehen. Gemäß Art. 2004 c.civ. kann aber das Mandat, sei es zeitlich unbegrenzt oder begrenzt, jederzeit vom Mandanten widerrufen (gekündigt) werden. Der Mandant wird also durch das zeitlich unbegrenzte Mandat nicht in seiner Freiheit eingeschränkt. Die herrschende Lehre hält daher das Mandat mit unbegrenzter Geltungsdauer für wirksam[64]).

Gegen die Wirksamkeit des zeitlich unbegrenzten Mandats wendet sich Voirin[65]). Er geht von der Feststellung aus, daß die Aktionäre aus Trägheit praktisch von ihrem Kündigungsrecht keinen Gebrauch machen. In seiner Wirkung käme das zeitlich unbegrenzte Mandat also einem Verzicht auf die Stimmrechtsausübung gleich. Die Bedenken schlagen nicht durch, weil sie tatsächlicher aber nicht rechtlicher Natur sind.

Das Mandat mit unbegrenzter Geltungsdauer wird häufig aus Kostenersparnisgründen gegeben, weil für jedes Vollmachtsformular eine Stempelsteuer zu entrichten ist[66]). Banken, die Aktien beleihen, lassen sich zugleich mit dem Pfandrecht ein zeitlich unbegrenztes Mandat übertragen. Ferner wird es von Stimmrechtssyndikaten verwendet. Seltener läßt sich der Verwaltungsrat von den Aktionären, die das Stimmrecht nicht selbst ausüben wollen, ein solches Mandat übertragen[67]).

Die Rechtsprechung hat sich nur einmal mit dem zeitlich unbegrenzten Mandat befaßt. Das Appellationsgericht Paris[68]) hatte über den Antrag einiger Aktionäre auf Erlaß einer einstweiligen Verfügung gegen ein Aktionärssyndikat zu entscheiden. Die Syndikatsleitung verwahrte die Aktien der Mitglieder und übte deren Stimmrecht mittels zeitlich unbegrenzter Mandate aus. Nach den Statuten des Syndikats konnten die Mitglieder bis zu einem bestimmten Termin vor Abhaltung der Generalversammlung von der Syndikatsleitung die Ausstellung einer Untervollmacht verlangen, mit der sie dann an der Generalversammlung teilnahmen. Die Kläger wollten an der Generalversammlung teilnehmen, hatten aber die Frist versäumt. Das Gericht vermied es, die zeitlich unbeschränkten Mandate für nichtig zu erklären. Es gab aber dem Antrag statt, weil es die Fest-

---

[63]) Mazeaud, Leçons, T. 3, Nr. 1419.

[64]) H. Bosvieux, Des conditions restrictives à la liberté du droit de vote, J. soc. 1939,76f.; Cordonnier, L'usage des pouvoirs en blanc dans les sociétés, J. soc. 1934,427; Houpin et Bosvieux, Traité, Nr. 1139; H. Mazeaud, Le vote privilégié dans les sociétés de capitaux, p. 115; Mutignon, La représentation des actionnaires, p. 246ff.; Ripert, Traité, Nr. 1219; Tunc, Les conventions relatives au droit de vote et l'organisation des sociétés anonymes, Rev. gén. dr. com. 1942,135.

[65]) Les pouvoirs permanents souscrit par les actionnaires à l'effet de se faire représenter aux assemblées générales, D.H. 1931, Chron. p. 50f.; ebenso wohl auch Bosvieux, Anm. zu Trib. com. Seine 11. Januar 1938, J. soc. 1938,301.

[66]) Vgl. oben C II 1).

[67]) Vgl. Tunc, aaO, p. 115f.; Voirin, aaO, p. 49, und unten C III 1).

[68]) 28. November 1924, S. 1924,2,49 Anm. Rousseau.

setzung eines Termins, bis zu dem die Ausstellung der Untervollmacht zu verlangen war, für unzulässig hielt[69]).

Das Mandat ist gemäß Art. 2004 c.civ. jederzeit frei widerruflich. Die Vorschrift ist jedoch dispositiv[70]). Die Parteien können nach den Regeln des Zivilrechts also auch ein unwiderrufliches Mandat (mandat irrévocable) vereinbaren[71]).

Im Aktienrecht ergeben sich gegen das unwiderrufliche Mandat zwei Bedenken. Man könnte darin eine verdeckte Abtretung des Stimmrechts sehen. Gegen diese Ansicht wenden sich Kaiser[72]) und Solus[73]) zu Recht, weil der Mandant auch hier immer noch gemäß Art. 1953 c.civ. Rechenschaft vom Mandatar über sein Verhalten bei der Abstimmung und gegebenenfalls gerichtliche Auflösung und Schadensersatz verlangen kann. Zu Unrecht vertreten die genannten Autoren aber die Ansicht, daß die Unwiderruflichkeitsklausel im Aktienrecht zulässig sei.

Der Aktionär, der sich durch ein unwiderrufliches Mandat gebunden hat, verliert bis zum Ablauf des Mandatsvertrages jede Möglichkeit, seinen Einfluß auf den Gang der gesellschaftlichen Geschäfte geltend zu machen. Darin muß ein Verstoß gegen Art. 10 Décret-Loi vom 31. August 1937 gesehen werden. Demgemäß hält die herrschende Lehre und die Rechtsprechung die Klausel beim Stimmandat für unzulässig[74]). Für die Wirksamkeit der Unwiderruflichkeitsklausel läßt sich nicht ins Feld führen, daß zwar der Mandant gebunden, aber der Mandatar frei in der Ausübung des Stimmrechts sei[75]). Wenn sich der Aktionär vertreten läßt, übt der Vertreter nur dessen Stimmrecht in seinem Namen aus. Die Rechtswirkungen treffen den Aktionär. Deshalb muß der Aktionär in der Stimmrechtsausübung frei sein. Die Freiheit würde er verlieren, wenn der Mandatar ihm die Art seiner Abstimmung diktieren könnte[76]).

Freyria[77]) hält die Unwiderruflichkeitsklausel nur dann für unzulässig, wenn der Zeitraum zu lang bemessen ist. Hiergegen ist einzuwenden, daß es auf die Dauer überhaupt nicht ankommt. Auch ein nur für eine Generalver-

---

[69]) Für Einzelheiten der Entscheidung siehe unten C II 5).

[70]) Req. 8. April 1857, D. P. 1858,1,134.

[71]) Mazeaud, Leçons, T. 3, Nr. 1419.

[72]) Les syndicats de blocage de titres au porteur, J. soc. 1935,578.

[73]) La réforme du droit des sociétés par les décrets-lois de 1935 et 1937, p. 293.

[74]) Bosvieux, aaO, p. 73, 76f.; Hamel et Lagarde, Traité, Nr. 533; Joly, Dictionnaire du droit des sociétés anonymes et en commandite par actions, T. 1, Série A, V° Assemblée d'actionnaires, Nr. 24; Mutignon, aaO, p. 293, 298; Ripert, Traité, Nr. 1219; Rousseau, Le décret-loi du 31 août 1937 et les conventions sur le droit de vote des actionnaires, J.C.P. 1938, étude 118, Nr. 24; Tunc, aaO, p. 131; Trib. com. Seine 11. Januar 1938, S. 1938,2,124 Anm. H. Rousseau, J. soc. 1938,301 Anm. Bosvieux, J.-Cl. Soc. 139, Nr. 95; Trib. com. Seine 12. Juli 1951, S. 1952,2,125 Anm. Houin. Im belgischen Aktienrecht ist das unwiderrufliche Mandat zulässig, vgl. Cass. belge 13. Januar 1938, S. 1938,4,17 Anm. H. Rousseau; Liège 8. Dezember 1938, J.C.P. 1939,2,1254.

[75]) Vgl. A. Tamboise, La stabilité du contrôle dans les sociétés par actions, p. 373.

[76]) Houin, Anm. zu Trib. com. Seine 12. Juli 1951, S. 1952,2,125; Mutignon, aaO, p. 305.

[77]) Etude de la jurisprudence sur les conventions portantes atteinte à la liberté du vote dans les sociétés, Rev. trim. dr. com. 1951,431.

sammlung gegebenes unwiderrufliches Mandat nimmt dem Aktionär völlig seine Stimmfreiheit.

Aus dem Gesagten folgt ohne weiteres die Nichtigkeit einer Klausel, durch die bei einem zeitlich unbegrenzten Mandat die Unwiderruflichkeit vereinbart wird (mandat permanent et irrévocable)[78]). Die Nichtigkeit der Klausel ergibt sich aber auch schon aus den allgemeinen Regeln des Zivilrechts, wonach es verboten ist, sich für alle Zukunft (indéfiniment) zu verpflichten[79]). Das verkennt Solus[80]), wenn er meint, die genannte Klausel sei wirksam, weil der Mandant im Falle des Mandatsmißbrauchs immer noch die gerichtliche Aufhebung und Schadensersatz verlangen könne.

Beim unwiederruflichen Mandat erfaßt die Nichtigkeit zunächst nur die Unwiderruflichkeitsklausel. Das unwiderrufliche Mandat ist also jederzeit widerruflich[81]). Nach den allgemeinen Grundsätzen ist das ganze Mandat nichtig, wenn die Klausel determinierend für den Abschluß des Vertrages war (Art. 1172 c.civ.).

Hält man die Unwiderruflichkeitsklausel entgegen der herrschenden Meinung für zulässig, dann ist zu beachten, daß auch das unwiderrufliche Mandat entzogen werden kann. Die Folge ist lediglich eine Schadensersatzpflicht des Mandanten[82]).

Wenn die Ausführung des Mandats nicht nur im Interesse des Mandanten, sondern auch in dem des Mandatars liegt, dann ist nach den Regeln des Zivilrechts das Mandat unwiderruflich. Die Unwiderruflichkeit folgt aus dem zu vermutenden Willen der Parteien[83]). Ein gemeinsames Interesse (intérêt commun) ist ohne weiteres bei den kleinen Aktionären gegeben, die sich gemeinsam vertreten lassen können, um die für den Zugang zur Generalversammlung erforderliche Mindestaktienzahl zu erreichen[84]). Mutignon[85]) ist der Ansicht, daß die kleinen Aktionäre das dem gemeinsamen Vertreter gegebene Mandat nicht einzeln entziehen dürfen, weil damit die anderen Mitglieder der Gruppe Gefahr laufen, nicht mehr vertreten werden zu können. Mutignon verkennt, daß das im gemeinsamen Interesse gegebene Mandat normalerweise unwiderruflich ist, weil die Parteien dies so gewollt haben, auch wenn sie es nicht ausdrücklich erklärt haben. Die Auslegung der Erklärungen allein kann aber nicht dazu führen, daß etwas Verbotenes erlaubt wird. Das Mandat der kleinen Aktionäre kann daher wie jedes Mandat jederzeit frei widerrufen werden.

---

[78]) Gegout, Filiales et groupements de sociétés, p. 237; Lescot, De l'intervention d'une association en participation dans la constitution et le fonctionnement d'une société par actions, Rec. jur. soc. 1930,89; H. Mazeaud, aaO, p. 114.

[79]) Mazeaud, Leçons, T. 3, Nr. 1419.

[80]) AaO, p. 293; vgl. auch Cordonnier, aaO, p. 422.

[81]) Bosvieux, aaO, p. 77; Joly, aaO, Nr. 24.

[82]) Vgl. Dalloz, Répertoire de droit civil V° Mandat, Nr. 371; Mazeaud, Leçons, T. 3, Nr. 1419.

[83]) Dalloz, Répertoire de droit civil, V° Mandat, Nr. 369; Mazeaud, Leçons, T. 3, Nr. 1387 und 1421; vgl. auch die im übrigen wegen des Décret-Loi von 1937 überholte Entscheidung Trib. com. Seine 18. April 1928, Rev. soc. 1928,276 Anm. Cartenot.

[84]) Vgl. Art. 27 Abs. 1 Satz 3 Gesetz von 1867 und oben B I 2).

[85]) AaO, p. 306.

5) Das Mandat im Stimmrechtsbindungssyndikat

Die gesellschaftsrechtliche Struktur der Stimmrechtsbindungssyndikate ist bereits[86]) besprochen worden. Sofern die Mitglieder die Syndikatsleitung mit ihrer Vertretung betrauen, sind verschiedene Fälle zu unterscheiden:

Die Syndikatsleitung ist nach dem Syndikatsvertrag verpflichtet, immer im Sinne der vorher gefaßten Mehrheitsbeschlüsse der Mitglieder zu stimmen. Hier ist der Syndikatsvertrag schon deshalb fehlerhaft, weil die Verpflichtung, immer im Sinne der Mehrheit zu stimmen, nichtig ist. Auch das Stimmandat ist fehlerhaft, weil es sich um ein unzulässiges Imperativmandat handelt. Die Syndikatsleitung ist völlig der Stimmfreiheit beraubt. Ob in einem derartigen Syndikatsvertrag die übrigen nicht von der Fehlerhaftigkeit betroffenen Vereinbarungen wirksam sind, hängt davon ab, ob die fehlerhaften Vereinbarungen in der Vorstellung der Parteien wesentlich (determinierend) für den Abschluß des ganzen Vertrages waren. Dann ist der ganze Syndikatsvertrag nichtig (Art. 1172 c.civ.). Das dürfte der Regelfall sein.

Anders verhält es sich, wenn der Syndikatsvertrag vorsieht, daß die Syndikatsleitung in begründeten Fällen, also besonders bei veränderter Sachlage von den gefaßten Mehrheitsbeschlüssen abweichen darf. Hier ist die Freiheit der Stimmrechtsausübung gewährleistet. Das Syndikat ist fehlerfrei.

Ein Syndikat, das nur dann in Erscheinung treten soll, wenn vor der Generalversammlung unter allen Mitgliedern Übereinstimmung erzielt worden ist, ist an sich wirksam. Wenn die Versammlung der Syndikatsmitglieder der Leitung jedoch im Anschluß an die Vorbesprechung ein Imperativmandat erteilt, welches sich nicht nur auf einen bestimmten Punkt der Tagesordnung erstreckt, dann ist das Mandat nichtig. War die Erteilung derartiger Mandate determinierend für den Abschluß des Syndikatsvertrages, dann ist das Syndikat nichtig.

Wird das Syndikat nur gebildet, um in einzelnen, wesentlich erscheinenden Fällen nach vorheriger Besprechung und Zustimmung aller Syndikatsmitglieder eine einheitliche Stimmabgabe zu gewährleisten, ist die Syndikatsleitung also im Regelfall in der Stimmrechtsausübung frei, dann sind der Syndikatsvertrag und das darauf beruhende Mandat wirksam.

Zulässig ist ein Syndikat, bei dem die Mitglieder der Leitung ein Mandat geben, welches sich nicht nur auf eine, sondern auf mehrere Generalversammlungen, also auf einen längeren Zeitraum erstreckt, weil das Mandat jederzeit frei widerruflich ist.

Unbedenklich ist auch das Syndikat, dessen Leitung ein zeitlich unbegrenztes Mandat erhält, weil es jederzeit frei widerruflich ist.

Haben die Mitglieder des Syndikats der Leitung unwiderrufliche Mandate gegeben, so sind diese trotz der Unwiderruflichkeitsklausel jederzeit frei

---

[86]) Oben C I 5).

widerruflich. War die Unwiderruflichkeitsklausel determinierend für den Abschluß des ganzen Vertrages, dann ist das Syndikat nichtig.

In der Lehre wird von einigen Autoren die Ansicht vertreten, daß die Stimmrechtsbindungssyndikate, bei denen die Leitung das Stimmrecht ausübt, in der Regel nichtig sind. Die Vertreter dieser Meinung gehen von der falschen Voraussetzung aus, daß die Syndikate meist auf unwiderruflichen Mandaten beruhen[87]). Es ist aber ohne weiteres ein funktionsfähiges Syndikat denkbar, bei dem die Mandate widerruflich sind.

Andere Autoren halten die Stimmrechtssyndikate, bei denen die Leitung das Stimmrecht ausübt, unterschiedslos für wirksam[88]). Eine Differenzierung ist jedoch notwendig, weil die Syndikate auf einem verbotenen Stimmrechtsbindungsvertrag oder einer verbotenen Mandatsausgestaltung beruhen können.

Richtig stellen daher Freyria[89]), Ripert[90]) und Solus[91]) darauf ab, ob der zugrunde liegende Stimmrechtsbindungsvertrag und das Stimmandat wirksam sind.

Die Gerichte hatten sich nur einmal mit einem Syndikat der dargestellten Art zu befassen. Es handelt sich um den berühmten vom Appellationsgericht Paris[92]) entschiedenen Fall des »Trust français des actions de la Franco Wyoming Cy«.

Eine amerikanische Gesellschaft, die »Franco Wyoming Oil Cy« hatte ihren Sitz in Dover (Delaware). Den dortigen Gesetzen entsprechend waren alle ausgegebenen Aktien Namensaktien. Ein großer Teil des Kapitals befand sich aber in französischem Besitz. Um den französischen Einfluß zu sichern und um die Übertragbarkeit der Aktien zu erleichtern, wurde in Paris der genannte Trust in der Rechtsform einer Aktiengesellschaft gegründet. Die französischen Aktionäre der amerikanischen Gesellschaft hinterlegten ihre Aktien beim Trust und erhielten dafür handelbare Inhaberzertifikate. Die entsprechenden Aktien wurden bei der amerikanischen Gesellschaft auf den Namen des Trusts mit dem Vermerk »Trustee« eingetragen. Gegen Rückgabe der Zertifikate konnten die Aktionäre ihre Aktien zurücknehmen und auf ihren eigenen Namen umschreiben lassen. Die Dividenden wurden über den Trust verteilt. Das Stimmrecht wurde vom Trust für die Aktionäre ausgeübt. Wenn die Aktionäre das Stimmrecht selbst ausüben oder einen anderen Vertreter bestellen wollten, mußten sie ihr Zertifikat

---

[87]) So H. Bosvieux, Des conditions restrictives de la liberté du droit de vote, J. soc. 1939, 73f.; Decugis, Les modifications apportées au régime des sociétés par actions par les art. 4 et suivants du décret du 31 août 1937, J. soc. 1938,85; Lescot, De l'intervention d'une association en participation dans la constitution et le fonctionnement d'une société par actions, Rev. jur. soc. 1930,89.

[88]) Copper-Royer, Traité, Nr. 381; A. Tamboise, La stabilité du contrôle dans les sociétés par actions, p. 373.

[89]) Etude de la jurisprudence sur les conventions portantes atteinte à la liberté du vote dans les sociétés; Rev. trim. dr. com. 1951,424.

[90]) Traité, Nr. 1220.

[91]) La réforme du droit des sociétés par les décrets-lois de 1935 et de 1937, p. 294.

[92]) 28. November 1924, S. 1924,2,49 Anm. Rousseau.

beim Trust hinterlegen und erhielten von diesem eine Stimmvollmacht. Diese hatten sie bis zu einem bestimmten Termin vor Abhaltung der Generalversammlung beim Trust zu beantragen. Anderenfalls wurden sie automatisch vom Trust vertreten. Drei Aktionäre, die den Termin versäumt hatten, wollten eine andere Person als den Trust mit ihrer Vertretung betrauen. Der Trust verweigerte ihnen die Ausstellung einer Stimmvollmacht. Sie beantragten darauf eine einstweilige Verfügung. Das Gericht gab dem Antrag statt und verfügte, daß die vom Trust verwahrten Aktien einem gerichtlich bestellten Verwalter zu übergeben seien. Diesen ermächtigte es, den Aktionären die gewünschte Vollmacht auszustellen. Es begründete seine Entscheidung damit, daß das Recht, an der Abstimmung teilzunehmen, kein »droit propre au Trust« (eigenes Recht des Trusts), sondern ein Recht der Aktionäre sei[93]).

Bemerkenswert an der Entscheidung ist, daß das Gericht die Vereinbarung nicht für nichtig hielt, nach der die Aktionäre automatisch vom Trust vertreten wurden, wenn sie nicht einen abweichenden Wunsch äußerten. Diese Vereinbarung stellt ein zeitlich unbegrenztes Mandat dar. Fehlerhaft war nach Ansicht des Gerichts lediglich die Klausel, nach der der Trust die Erteilung einer Untervollmacht verweigern durfte, wenn die Aktionäre den festgesetzten Termin verpaßt hatten.

Die Entscheidung ist zu billigen[94]). Die Vereinbarung eines zeitlich unbegrenzten Mandats ist zulässig. Verboten ist aber das unwiderrufliche Mandat. Hier war das Mandat zwar nicht generell unwiderruflich, wohl aber in der Zeit zwischen dem festgesetzten Termin und der Generalversammlung[95]).

Das französische Gesetz fördert Syndikate vom weit verbreiteten Typ des »Trust français des actions de la Franco Wyoming Cy«. Art. 30 Loi des finances vom 31. Juli 1920 gewährt den französischen Syndikaten, die Aktien ausländischer Gesellschaften zusammenfassen, um die Interessen der französischen Aktionäre zu wahren, Steuerfreiheit für die weitergeleiteten Dividenden.

Wenn Solus[96]) aus dem Bestehen dieses Gesetzes schließt, daß auch eine Syndikatsvereinbarung wirksam ist, nach der die Syndikatsmitglieder unwiderruflich von der Leitung in der Generalversammlung vertreten werden, so kann dem nicht gefolgt werden[97]). Vom Gesetz werden nur erlaubte Syndikate erfaßt. Welche Syndikate erlaubt sind, richtet sich nach Privatrecht, nicht nach Steuerrecht.

---

[93]) Das französische Recht kennt keine treuhänderischen Rechtsverhältnisse, vgl. oben B II 5).

[94]) Anm. H. Rousseau zu der genannten Entscheidung aaO; Freyria, aaO, p. 424; Mutignon, aaO, p. 255; Solus, aaO, p. 294.

[95]) Vgl. auch oben B III 4).

[96]) AaO, p. 293.

[97]) Mutignon, aaO, p. 299ff.

6) Satzungsmäßige Beschränkungen für die Mandatserteilung

Grundsätzlich kann jeder Aktionär sich vertreten lassen und frei entscheiden, wen er mit dem Mandat betrauen will[98]).

Es wurde bereits dargestellt, daß die Statuten für den Mandatar eine Höchststimmenzahl festlegen können[99]). Damit wird praktisch die Zahl der möglichen Vertretungen, die ein Mandatar übernehmen kann, eingeschränkt. Darüber hinaus können die Statuten die Stimmrechtsausübung durch Stellvertreter überhaupt verbieten[100]). In diesem Fall dürfen die Aktionäre das Stimmrecht nur persönlich ausüben. Das widerspricht nicht dem anonymen Charakter der Gesellschaft. Die Bestimmung kann zweckmäßig sein, um gesellschaftsfremden Personen den Einblick in die geschäftlichen Angelegenheiten zu verwehren. Die Klausel ist selten, weil sie das Zustandekommen des Quorums gefährdet[101]).

Das statuarische Mandatsverbot gilt nicht für gesetzliche Vertreter, also die Vertreter von Minderjährigen, von juristischen Personen usw.[102]), weil deren Vertretungsmacht nach zwingender gesetzlicher Vorschrift besteht. Ebensowenig ist das Verbot des Mandats durch die Satzung geeignet, die zwingende Vorschrift des Art. 27 Abs. 1 Satz 3 Gesetz von 1867 auszuschalten[103]). Die Kleinaktionäre, die allein die Mindestaktienzahl nicht erreichen, behalten in jedem Fall das Recht, sich zu gruppieren und einen unter ihnen als Vertreter in die Generalversammlung zu entsenden[104]).

Praktisch alle Gesellschaften schließen satzungsmäßig den Zugang von Nichtaktionären zur Generalversammlung aus[105]). Das bedeutet, daß die Aktionäre sich nur durch Aktionäre vertreten lassen können. Die Klausel ist unstreitig wirksam[106]). Die Auslegung dieser Satzungsbestimmung ergibt in der Regel, daß sie nicht für gesetzliche Vertreter gilt, weil nur der Zugang gesellschaftsfremder Personen damit verhindert werden soll[107]). Mutignon[108]) ist der Ansicht, daß die Klausel den Zugang der gesetzlichen

[98]) Houpin et Bosvieux, Traité, Nr. 1138; Ripert, Traité, Nr. 1175.

[99]) Oben B III 6).

[100]) Copper-Royer, Traité, Nr. 381; Houpin et Bosvieux, Traité, Nr. 1138; Tunc, Les conventions relatives au droit de vote et l'organisation des sociétés anonymes, Rev. gén. dr. com. 1942,124; Wahl, Des mandataires aux assemblées générales dans les sociétées par actions, J. soc. 1905,104; anders das belgische Gesetz vom 18. Mai 1873, Art. 61.

[101]) Oben B III 1).

[102]) Copper-Royer, Traité, Nr. 381.

[103]) Vgl. oben B I 2).

[104]) Houpin et Bosvieux, Traité, Nr. 1138; Wahl, aaO, p. 104.

[105]) Dalsace, L'actionnaire et l'assemblée générale de la société anonyme, Rev. soc. 1960, 262; Lyon-Caen, Traité, Nr. 847; Mutignon, La représentation des actionnaires, p. 138; Ripert, Traité, Nr. 1175; Wahl, aaO, p. 147.

[106]) Vgl. die vorherigen Zitate; dazu Tunc, aaO, p. 124; Trib. com. Lyon 17. Februar 1898, J. soc. 1898,280 Anm. C. Houpin; Anm. Cordonnier zu Cass. civ. 7. April 1932, D.P. 1933,1,153; zögernd nur Dalsace, aaO, p. 262.

[107]) Wahl, aaO, p. 148.

[108]) AaO., p. 149.

Vertreter überhaupt nicht verhindern kann, weil deren Mandat auf Grund zwingender gesetzlicher Vorschriften besteht. Das ist unzutreffend. Die Statuten können den gesetzlichen Vertreter wie jeden Nichtaktionär von der Teilnahme an der Generalversammlung ausschließen, weil der gesetzliche Vertreter einen Aktionär mit der Untervertretung betrauen kann[109]).

Ebenso unzutreffend ist die Ansicht von Mutignon[110]), nach der die Kleinaktionäre, auch wenn die Vertretung durch Nichtaktionäre ausgeschlossen ist, einen Nichtaktionär mit ihrer Vertretung betrauen dürfen. Art. 27 Abs. 1 Satz 3 Gesetz von 1867 garantiert den kleinen Aktionären nur, daß sie sich »von einem unter ihnen« vertreten lassen können[111]).

Da so gut wie alle Aktiengesellschaften den Zugang von Nichtaktionären zur Generalversammlung verbieten, zieht Mutignon[112]) den Schluß, daß dieses Verbot inzwischen zu einem gewohnheitsrechtlichen Satz geworden sei. Da diese Überzeugung aber bisher nicht von der Rechtsprechung und Lehre geteilt wird, besteht ein solcher Gewohnheitsrechtssatz nicht.

Schwierig ist die Frage zu beantworten, warum die Satzung nicht die Auswählbarkeit des Stimmvertreters derart einschränken darf, daß für die Aktionäre praktisch keine Wahl mehr bleibt, oder warum die Satzung nicht bestimmen kann, daß die Aktionäre sich nur durch ein bestimmtes Organ vertreten lassen dürfen. Daß diese Bestimmung nicht der Billigkeit entspricht, liegt auf der Hand. Die Freiheit der Stimmrechtsausübung würde indes durch sie nicht eingeschränkt, weil die Aktionäre immer noch selbst in der Generalversammlung erscheinen könnten. Mutignon[113]), der sich allein mit der Frage beschäftigt hat, hält die Klausel für unzulässig, weil ihre Einführung in die Satzung einen Rechtsmißbrauch (abus de droit) oder Machtfehlgebrauch (détournement de pouvoir) darstellen würde. Dem ist zuzustimmen. Die Klausel könnte allein den Zweck haben, den der Gesellschaft nahestehenden Großaktionären zu nützen und den Aktionären zu schaden, die nicht in der Generalversammlung erscheinen können oder wollen. Durch das Gesellschaftsinteresse wird eine so weit gehende Maßnahme nicht gedeckt. Daß die Statuten die Stimmrechtsausübung durch Stellvertreter sogar ganz verbieten können, steht nicht entgegen, weil in diesem Fall alle Aktionäre in gleicher Weise betroffen werden.

Nichtig sind gemäß Art. 10 Décret-Loi vom 31. August 1937 Klauseln, nach denen die Aktionäre automatisch durch ein bestimmtes Organ, etwa ein »Direktionskomitee« vertreten werden[114]).

Haben an der Beschlußfassung Personen mitgewirkt, die nicht als Vertreter bestellt werden durften, dann hängt die Wirksamkeit des Beschlusses

---

[109]) Wahl, aaO, p. 148.
[110]) AaO, p. 149.
[111]) Vgl. oben B I 2).
[112]) AaO, p. 138.
[113]) AaO, p. 142.
[114]) H. Bosvieux, Des conditions restrictives de la liberté du droit de vote dans les assemblées générales, J. soc. 1939,74.

davon ab, ob nach Abzug der fehlerhaften Stimmen noch eine ausreichende Mehrheit vorhanden ist[115]).

Die Statuten können schließlich die Form der Mandate bestimmen, also zum Beispiel beglaubigte Unterschriften verlangen[116]).

III. Die Blankovollmachten (procurations en blanc)

1) Die Vertretung der Aktionäre durch den Verwaltungsrat

Die Blankovollmacht (procuration en blanc, pouvoir en blanc, mandat en blanc) ist eine Vollmacht, bei der entweder der Gegenstand des Mandats oder der Name des Mandatars oder beides offengelassen wird. Im Aktienrecht kommt die Blankovollmacht sehr häufig vor[1]).

Das Stimmrecht der Aktionäre, die nicht selbst in der Generalversammlung erscheinen oder einen eigenen Vertreter entsenden wollen, wird in Frankreich regelmäßig nicht von einer Bank, sondern von den Mitgliedern des Verwaltungsrates der Gesellschaft ausgeübt. Zu diesem Zweck werden die Blankovollmachten verwandt.

Alle Gesellschaften verschicken zugleich mit der Einladung zur Generalversammlung an ihre Aktionäre vorgedruckte Vollmachtsformulare, auf denen der Name des Mandatars offengelassen ist. Meist ist das Datum der Generalversammlung und die Tagesordnung angegeben. Es finden sich auch Formulare ohne diese Angaben. Die Formulare enthalten keine Angaben, wie der Mandatar abzustimmen hat. Wenn die Aktionäre der Gesellschaft bekannt sind, und das sind besonders die Aktionäre, deren Aktien auf den Namen lauten, erhalten sie die Formulare meist direkt zugesandt. Die übrigen Aktionäre, also besonders die, deren Aktien auf den Inhaber lauten, zuweilen aber auch die Namensaktionäre, erhalten die Formulare durch Vermittlung einer oder mehrerer Banken, die die Aktien für ihre Kunden verwahren. Für das weitere Verfahren sind zwei Wege üblich.

Die Aktionäre erhalten zugleich mit dem Vollmachtsformular die Aufforderung, die Vollmacht zu unterzeichnen und an den Gesellschaftssitz zurück-

---

115) Trib. com. Lyon 17. Februar 1898, J. soc. 1898,280 Anm. C. Houpin.

116) Copper-Royer, Traité, Nr. 381.

1) Vgl. dazu Cordonnier, L'usage des pouvoirs en blanc dans les sociétés, J. soc. 1934, 416ff.; Dalsace, L'actionnaire et l'assemblée générale de la société anonyme, Rev. soc. 1960,262; Heurteux, L'information des actionnaires et des épargnants en droit français et comparé, p. 117f.; Houpin et Bosvieux, Traité, Nr. 1139; Lesaché, Rapport sur la proposition de loi de M. Emile Bender, relative aux administrateurs des sociétés par actions faisant appel à l'épargne public, Rec. jur. soc. 1937, »Documents parlementaires«, p. 9; Mutignon, La représentation des actionnaires, p. 140; Ripert, Traité, Nr. 1175; Tunc, Les conventions relatives au droit de vote et l'organisation des sociétés anonymes, Rev. gén. dr. com. 1942,115ff.; Viénot, Rapport à la société d'études législatives sur l'usage des pouvoirs en blanc dans les assemblées d'actionnaires, Bull. soc. Etudes législ. 1934,339ff. und 1936,252ff.; Voirin, Les pouvoirs permanents souscrit par les actionnaires à l'effet de se faire représenter aux assemblées générales, D.H. 1931, Chron., p. 51f.

zusenden, sofern sie nicht selbst an der Generalversammlung teilnehmen oder einen anderen Vertreter bestellen wollen. Der Aufforderung wird ein frankierter und an die Gesellschaft oder an den Verwaltungsrat adressierter Briefumschlag beigefügt. Da die Satzungen fast aller Gesellschaften die Vertretung durch Nichtaktionäre verbieten, die Aktionäre aber nur selten andere Aktionäre kennen, schicken die meisten das Formular blanko unterzeichnet zurück. Diese Aktionäre werden dann von den Mitgliedern des Verwaltungsrates oder von einem der Leitung genehmen Aktionär, zum Beispiel einer Bank, vertreten. Der Name des Vertreters kann vor der Generalversammlung von Angestellten der Gesellschaft in die Formulare eingesetzt werden. Notwendig ist das nicht. Sie dürfen unausgefüllt bleiben.

Der zweite Weg besteht darin, daß die Bank ihre Kunden auffordert, die blankounterzeichneten Formulare an den Sitz der Bank zurückzusenden, sofern sie nicht einen eigenen Vertreter bestellen wollen. Meist bilden mehrere Banken ein Konsortium. Dann erhalten die Aktionäre die Aufforderung, die Formulare an die federführende Bank zurückzusenden. Die Banken schicken die blankounterzeichneten Formulare an den Gesellschaftssitz zurück. Die Aktionäre werden auch in diesem Fall von einem Mitglied des Verwaltungsrates oder von einem der Leitung der Gesellschaft genehmen Aktionär vertreten.

Welcher der beiden dargestellten Wege beschritten wird, hängt davon ab, was zwischen den Banken und der Gesellschaft vereinbart worden ist.

Die Aktionäre können das unterzeichnete Formular auch in der Weise verwenden, daß sie es ausgefüllt oder blanko an eine andere ihnen genehme Person geben, die sie mit ihrer Vertretung betrauen wollen. Das kann zum Beispiel eine Aktionärsvereinigung oder ein Stimmrechtsbindungssyndikat sein. Selten übernehmen Banken die Vertretung ihrer Kunden. Sie handelt dann als Stellvertreter, nicht als Legitimationsaktionär oder Treuhänder[2])

Die Blankovollmachten sind rechtlich nicht zu beanstanden[3]). Nur Voirin[4]) bezweifelt ihre Wirksamkeit. Der Mandatsvertrag ist seiner Natur nach ein Vertrag, der in Ansehung der Person (intuitu personae) geschlossen wird. Der Mandatar kann also seine Rechte nicht an einen ande-

---

[2]) Vgl. oben B II 5).

[3]) H. Bosvieux, Des conditions restrictives de la liberté du droit de vote dans les assemblées générales des sociétés commerciales par actions, J. soc. 1939,69; Cordonnier, aaO, p. 420; Dalsace, aaO, p. 262; Freyria, Etude de la jurisprudence sur les conventions portantes atteinte à la liberté du vote dans les sociétés, Rev. trim. dr. com. 1951, 423; Hamel et Lagarde, Traité, Nr. 533; Heurteux, aaO, p. 118; Houpin et Bosvieux, Traité, Nr. 1139; Kayser, Les syndicats de titres au porteur, J. soc. 1939,576; Ripert, Traité, Nr. 1175; Rousseau, Le décret-loi du 31 août 1937 et les conventions sur le droit de vote des actionnaires, J.C.P. 1939, étude 118, Nr. 17; Amiens 12. Juli 1929, J. soc. 1929,651; Paris 22. Juli 1938, D.P. 1939,2,44; Trib. com. Bordeaux 8. März 1957, Rev. soc. 1957,174, Anm. J. Autesserre, Cass. com. 27. Oktober 1959, D. 1960, 454, Anm. A Dalsace; vgl. auch Nimes, Aud. sol. 8. Juni 1960, J.C.P. 1961,11949, Gaz. Pal. 1961,1,26, D. 1961,360, S. 1961,56; Cass. com. 7. Juni 1963, Rev. soc. 1964, 28 Anm. Autesserre.

[4]) AaO, p. 51f.

ren abtreten. Damit, so argumentiert Voirin, ist es nicht zu vereinbaren, daß die Blankomandate in der Praxis wie Inhaberpapiere weitergegeben werden. Darauf ist zu erwidern, daß die Weitergabe der Vollmacht durch den Mandatar rechtlich einen neuen Mandatsvertrag (Unterbevollmächtigung) darstellt. Es liegt also keine Zession, sondern ein doppeltes Mandat vor. Beide Mandate sind wirksam, weil bei keinem das Ansehen der Person ausgeschlossen ist[5]). Anzuerkennen ist allerdings, daß die Blankovollmacht einem Inhaberpapier und die Weitergabe einer Stimmrechtsabtretung sehr nahe kommen[6]). Theoretisch kann der Aktionär aber das Mandat jederzeit wieder entziehen[7]). Deshalb kann die Weitergabe des Mandats einer Abtretung nicht gleichgesetzt werden.

Nach Voirin[8]) liegt in der Hingabe des Blankomandats auch ein unzulässiger Verzicht auf das Mitverwaltungsrecht. Der Aktionär unterwerfe sich praktisch blind und ohne Kenntnis der nötigen Beurteilungselemente (connaissance de cause) den Verwaltungsvorschlägen[9]). Hierauf ist zu entgegnen, daß Kurzsichtigkeit nicht die Fehlerhaftigkeit eines Rechtsgeschäftes begründen kann[10]). Der Aktionär wird auch nicht getäuscht, denn er weiß, daß der Verwaltungsrat seine Vertretung besorgen wird[11]). In der Hingabe des Blankomandats liegt rechtlich gesehen kein Verzicht auf das Mitverwaltungsrecht, weil der Aktionär das Mandat jederzeit wieder entziehen kann.

Da das Blankomandat weder einen Verzicht noch eine Abtretung enthält, verstößt es nicht gegen Art. 10 Décret-Loi vom 31. August 1937.

Die Blankomandate sind ein bequemes und wirksames Mittel für die Gesellschaftsleitung, um die Einflußnahme der Aktionäre auf die Geschäftsführung weitgehend auszuschließen. Durchschnittlich besuchen nur etwa 5% aller Aktionäre die Generalversammlungen der Aktiengesellschaften selbst[12]). Das ist zum Teil darauf zurückzuführen, daß die meisten Versammlungen in der zweiten Junihälfte und fast alle zur gleichen Tageszeit, um 11.30 Uhr, abgehalten werden[13]). Zum Teil liegt die geringe Beteiligung der Aktionäre aber auch daran, daß die Satzungen fast aller Gesellschaften die Vertretung durch Nichtaktionäre verbieten. Diese Klausel wird regelmäßig nicht eingeführt, um die Gesellschaft vor Geheimnisverrat oder dem Einfluß gesellschaftsfeindlicher Personen zu schützen, sondern gerade, um

---

5) Vgl. Mazeaud, Leçons, T. 3, Nr. 1390.
6) Cordonnier, aaO, p. 418; Hamel et Lagarde, Traité, Nr. 533.
7) Hamel et Lagarde, Traité, Nr. 533; Rousseau, aaO, Nr. 17; vgl. auch Trib. com. Seine 18. April 1928, Rev. soc. 1928,276 und oben C II 4).
8) AaO, p. 50f.
9) Vgl. auch Copper-Royer, Traité, Nr. 546 und Decugis, Les modifications apportées au régime des sociétés par actions par les articles 4 et suivants du décret du 31 août 1937, J. soc. 1938,86.
10) Philonenko, Les conventions sur le vote dans les sociétés anonymes, Rec. jur. soc. 1932,176; vgl. auch H. Bosvieux, aaO, p. 69; Kayser, aaO, p. 576.
11) Ripert, Traité, Nr. 1175.
12) Heurteux, aaO, p. 115.
13) Heurteux, aaO, p. 115.

dem Verwaltungsrat möglichst viele Blankovollmachten zukommen zu lassen[14]). Die Praxis der Blankomandate ist um so bedenklicher, als die Mitglieder des Verwaltungsrates in großen Gesellschaften zusammen selten mehr als 1,5% des Kapitals besitzen[15]). Praktisch wird damit der vom Gesetzgeber gewollte Grundsatz, daß alle Gewalt von der Generalversammlung ausgeht, umgestoßen[16]). Die Generalversammlungen sind häufig nichts anderes als eine nur unwesentlich erweiterte Verwaltungsratssitzung[17]). In neun von zehn Fällen hat der Verwaltungsrat schon vor der Generalversammlung die absolute Gewißheit, daß alle seine Vorschläge angenommen werden[18]). Die Gesellschaftsleitung wird damit in die Lage versetzt, eine Geschäftspolitik zu betreiben, die dem Gesellschaftsinteresse zuwider läuft[19]).

Es besteht auch die Gefahr, daß die Banken, die stets über eine große Zahl von Blankomandaten verfügen, diese abredewidrig an Personen schicken, die der Geschäftsleitung feindlich gesonnen sind. Sie können sich auch dafür, daß sie die Blankomandate an die Geschäftsleitung weiterschicken, unangemessene Vorteile gewähren lassen[20]).

Am bedenklichsten sind die Blankomandate, wenn sie ohne zeitliche Begrenzung gegeben werden.

Trotz der Gefahr, die die Blankomandate für das Gesellschaftsinteresse darstellen können, sieht man bisher keine Möglichkeit, sie zu verbieten. Würden sie gesetzlich verboten werden, dann würden die wenigsten Gesellschaften das gesetzlich vorgeschriebene Quorum erreichen[21]). Die Blankomandate dienen auch der Kostensenkung, weil die Gesellschaften erhebliche Summen für die zweite Einberufung der Generalversammlung aufwenden müßten, wenn das Quorum bei der ersten Generalversammlung nicht erreicht würde[22]). Schließlich verhindern die Blankomandate auch das Zustandekommen von reinen Zufallsmehrheiten[23]). Sie dienen daher auch der Kontinuität in der Geschäftspolitik.

Der einzige Ausweg wäre die Zulassung der Briefabstimmung. Hiergegen haben die Banken sich aber immer mit Erfolg wehren können. Es ist nicht zu verkennen, daß die französischen Banken durch ihre Zwischenschaltung bei der Weiterleitung der Blankomandate einen entscheidenden Einfluß auf die Art der Abstimmung, auch ohne Legitimationsermächtigung, ausüben können.

---

14) Mutignon, aaO, p. 140.
15) Lesaché, aaO, p. 6f.; Ripert, Traité, Nr. 1237.
16) Heurteux, aaO, p. 120.
17) Cordonnier, Anm. zu Rennes 28. Oktober 1931, J. soc. 1932,275.
18) Dolbeau et Cantenot, Réformes de la législation des sociétés, p. 42.
19) Viénot, aaO, p. 339.
20) Tunc, aaO, p. 117f.; siehe dazu unten C III 2).
21) Vgl. Hamel et Lagarde, Traité, Nr. 533; Ripert, Traité, Nr. 1175; Tunc, aaO, p. 116; Viénot, aaO, p. 339.
22) Ripert, Traité, Nr. 1175; Tunc, aaO, p. 115.
23) Ripert, Traité, Nr. 1175.

2) Die Schalterprovision (commission de guichet)

Der Verwaltungsrat hat, abgesehen von der Notwendigkeit, das Quorum zusammenzubekommen, auch selbst das größte Interesse daran, daß ihm so viele Blankovollmachten wie möglich zugesandt werden. Zum Teil wird dieses Ziel mit den Anwesenheitsboni (jetons de présence)[24]) erreicht. Es genügt aber nicht, nur den Aktionären einen Anreiz dafür zu bieten, die Vollmachten zu unterzeichnen. Bei Inhaberaktien jedenfalls ist die Mitwirkung der Banken erforderlich, um die Aktionäre überhaupt zu erreichen.

Die Gesellschaftsleitung wendet sich deshalb an die Banken, in deren Depot sich voraussichtlich Aktien der Gesellschaft befinden und schließt mit ihnen eine Vereinbarung. Danach übernehmen es die Banken, die Vollmachtsformulare an ihre Depotkunden weiterzuleiten, unterzeichnen zu lassen und gegebenenfalls wieder einzusammeln und an die Gesellschaft zurückzusenden. Die Gesellschaftsleitung beauftragt in der Regel nur eine Bank mit der Durchführung. Diese bildet dann mit den anderen in Frage kommenden Banken ein Konsortium, in dem sie die Federführung übernimmt. Die Gesellschaft ersetzt den Banken ihre Kosten für Porti usw. Darüber hinaus zahlt sie ihnen ein Entgelt für ihre Bemühungen. Das Entgelt wird als Schalterprovision (commission de guichet) bezeichnet[25]). Die Höhe der Provision bemißt sich nicht nach der Zahl der übersandten Vollmachtsformulare, sondern nach der Zahl der Aktien, für die eine Blankovollmacht an den Verwaltungsrat gegeben wird[26]). Der Preis unterliegt der freien Vereinbarung. Die Banken beziehen auf diese Weise alljährlich nicht unbeträchtliche Summen.

Die Zahlung von Schalterprovisionen ist allgemein üblich[27]). Zwischen dem Entgelt und der von den Banken aufgewandten Arbeit muß jedoch ein vernünftiges Verhältnis bestehen[28]). Das Handelsgericht Bordeaux[29]) erklärte, die Beschlüsse einer Generalversammlung, bei der der Verwaltungsrat 8 AF (= 0,08 NF) pro Aktie an die Banken gezahlt hatte, seien fehlerfrei zustandegekommen. Das Appellationsgericht Paris[30]) erklärte hingegen eine Generalversammlung für nichtig, bei der der Verwaltungsrat sich die Vertretung von etwa zwei Dritteln der in der Generalversammlung vertretenen Aktie dadurch gesichert hatte, daß er an die Banken eine Provision von 0,50 bis 1,– F[31]) pro Aktie gezahlt hatte. Das Gericht begründete seine Entscheidung damit, daß diese Machenschaften (manoeuvres frauduleuses) die Mehrheitsverhältnisse verfälscht hätten. Fraus omnia corrumpit.

---

[24]) Vgl. oben B I 5).
[25]) Hamel et Lagarde, Traité, Nr. 686; Ripert, Traité, Nr. 1175.
[26]) Hamel et Lagarde, Traité, Nr. 686.
[27]) Trib. com Bordeaux 8. März 1957, Rev. soc. 1957,174 Anm. J. Autesserre.
[28]) Vgl. Cass. com. 27. Oktober 1959, D. 1960,454.
[29]) Trib. com. Bordeaux, 8. März 1957, aaO.
[30]) 22. Juli 1938, D. P. 1939,2,44.
[31]) Im Jahre 1938!

3) Die Verteilung der Blankovollmachten im Verwaltungsrat

Wenn die an den Gesellschaftssitz zurückgesandten Vollmachten einen bestimmten Mandatar benennen, dann kann nur dieser das Stimmrecht ausüben (Art. 1994 c.civ.). So werden zuweilen der Präsident der Gesellschaft, der geschäftsführende Direktor (directeur général) oder ein bestimmtes Mitglied des Verwaltungsrates eingesetzt. Dabei kommt es für die Wirksamkeit des Mandats nicht darauf an, ob der Mandatar namentlich oder nur mit seiner Funktionsbezeichnung (zum Beispiel président-directeur général) eingesetzt wird[32]).

Oft wird das Formular unausgefüllt (blanko) an eine der genannten Personen adressiert. Dann kann der Empfänger entweder das Stimmrecht selbst ausüben oder einen anderen Mandatar bestimmen[33]).

In den meisten Fällen wird das blanko unterzeichnete Formular an die Gesellschaft oder an deren Verwaltungsrat adressiert. In beiden Fällen ist es der Verwaltungsrat, der über die Vollmachten verfügt[34]). Der Verwaltungsrat hat die Möglichkeit, einen anderen Mandatar auszuwählen; er ist nicht etwa verpflichtet, die Blankovollmachten unter alle seine Mitglieder zu verteilen[35]).

Die Auswahl des Mandatars erfolgt durch einen einfachen Beschluß des Verwaltungsrates. Der Beschluß braucht nicht einstimmig gefaßt zu werden. Vielmehr entscheidet, wie auch sonst, die einfache Mehrheit nach Köpfen. So wurde in einem dem Appellationsgericht Bordeaux und dem Kassationsgericht[36]) vorliegenden Fall entschieden, daß eine Generalversammlung fehlerfrei sei, bei der der Verwaltungsrat mit fünf Stimmen gegen eine alle Blankomandate dem Präsidenten übertragen hatte.

In der Regel bestimmt der Verwaltungsrat nicht nur einen Mandatar. Vielmehr werden die Blankovollmachten unter alle Mitglieder des Verwaltungsrates[37]) und gegebenenfalls sogar an befreundete Aktionäre verteilt[38]). Es fragt sich, ob die Verteilung der Blankovollmachten immer zulässig ist: Der Verwaltungsrat ist das Gesellschaftsorgan, welches die Tagesordnung der Generalversammlung festsetzt. Er macht der Generalversammlung zu den einzelnen Punkten der Tagesordnung bestimmte Beschlußvorschläge. Die Aktionäre haben kein Initiativrecht. Über die Formulierung der Vorschläge entscheidet die einfache Mehrheit im Verwaltungsrat. Cordonnier[39])

---

[32]) Bordeaux 8. März 1957, Rev. soc. 1957,174, Anm. Autesserre und auf Kassationsbeschwerde Cass. com. 27. Oktober 1959, D. 1960,454 Anm. A. Dalsace.

[33]) Houpin et Bosvieux, Traité, Nr. 1139.

[34]) Dalsace, L'actionnaire et l'assemblée générale de la société anonyme, Rev. soc. 1960, 262.

[35]) Bordeaux 8. März 1957, aaO, und Cass. com. 27. Oktober 1959, aaO.

[36]) Die obigen Entscheidungen.

[37]) Dalsace, aaO, p. 263; Houpin et Bosvieux, Traité, Nr. 1139.

[38]) Heurteux, L'information des actionnaires et des épargnants en droit français et comparé, p. 118.

[39]) L'usage des pouvoirs en blanc dans les sociétés, J. soc. 1934,431, Anm. 18.

und Houpin et Bosvieux[40]) meinen, daß dann, wenn über die der Versammlung vorzulegenden Beschlußvorschläge keine Einigkeit erzielt wird, die überstimmten Mitglieder das Stimmrecht aus den Blankovollmachten nicht ausüben dürfen. Der Wille der Aktionäre gehe dahin, daß ihre Stimmen im Sinne der im Verwaltungsrat vorherrschenden Meinung verwandt werden. Das sei jedenfalls zu vermuten. In solchen Fällen dürften die Blankovollmachten daher nur an die Mitglieder der Mehrheitsgruppe im Verwaltungsrat verteilt werden oder, so ist zu ergänzen, an eine Person gegeben werden, die durch die Mehrheit zu bestimmen ist. Die Frage ist ohne große praktische Bedeutung. Wenn in sachlichen Fragen Uneinigkeit besteht, wird sich die Mehrheit sowieso fast immer dafür entscheiden, die Vollmachten an eine ihr genehme Person zu geben. Theoretisch ist die Frage aber richtig beantwortet. Die Aktionäre, die eine Blankovollmacht an die Gesellschaft schicken, geben damit eine antizipierte Vertrauenserklärung für die Geschäftsleitung ab. Sie erwarten, daß die Vollmachten an die Personen, die die Geschäftspolitik bestimmen, oder deren Unterbevollmächtigte gegeben werden. Die Geschäftspolitik wird aber von den Mitgliedern der Mehrheitsgruppe im Verwaltungsrat bestimmt.

Dalsace[41]) stellt die Frage, ob die Blankomandate an alle Verwaltungsratsmitglieder verteilt werden dürfen, wenn der Verwaltungsrat sich nicht einstimmig, sondern nur mit seiner Mehrheit für dieses Verfahren ausgesprochen hat. Dalsace hält das für unzulässig, weil zu vermuten sei, daß die Aktionäre ihr Vertrauen dem ganzen Verwaltungsrat und nicht einzelnen seiner Mitglieder hätten geben wollen. Das Problem wird sich in der Praxis kaum stellen. Wenn im Verwaltungsrat über alle sachlichen Fragen Einigkeit besteht, dann hat kein Verwaltungsratsmitglied etwas dagegen einzuwenden, daß die Blankovollmachten an alle verteilt werden. Herrscht aber Uneinigkeit in sachlichen Fragen, dann hat gerade die Mehrheit, die sich zu diesen Punkten gebildet hat, ohnehin kein Interesse daran, daß die Vollmachten an alle Verwaltungsratsmitglieder verteilt werden. Sie wird vielmehr beschließen, daß eine ihr genehme Person alle Vollmachten erhält. Die Frage ist auch falsch gestellt. Wenn in sachlichen Punkten Uneinigkeit herrscht, dann darf, wie dargestellt, die Minderheit im Verwaltungsrat die Blankomandate nicht übernehmen. Hier ist eine Verteilung an alle also ausgeschlossen. Wenn im Verwaltungsrat Einstimmigkeit über alle sachlichen Fragen besteht, dann ist aber nicht einzusehen, warum der Verwaltungsrat nicht mit einfacher Mehrheit die Verteilung der Blankomandate an alle beschließen sollte. Es steht dann doch fest, daß alle für die Verwaltungsvorschläge stimmen werden.

---

[40]) Traité, Nr. 1139.
[41]) AaO, p. 263.

4) Der Mißbrauch der Stimmvollmachten durch den Verwaltungsrat (abus de voix)

Da die Blankovollmachten nicht zu verbieten sind, hat der Gesetzgeber versucht, die Mißbräuche durch ein Strafgesetz zu unterbinden. Nach Art. 15 Ziff. 7 in Verbindung mit Art. 45 Gesetz von 1867 gilt die Strafe des Art. 405 c.pén. (Betrug) auch für die Mitglieder des Verwaltungsrates, die in Schädigungsabsicht (de mauvaise foi) von ihren Vollmachten (pouvoirs) oder von den Stimmen (voix), über die sie in dieser Eigenschaft verfügten, einen Gebrauch gemacht haben, von dem sie wußten, daß er mit den Gesellschaftsinteressen nicht zu vereinbaren ist (contraire aux intérêts de la société), um einen persönlichen Vorteil zu erzielen (dans un but personnel) oder um eine andere Gesellschaft, an der sie in irgendeiner Weise interessiert waren, zu begünstigen.

Der Tatbestand enthält vier Elemente[42]): Die Verwaltungsratsmitglieder müssen über Vollmachten verfügen oder über Stimmen, die ihnen in ihrer Eigenschaft übertragen wurden. Hiervon müssen sie wissentlich einen mit dem Gesellschaftsinteresse nicht zu vereinbarenden Gebrauch machen. Sie müssen direkt oder indirekt einen persönlichen Vorteil erstreben. Außerdem müssen sie die Absicht haben, der Gesellschaft einen Schaden zuzufügen.

Der Tatbestand erfaßt den Mißbrauch (abus) von Vollmachten (pouvoirs) und Stimmen (voix) durch den Verwaltungsrat. Unter Vollmachten im Sinne der Vorschrift sind die gesetzlichen und statutarischen Vollmachten des Verwaltungsrates zu verstehen[43]). Dieser Teil des Tatbestandes kann hier außer Betracht bleiben.

Den Verwaltungsratsmitgliedern müssen Stimmen (voix) übertragen worden sein. Darunter versteht das Gesetz Stimmvollmachten. Es handelt sich um die an die Gesellschaft oder an den Verwaltungsrat gesandten Vollmachten zur Abstimmung in der Generalversammlung[44]). Gemeint sind besonders die Blankovollmachten[45]). Das Gesetz gilt aber auch für die Vollmachten, die ein bestimmtes Mitglied des Verwaltungsrates als Mandatar benennen[46]). Die Empfänger der Vollmachten müssen diese in ihrer Eigenschaft als Verwaltungsratsmitglieder erhalten haben. Die Vorschrift findet also keine Anwendung, wenn ein Verwaltungsratsmitglied mit seinen eigenen Aktien stimmt[47]). In ihrer besonderen Eigenschaft haben die Mitglieder des Verwaltungsrates die Vollmachten auch dann nicht erhalten,

---

[42]) Prévost, Sanctions pénales en matières d'assemblées d'actionnaires, in J.-Cl. Soc. 145, Nr. 84.

[43]) Dolbeau et Cantenot, Réformes de la législation des sociétés, p. 42f.; Houpin et Bosvieux, Suppl., p. 156; Prévost, aaO, Nr. 83; Solus, La réforme du droit des sociétés par les décrets-lois de 1935 et de 1936, Nr. 106; a.A. Hamel, Le droit pénal spécial des sociétés anonymes, p. 343.

[44]) Dolbeau et Cantenot, aaO, p. 43.

[45]) Hamel, aaO, p. 343.

[46]) Prévost, aaO, Nr. 85.

[47]) Trib. corr. Nice 8. Mai 1944, Gaz. Pal. 1944,2,17, J. soc. 1945,120.

wenn sie ihnen auf Grund privater Beziehungen zu den Aktionären übergeben wurden[48]).

Die Verwaltungsratsmitglieder müssen von den Vollmachten einen mit dem Gesellschaftsinteresse nicht zu vereinbarenden Gebrauch gemacht haben. Der Gebrauch erfolgt durch Teilnahme an der Abstimmung in der Generalversammlung. Was das Gesellschaftsinteresse ist, läßt sich allgemein nicht sagen, weil das eine Opportunitätsfrage ist. Als Beispiele für eine Verletzung des Gesellschaftsinteresses können genannt werden: Überbewertung von Sacheinlagen; Wahl von Personen in den Verwaltungsrat, deren Ruf kreditschädigend für die Gesellschaft wirkt; überhöhte Vergütung für die Tätigkeit der Verwaltungsratsmitglieder; Unterbewertung der Aktiva beim Fusionsbeschluß[49]). Das Gesellschaftsinteresse darf nicht mit dem Interesse einiger oder aller Aktionäre verwechselt werden[50]). Der Täter muß wissen, daß seine Abstimmung nicht mit dem Gesellschaftsinteresse vereinbar ist. Grobe Nachlässigkeit oder Unfähigkeit bleiben also straflos[51]).

Das Verwaltungsratsmitglied muß einen persönlichen Vorteil erstreben oder eine andere Gesellschaft begünstigen wollen, an der es in irgendeiner Weise interessiert ist. Der verfolgte Vorteil ist meist ein finanzieller Vorteil. Aber auch andere Vorteile, wie zum Beispiel eine gute Stellung, fallen darunter[52]). Der Täter kann an der zweiten Gesellschaft in verschiedener Weise interessiert sein, sei es als Gesellschafter, Geschäftsführer, Direktor, Lieferant oder Kunde etc. Es genügt, daß er irgendwie persönlich an ihr interessiert ist[53]).

Der Täter muß mit Schädigungsabsicht (mauvaise foi) gehandelt haben. Er muß also die Absicht gehabt haben, der Gesellschaft einen Schaden zuzufügen. Die Absicht ist nur selten nachzuweisen[54]). Ein Schaden braucht nicht eingetreten zu sein.

Das Delikt ist vollendet, wenn der Täter an der Abstimmung teilgenommen hat. Es kommt weder auf das Ergebnis der Abstimmung noch darauf an, ob die Abstimmung anders ausgefallen wäre, wenn der Täter anders gestimmt hätte[55]).

Als Haupttäter sind nur die Mitglieder des Verwaltungsrates strafbar. Andere Personen, wie zum Beispiel Bankiers, die die Blankoformulare in Kenntnis eines bevorstehenden gesellschaftsschädigenden Beschlusses an den Verwaltungsrat gegeben haben, sind nur als Komplizen, also wegen Anstiftung oder Beihilfe strafbar[56]).

Der Versuch ist nicht strafbar. Die Strafe ist Gefängnis von einem bis zu

[48]) Hamel, aaO, p. 344.
[49]) Vgl. Hamel, aaO, p. 344.
[50]) Prévost, aaO, Nr. 87.
[51]) Prévost, aaO, Nr. 89.
[52]) Hamel, aaO, p. 346.
[53]) Hamel, aaO, p. 344; Prévost, aaO, Nr. 88.
[54]) Hamel, aaO, p. 346.
[55]) Hamel, aaO, p. 346; Prévost, aaO, Nr. 86.
[56]) Hamel, aaO, p. 342; Prévost, aaO, Nr. 90.

fünf Jahren und eine Geldstrafe von 3.600,– bis 36.000,– F. Die Tat verjährt in drei Jahren.

Die Generalversammlung, in der ein Mißbrauch der Stimmvollmachten von Verwaltungsratsmitgliedern begangen worden ist, kann nur dann für nichtig erklärt werden, wenn die Beschlüsse ohne die fehlerhaften Stimmen nicht angenommen worden wären[57]) und der Gesellschaft aus der Beschlußfassung ein Schaden entstanden ist.

[57]) Hamel, aaO, p. 347.

Literaturverzeichnis

Adler, La transmission irrévocable des pouvoirs et du droit de vote attaché aux actions, Ann. dr. com. 1924,291

A.N.S.A., Commentaire de la loi du 4 mars 1943, Brochure no. 51, Paris 1943

A.N.S.A., Filiales et participations, Régime juridique et fiscal, Brochure no. 113, Paris 1957

Auger, Les Lois des 2 et 4 mars 1943 sur les sociétés par actions, Rev. soc. 1943,65

Bastian, Contrats entre les administrateurs et la société, J.-Cl. Soc. 130–5

Bastian, La réforme des sociétés par la loi du 4 mars 1943, J.C.P. 1943,1,348

Bastian, La réunion de toutes les actions d'une société entre les mains d'un seul actionnaire, J. soc. 1933,65

Bastide, De la tenue des assemblées générales d'actionnaires, Dissertation, Poitiers 1931

Berolatti, Les nouvelles dispositions relatives aux sociétés par actions, commentaire de la loi du 4 mars 1943, Questions Prudhomales 1943,123

Bosvieux, A., Du rachat de gré à gré de ses actions par une société, J. soc. 1934,481

Bosvieux, H., Des conditions restrictives de la liberté du droit de vote dans les assemblées générales des sociétés commerciales par actions, J. soc. 1939,65

Bosvieux, H., La nouvelle loi du 4 mars 1943 sur les sociétés par actions, J. soc. 1943,1

Bosvieux, H., Loi du 22 novembre 1913, Commentaire, J. Not. 1914,81

Bosvieux, P., De la validité de clauses tendant à harmoniser les rapports entre groupes d'actionnaires, J. soc. 1963,65

Bourcart, De l'intuitus personae dans les sociétés anonymes, J. soc. 1927,513

Bourcart, De l'organisation et des pouvoirs des assemblées générales dans les sociétés par actions, Paris 1905

Chambaz, Commentaire de la loi du 4 mars 1943 sur les sociétés par actions, Lois Nouvelles, 1943, p. 1, 93, 101

Champaud, Le pouvoir de concentration de la société par actions, Paris 1962

Cheminais, La règlementation du droit de vote dans les assemblées d'actionnaires des sociétés par actions, Loi du 13 novembre 1933, Texte et commentaire, Saint-Etienne 1933

Cheminais, Le placement français à l'étranger, Des sociétés de gestion de valeurs mobilières, 2e éd., Paris 1929

Cheminais, Les sociétés »holding«, leur rôle économique, leur statut juridique, leur statut fiscal, Paris 1929

Copper-Royer, Traité des sociétés anonymes, 4e éd., Tomes 2 et 3, Paris 1931

Copper-Royer et J. Copper-Royer, La loi du 13 novembre 1933 et les actions à vote privilégié, Paris 1934

Cordonnier, L'actionnaire peut-il céder son droit de vote?, J.soc. 1927,5

Cordonnier, L'usage des pouvoirs en blanc dans les sociétés, J.soc. 1934,417

Cordonnier, Remarques sur la licéité des clauses statutaires restreignant la libre cessibilité des actions entre actionnaires, J.soc. 1955,193

Cottin, La feuille de présence dans l'assemblée d'actionnaires, Rev. soc. 1963,373

Cousin, Etude juridique du groupe industriel constitué par une société mère et ses filiales, Dissertation, Nancy 1950

Dalsace, Du droit des actionnaires de participer aux assemblées générales des sociétés anonymes, Gaz. Pal. 1938,1, Chron. (Doctrine), p. 69

Dalsace, L'actionnaire et l'assemblée générale de la société anonyme, Rev. soc. 1960,258
David, La protection des minorités dans les sociétés par actions, Dissertation, Paris 1929
David, Le caractère social du droit de vote, J.soc. 1929,401
David, Le droit français, T. 1er, Les données fondamentales du droit français, in: Les Systèmes de droit français, Paris 1960
Decugis, Les modifications apportées au régime des sociétés par actions par les articles 4 et suivants du décret du 31 août 1937, J. soc. 1938, p. 65, 82
Decugis, Traité pratique des sociétés par actions, 7e éd., Paris 1931
Demontès, Les sociétés de sociétés, Rev. crit. 1928,37
Dolbeau et Cantenot, Réformes de la législation des sociétés, Commentaire des décrets-lois d'août-octobre 1935 et lois subséquentes, Paris 1936
Supplément, Paris 1938
Escarra, J., Cour de droit commercial, nouv. éd., Paris 1952
Supplément, Paris 1953
Escarra (J.), E. Escarra et Rault, Traité théorique et pratique de droit commercial, Paris
I. Les sociétés commerciales par Rault, Paris,
1) Les principes généraux Sociétés par intérêt, Sociétés à responsabilité limitée, Sociétés en participation, 1950
2) Sociétés par actions, 1951
3) Sociétés par actions (suite) 1955
4) Sociétés par actions, L'administration des sociétés anonymes, 1959
II. Les contrats commerciaux par Hémard, 1955
Esmein, Les sociétés filiales, Rép. prat. Not. 1932,725
Fleury, Les sociétés de gérance, Dissertation, Poitiers 1932
Franck Deyzac, Les innovations de la loi du 4 mars 1943 relative aux sociétés par actions, J. Not. 1943,121
Freyria, Eutude de la jurisprudence sur les conventions portantes atteinte à la liberté du vote dans les sociétés, Rev. trim. dr. com. 1951,419
Gegout, Filiales et groupements de sociétés, Etude juridique de l'intervention d'une société dans la constitution et dans le fonctionnement d'une autre société, Dissertation, Paris 1929
Hamel, La personnalité morale et ses limites, D. 1949, Chron., 141
Hamel, La protection des minorités dans les sociétés anonymes, Troisièmes journées de droit franco-latino-américaines, Rev. int. dr. comp. 1951,677
Hamel, Le droit pénal spécial des sociétés anonymes, Paris 1955
Hamel et Lagarde, Traité de droit commercial, T. 1er, Introduction générale, Les personnes du droit commercial, Paris 1954
Henry, Des sociétés de sociétés, J. soc. 1919,160
Heurteux, L'information des actionnaires et des épargnants en droit français et comparé, Paris 1961
Houpin et Bosvieux, Traité général théorique et pratique des sociétés civiles et commerciales et des associations, 7e éd., 3 volumes, Paris 1935
Supplément, Paris 1937
Kayser, Les syndicats de blocage de titres au porteur, J.soc. 1935,567
Lacour et Bouteron, Précis de droit commercial, T. 1er, 3e éd., Paris 1925
Lagarde, Des clauses réservant l'agrément d'un tiers pour la cession de droits, Rev. crit. 1928,65
Lagarde, Du rachat de ses titres par une société, A.N.S.A., Brochure no. 104, Paris 1955
Launais, de la Villeguerin et Accacias, Droit pénal financier, Traité pratique, Paris 1947
Leblond, La limitation des voix dans les assemblées générales, J. soc. 1956,5
Lesaché, Rapport fait au nom de la commission de législation civile et criminelle, chargée d'examiner la proposition de loi de M. Lesaché et plusieurs de ses collègues tendant à

modifier l'art. 34 du code de commerce (suppression des actions à vote plural), J. soc. 1926,601
Lesaché, Rapport sur la proposition de loi de M. Emile Bender, relative aux administrateurs des sociétés par actions faisant appel à l'épargne public, Rec. jur. soc. 1937, »Documents parlementaires«, p. 6
Lescot, De l'intervention d'une association en participation dans la constitution et le fonctionnement d'une société par actions, Rec. jur. soc. 1930,84
Letelier, Le droit de vote de l'actionnaire, Dissertation, Paris 1942
Lyon-Caen et Renault, Manuel de droit commercial, 15e éd., avec Amiaud, Paris 1928
Lyon-Caen et Renault, Traité de droit commercial, 5e éd. avec la collaboration de Amiaud, T. 2nd, 1re et 2nde partie, Paris 1929
Margot-Noblemaire, Le nouveau régime des sociétés anonymes, Paris 1943
Maurel, Le nouveau statut des actions à vote privilégié, Dissertation, Toulouse 1934
Mazeaud, H., Le vote privilégié dans les sociétés de capitaux, 2e éd., Paris 1929
Mazeaud, L., Coalitions et sociétés, Rev. soc. 1924, p. 147, 187
Mazeaud, L., Les effets de l'interdiction des participations réciproques sur les acquisitions, souscriptions et distributions d'actions, J. soc. 1944,81
Mazeaud (H. et L.), J. Mazeaud, Leçons de droit civil, Paris, T. 2: Obligations et biens, 1956, T. 3: Sûretés – Publicité foncière – Principaux contrats, 1960
Michel, La loi du 4 mars 1943 relative aux sociétés par actions, Gaz. Pal. 1943, doctr. I, 39
Michel, Le régime légal du droit de vote dans l'assemblée d'actionnaires, J.C.P. 1934,129
Midi et Sumier, Les entreprises de gestion, Ann. dr. com. 1905,105
Moliérac, Manuel des sociétés, T. 1er, Paris 1956
Moreau, La société anonyme, Traité pratique, 3 tomes, Paris 1955–60, Mise à jour et supplément, Paris 1960
Moulin, Le rachat par une société de ses propres titres, Dissertation, Paris 1931
Mutignon, La représentation des actionnaires, Dissertation, Paris 1962
Percerou, A., Lois actuelles et projets récents en matière de sociétés anonymes, Dissertation, Paris 1936
Percerou, J., Le régime juridique des sociétés par actions au point de vue du vote privilégié et de la protection des minorités; Rapport au congrès international de droit comparé de la Haye (2–6 août 1932), Ann. dr. com. 1932,202
Percerou, J., Loi du 4 mars 1943, Commentaire, D. C. 1943,61
Philonenko, Les conventions sur le vote dans les sociétés anonymes, Rec. jur. soc. 1932,174
Pic et Kréher, Des sociétés commerciales, 3e éd., Paris, T. 1er 1940, T. 2nd 1948
Picard, Note sur la définition des »filiales«, in: Etudes de droit civil à la mémoire de Henry Capitant, p. 621, Paris 1939
Pinoteau, Conséquences pratiques d'une application rapide des dispositions de l'article 8 de la loi du 4 mars 1943, Gaz. Pal. 1949,1, Doctr. 23
Pinoteau, Législation pénale en matière économique et financière, Paris 1959
Planiol, Traité élémentaire de droit civil, par Ripert, 10e éd., T. 2, Paris 1927
Planiol et Ripert, Traité pratique de droit civil français, 2e éd., Paris, T. 3e: Les biens, par Picard, 1952, T. 6e: Obligations, 1re partie, par Esmein, 1952
Prévost, Sanctions pénales en matière d'assemblées d'actionnaires, J.-Cl. Soc. 145
Rault, Les certificats pétroliers, Rev. trim. dr. com. 1957,843
Rebotier, Les participations bancaires à l'industrie, Paris 1935
Ripert, Aspects juridiques du capitalisme moderne, 2e éd., Paris 1951
Ripert, Traité élémentaire de droit commercial, 5e éd. par Roblot, T. 1er, Paris 1963
Ripert, Une nouvelle réforme des sociétés par actions, Rev. gén. dr. com. 1943,89
Ripert et Boulanger, Traité de droit civil, d'après le traité de Planiol, Paris, T. II: Obligations, droits réels, 1957, T. III: Sûretés réels, publicité foncière, contrats civils, principaux contrats, 2 fasc., 1958

Rousseau, Le décret-loi du 31 août et les conventions sur le droit de vote des actionnaires, J.C.P. 1939, étude 118
Saint-Alary, Les assemblées d'actionnaires, J.-Cl. Soc. fasc. 139–145
Savatier, La fiducie en droit français, in: Rapports préparatoires à la Semaine Internationale de droit, no.V: La fiducie en droit moderne, p. 57, Paris 1937
Solus, La réforme du droit des sociétés par les décrets-lois de 1935 et de 1937, Paris 1938
Suzzarelli, La règlementation des participations financières dans la loi du 4 mars 1943, Dissertation, Paris 1945
Tamboise, A., La stabilité du contrôle dans les sociétés par actions, Dissertation, Lille 1929
Tamboise, J., Le nouveau régime du droit de vote dans les sociétés par actions d'après la loi du 13 novembre 1933, (ses répercussions sur leur organisation future), Dissertation, Lille 1935
Tchernoff, Les syndicats financiers, Paris 1930
Tchernoff, Traité de droit pénal financier, T. 1er, Sociétés de commerce, nouv. éd., Paris 1931
Thaller, Syndicats financiers d'émission; organisation; responsabilité, Ann. dr. com. 1911, p. 5, 83
Thaller, Traité élémentaire de droit commercial à l'exclusion du droit maritime, 7e éd. revue et mise à jour par Percerou, Paris 1925
Tunc, Les conventions relatives au droit de vote et l'organisation des sociétés anonymes, Rev. gén. dr. com. 1942,106
Vanhaecke, Les groupes de sociétés, Paris 1959
Veaux, La responsabilité personnelle des dirigeants dans les sociétés commerciales, Paris 1947
Veaux-Fournerie, L'acquisition de ses propres actions ou parts sociales par la société émettrice, Dissertation, Rennes 1953
Vène, La défense des droits des actionnaires devant la concentration croissante des entreprises, in: Le Monde v. 27/28. 10. 1963
Vène, La défense des droits des actionnaires devant la concentration croissante des entreprises, L'exemple britannique, in: Le Monde v. 3/4. 11. 1963
Vène, La défense des droits des actionnaires, L'exemple des Etats Unis, in: Le Monde v. 8/9. 3. 1964
Vène, La réforme des sociétés, Le nouveau code renforcerait la protection des actionnaires, in: Le Monde vom 29/30. 9. 1963
Verdier, Filiales et participations, J.-Cl. Soc. 165 bis
Viénot, Rapport à la Société d'études législatives sur l'usage des pouvoirs en blanc dans les assemblées d'actionnaires, Bull. Soc. Etudes législ. 1934,388 und 1936,252
Vivante, Les sociétés filiales et financières, Ann. dr. com. 1933, 271
Voirin, Les pouvoirs permanents souscrit par les actionnaires à l'effet de se faire représenter aux assemblées générales, D. H. 1931, Chron. 49
Wahl, Commentaire de la loi du 22 novembre 1913, modifiant le régime des sociétés par actions, J. soc. 1914,49
Wahl, Définition de l'association selon la loi du 1er juiller 1901, J.soc. 1905, p. 337, 385
Wahl, Des mandataires aux assemblées générales dans les sociétés par actions, J. soc. 1905, p. 97, 145, 193
Wahl, Des restrictions statutaires apportées à la désignation des administrateurs ou des commissaires de surveillance et au droit de vote dans les assemblées de sociétés anonymes, J. soc. 1913,337
Wahl, Les jetons de présence dans les assemblées générales, J. soc. 1928,5
Wahl, Une société peut-elle être »gérante« ou »administrateur« d'une autre société?, J. soc. 1905,289
anonym, La France et les Trusts, in: Economie et politique, Revue marxiste d'éconnomie, 1954, Sonderheft 4–5

MIX

Papier | Fördert gute Waldnutzung

FSC® C083411

Kolibri 360 GmbH
Ferdinand-Jühlke-Straße 7
99095 Erfurt, Deutschland
produktsicherheit@kolibri360.de